Gottfried Payer
Kulturlandschaften an der Donau

REISEFÜHRER von Gottfried PAYER

KULTUR LANDSCHAFTEN AN DER DONAU

J. Wimmer Verlag

Die Deutsche Bibliothek – CIP-Einheitsaufnahme

Payer, Gottfried:
Kulturlandschaften an der Donau: Reiseführer / von Gottfried Payer.
[Hrsg.: J.-Wimmer-Gesellschaft m.b.H., Linz]. – Linz: Wimmer, 1996
ISBN 3-85358-109-9

Herausgeber: J. Wimmer Gesellschaft m.b.H., Linz
Grafiken: Otmar Klobassa
Layout: Mag. Erwin Krump
Umschlaggestaltung: Karlheinz Hans
Satz: Druckerei und Zeitungshaus
J. Wimmer Gesellschaft m.b.H., Linz
Druck und Bindung: C.+ E. Grosser
Printed in Austria
ISBN 3-85358-109-9

Die Tuschfederzeichnungen stammen von Otmar Klobassa, dem ich sehr herzlich danke.

Gottfried Payer

Die Donau

Die Donau ist mit einer Länge von 2880 km, von denen 2580 km schiffbar sind, nach der Wolga (3800 km) der zweitlängste Strom Europas. Die Stromkilometer werden im Gegensatz zu anderen Flüssen ab der Mündung und nicht ab dem Ursprung gezählt. Das Einzugsgebiet umfaßt 817.000 km² – im Norden den Schwarzwald, das höchste Mittelgebirge Süddeutschlands mit seinen romantischen Bergseen, und im Süden den Hegau, ein fruchtbares flachwelliges Hügelland, aus dem unvermittelt tertiäre Vulkanruinen mit früher kulturgeschichtlich bedeutenden Burgen aufragen. Mit einer jährlichen Wasserabfuhr von rund 240 Milliarden Kubikmeter ist die Donau der Hauptzufluß zum Schwarzen Meer. Es gibt nur wenige Flüsse auf der Erde, die als wirtschaftliches, kulturelles und politisches Bindeglied zwischen unterschiedlichen Völkerstämmen so bedeutend, die so zur lebendigen Geschichte geworden sind wie die Donau. Daher verkörpert sie auch bei dem von Giovanni Lorenzo Bernini in den Jahren 1647–1652 geschaffenen Vierströmebrunnen auf der Piazza Navona in Rom den Erdteil Europa.

Der Name „Donau" leitet sich von dem indogermanischen Wort „danu" ab, d. h. Fluß, was darauf hinweist, daß schon in der Frühgeschichte Völkerstämme an den Strom und dem Strom entlang gewandert sind. Die Römer, die sich unter Kaiser Augustus durch Eroberungen an der Donau in den beiden letzten Jahrzehnten v. Chr. ihre Nordgrenze abzusichern begannen, haben den Namen „danubius" übernommen und weitergetragen.

Reisen durch die „Kulturlandschaften der Donau" werden für jeden Kultur- und Naturliebhaber immer wieder zu einem unvergeßlichen Erlebnis. Diese Kulturlandschaften umfassen ein Gebiet, das sich bis zu einer Breite von über 100 km links und rechts des Flusses erstrecken kann. Es würde wohl eines ganzen Menschenlebens bedürfen, um die vielen, in tausenden Jahren geprägten Gesichter des Donauraumes, die Mannigfaltigkeit seiner Kultur und Landschaft sowie die unterschiedlichen Mentalitäten der Bewohner der sieben Länder, die der Strom als „Brücke zwischen Ost und West" miteinander verbindet, kennenzulernen.

Für unsere Donautour haben wir das Auto gewählt. Beliebt sind auch die von unseren Nachbarstaaten angebotenen Donaukreuzfahrten auf bestens ausgestatteten Luxusschiffen, kombiniert mit Ausflügen in das Landesinnere, auch mit Rückflügen oder Badeaufenthalten am Schwarzen Meer und abwechslungsreichen Besichtigungsfahrten.

Längerfristig gültige Informationen über Einreise- und Aufenthaltsbestimmungen können vor allem für die Oststaaten nicht verbindlich erteilt werden. Es ist daher sinnvoll, diese zwei bis drei Monate vor Antritt der Reise bei einem Reisebüro oder den

zuständigen Fremdenverkehrsvertretungen der einzelnen Länder einzuholen.
Es soll noch darauf hingewiesen werden, daß gerade in jüngster Zeit viele den Wunsch haben, eine Fahrt entlang der Donau mit dem Fahrrad zu unternehmen. Wir haben in Deutschland mehr als 500 km zum Teil gut ausgebaute und markierte Radwege entlang der Donau. In Österreich folgt der Radweg auch im wesentlichen dem Lauf der Donau bis Hainburg, teils auf echten Radwegen, teils auf Treppelwegen und wenig befahrenen Straßen. Wer kein eigenes Rad besitzt, kann derzeit in Deutschland bei 19 und in Österreich bei 29 Bahnhöfen entlang der Donau im Zuge der Aktion „Fahrrad am Bahnhof" Räder ausborgen und bei jedem beliebigen Bahnhof wieder abgeben. Damit hat jeder die Möglichkeit, seine Donautour einzuteilen und jenen Abschnitt zu befahren, für den er der Jahreszeit entsprechend gerade Interesse hat.

Donaueschingen, Donauursprung

Unsere Donaureise beginnt in Donaueschingen, wo sich im Park des Fürstlich Fürstenbergischen Schlosses der Ursprung der Donau befindet: Die Donauquelle, die von Adolf Weinbrenner in ein Brunnenrondell mit allegorischen Marmorgruppen gefaßt wurde. Ihr Beitrag zum Entstehen des berühmtesten europäischen Stromes ist jedoch sehr bescheiden, denn die Hauptquellflüsse sind die im östlichen Schwarzwald entspringenden Brigach und Breg, die sich hier mit der Donauquelle aus dem Schloßhof zur Donau vereinigen.

Schloß

Das um 1723 erbaute Schloß war ursprünglich eine Barockanlage, die jedoch in den Jahren 1893–1896 durch einen Umbau stark verändert und architektonisch bedeutungslos geworden ist. Sehenswert sind die Sammlungen zur Wohnkultur und zum Kunstgewerbe aus der Zeit der Renaissance und des Barock sowie die Gemäldegalerie altdeutscher Meister, wie Holbein der Ältere und Matthias Grünewald.

Hofbibliothek

Beachtenswert ist die Hofbibliothek mit ihren rund 130.000 Bänden, darunter der Codex C des Nibelungenliedes aus der zweiten Hälfte des 13. Jhs., eine Parzivalhandschrift und über 500 Inkunabeln.

Immendingen

Nach Immendingen tritt die Donau in die Schwäbische Alb ein, die die Wasserscheide zwischen ihr und dem Neckar bildet. Dort versickert sie in den Kalkstein und strömt über den Aachtopf dem Rhein zu (sog. Bifurkation). Seit dem Entstehen der Flußsysteme vor 10 bis 15 Millionen Jahren führen Rhein und Donau um dieses Einzugsgebiet einen steten Kampf, den der Rhein vor allem aufgrund der kräftigen Unterstützung durch den Neckar für sich entscheiden konnte.
So bleibt die Donau in diesem Talabschnitt, der seit der Bronzezeit besiedelt ist, trotz zahlreicher Zuflüsse ein bescheidenes, aber romantisches Bächlein, das sich bei Möhringen durch die Einmündung des Krähenbachs zur „neuen Donau“ entwickelt.

Tuttlingen

Wir folgen ihr auf der Bundesstraße B 311 und erreichen nach wenigen Kilometern die Kreishauptstadt Tuttlingen. Sie wurde im 13. Jh. gegründet und hatte als Stützpunkt der „Oberen Lande“ Württembergs (seit 1377) viel unter Kriegen zu leiden. Nach dem Brand im Jahre 1803, bei dem die Stadt fast ganz vernichtet worden war, wurde sie nach einem schachbrettartigen Plan wieder aufgebaut.

Ruine Honberg

Am Stadtrand besichtigen wir die Ruine Honberg, eine festungsartige Burg, die zur Zeit des Grafen Eberhard im Bart (1457–1496) erbaut worden sein dürfte und 1645 zerstört wurde. Sie stellt das einzige geschichtliche Bauwerk von Tuttlingen dar.

Mühlheim, Schloß, Rathaus, Pfarrkirche St. Maria Magdalena

Wir verlassen nun die Bundesstraße und begleiten die Donau auf einer schmalen, fast allen ihrer Windungen folgenden Straße bis Mühlheim. Die ursprüngliche Siedlung, die heutige Altstadt, befindet sich auf dem linken Donauufer. Der jüngere Teil des Ortes liegt auf einem Bergsporn, auf dessen Spitze das von 1751–1753 umgebaute Schloß der Freiherren von Enzberg steht. Von der aus dem 13. Jh. stammenden Stadtmauer ist vor allem das Obertor, das von einem gotischen Buckelquaderturm überragt wird, noch gut erhalten. Sehenswert sind auch das gotische Rathaus, ein Fachwerkbau aus dem 15. Jh., und die klassizistische Pfarrkirche St. Maria Magdalena, die in den Jahren 1794–1796 errichtet wurde. In der Altstadt steht auf dem Friedhof die ehemalige Pfarrkirche St. Gallus, ein romanischer Bau aus dem 12. Jh., dessen Mauern abwechselnd aus hellen Kalkstein- und dunklen Tuffsteinschichten bestehen. Während die Malereien des Chores aus dem 15 Jh. stammen, ist die übrige Innenausstattung überwiegend barock.

Fridingen, Augustiner-Chorherrenstift Beuron

Fridingen liegt in einer großen Donauschleife, in der sich eine der Stellen befindet, an denen die Donau versickert. Wir überqueren hier den Fluß und erblicken bereits von weitem das ansehnliche Augustiner-Chorherrenstift von Beuron. Es wurde im 11. Jh. gegründet und 1687 zur Abtei erhoben. Die Klosterbauten wurden zwischen 1694 und 1705 von Franz Beer aus Bezau und Georg Johannes Brix aus Messkirch errichtet. 1862 wurde das Kloster, nachdem es mehr als 60 Jahre leer gestanden war, von der Fürstin Katharina von Hohenzollern den Benediktinern übergeben. Seit 1884 ist es Erzabtei der Beuroner Kongregation, in der der Bildhauer, Maler und Architekt Pater Desiderius Lenz (1832–1928) eine Schule benediktinischer Kirchenkunst (Beuroner Kunst) gründete.

Abteikirche St. Martin und Maria, St. Maurus-Kapelle

Die barocke Abteikirche St. Martin und Maria, die in den Jahren 1732–1738 erbaut wurde, hat in Anlehnung an das Erneuerungsbestreben zahlreiche Umbauten erfahren, die nur zum Teil korrigiert werden konnten; so hat der von Josef Anton Feuchtmayer geschaffene Hochaltar seine ursprüngliche Pracht nicht wiedererlangt. Sehenswert sind vor allem die von Ignaz Weegschaider aus Riedlingen stammenden Fresken aus dem Jahr 1738.

Im neuen Beuroner Kunststil erbaute Pater Lenz 1868–1870 die 3 km entfernt liegende St. Maurus-Kapelle, während 30 Jahre später Pater Krebs an der Nordseite der Kirche die Gnadenkapelle für das Gnadenbild der Schmerzhaften Muttergottes errichten ließ.

Heute sind in der Klosteranlage eine theologisch-wissenschaftliche Hochschule und Forschungsinstitute untergebracht.

Burg Wildenstein, Schloß Werenwag

Wir bleiben auf der Straße, die durch das enge Durchbruchstal des Flusses führt. Auf vielen steil aufragenden Felsen erblicken wir Burgen und Burgruinen, so die zu Leibertingen gehörende Burg Wildenstein, die vorwiegend im 16. Jh. entstand und heute als Jugendherberge dient. Über der Sommerfrische Hausen im Tal liegt das sehenswerte Schloß Werenwag aus dem 17. und 18. Jh.

Sigmaringen

Da die Hochfläche der Schwäbischen Alb wegen der Verkarstung sehr wasserarm ist, gibt es für die ohnehin geschwächte Donau kaum nennenswerte Zuflüsse. In diesem Talabschnitt fließt sie sehr träge dahin und gleicht eher einem schmalen, mit Schilf und Algen verwachsenen Teich, in dem Schwäne und Enten gemächlich treiben. Neben der Straße windet sich die Bahn entlang des Flusses bis Sigmaringen, der Hauptstadt des gleichnamigen Kreises, dessen Kern das ehemalige Fürstentum Hohenzollern-Sigmaringen bildet.

Schloßmuseum

Um die im 11. Jh. errichtete Burg bildete sich nach und nach eine Ansiedlung, aus der sich der Ort mit seinen alten und noch bestehenden Fachwerkhäusern entwickelte. Durch Um- und Zubauten entstand aus dieser Burg das heutige Schloß, dessen letzte Neugestaltung nach dem Brand von 1893 erfolgte. Wir versäumen nicht, das in einem Teil des Schlosses untergebrachte Fürstlich Hohenzollernsche Museum zu besichtigen. Hier finden wir beachtliche Sammlungen aus Vor- und Frühgeschichte, mittelalterlicher Kunst und zahlreicher Waffen des 15.–19. Jhs. sowie historischer Möbel und Reisewagen im Marschallmuseum. Den Grundstein dafür schuf Fürst Carl Anton von Hohenzollern durch seine zahlreichen Erwerbungen aus anerkannten Kunstsammlungen. Die katholische Linie Hohenzollern-Sigmaringen wurde durch Friedrich II. (gest. 1251), dem Sohn des kaiserlichen Burggrafen von Nürnberg Friedrich I. (1192 als solcher genannt), begründet, der eine starke Beziehung zum Donauraum hatte; so stammten auch zwei rumänische Könige aus diesem Geschlecht.

Stadtpfarrkirche, Franziskaner Klosterkirche

Neben dem Schloß steht die katholische Stadtpfarrkirche St. Johannes, die zwischen 1757 und 1763 entstand. Von ihrer Innenausstattung ist die um 1500 geschaffene Fidelistür bemerkenswert, die – so wie die Wiege – an den 1746 heiliggesprochenen Stadt- und Landespatron Fidelis erinnert. Die Gruft der Hohenzollern finden wir im 1889 entstandenen kuppelgekrönten Chor der ehemaligen Franziskaner Klosterkirche, die sich im Stadtteil Hedingen befindet. Ein interessanter Bau ist auch die 1965 vollendete moderne Pfarrkirche St. Fidelis.

Schloß Thurn und Taxis

Ab Sigmaringen benutzen wir die B 32 und kommen nach Scheer. Hier besichtigen wir die im 14. Jh. erbaute und im 18. Jh. barockisierte Pfarrkirche St. Nikolaus mit einer sehenswerten Innenausstattung sowie das zwischen 1486 und 1496 entstandene Schloß der Fürsten Thurn und Taxis.

Mengen

Über Scheer erreichen wir Mengen, eine rund 9500 Einwohner zählende Stadt, deren Stadtrechte auf das Jahr 1276 zurückgehen. Sie besitzt in ihrem alten Kern noch eine Reihe schöner Fachwerkhäuser aus dem 16. bis 18. Jh., wie die Alte Post, in der das Heimatmuseum untergebracht ist. Erwähnenswert ist noch die ursprünglich im romanischen Stil erbaute, aber später barockisierte Martinskirche, auf deren Turmhaube sich das größte Storchennest Oberschwabens befindet.

Heuneburg, Kloster Heiligenkreuztal

Nach rund 6 km Fahrt durch den Weitried verlassen wir die B 32/311 in Richtung Norden und überqueren bei Herbertingen-Hundersingen die Donau. Hier besichtigen wir den rechts der Straße gelegenen keltischen Fürstensitz Heuneburg aus dem 6. Jh. v. Chr. Die gewaltige Anlage ist durch Ausgrabun-

gen teilweise freigelegt und gut zu erkennen. In ihrer Umgebung befinden sich zahlreiche Grabhügel; der bedeutendste davon – der Hohmichele – ist mit 13,5 m der höchste Mitteleuropas.

Über Ertingen-Binzwangen fahren wir zum ehemaligen Zisterzienserinnenkloster Heiligenkreuztal, dessen Kirche im 13. Jh. erbaut und später verändert wurde. Die Kirche besitzt sehenswerte Glasmalereien aus dem 14. Jh. sowie im Chor ein Wandgemälde aus dem Jahr 1532, das vom Meister von Messkirch stammen soll. Interessant sind auch einige Holzplastiken aus dem 14. und 15. Jh.

Riedlingen, Altes Rathaus, Kornhaus

Wir fahren weiter und erreichen nach wenigen Kilometern das heute beiderseits der Donau gelegene Riedlingen. Die größtenteils noch erhaltene malerische Altstadt, die um 1250 vom Grafen von Veringen gegründet wurde, liegt links des Flusses und besitzt viele alte Fachwerkhäuser, von denen das Alte Rathaus aus dem 15. Jh. und das Kornhaus von 1686 stammt. Am Hirschgraben sind noch Reste der mittelalterlichen Stadtbefestigung zu sehen.

In der Stadtpfarrkirche St. Georg (14.–15. Jh.) sind noch gotische Wandmalereien im nördlichen Seitenschiff erhalten.

Die rund 7500 Einwohner zählende Stadt ist heute auch bekannt durch ihre Landwirtschaftsfachschule und durch die Herstellung von Metallwaren.

Zwiefalten, Benediktinerkloster

Von Riedlingen machen wir, der B 312 folgend, einen Abstecher nach Zwiefalten, dessen um 1089 entstandenes Benediktinerkloster große wirtschaftliche und wissenschaftliche Bedeutung erlangt hat. 1802 kam es an das Land Württemberg, das das Kloster sekularisierte und die im 17. Jh. erbauten Klostergebäude 1812 in eine Landesirrenanstalt umwandelte, die heute noch das Psychiatrische Landeskrankenhaus bilden.

Das Münster Unserer Lieben Frau wurde von 1738 bis 1765 nach Plänen von Johann Michael Fischer erbaut und zählt in seiner geschlossenen Gestaltung zu den bedeutendsten Barockbauten des 18. Jhs. Das Innere der Kirche wird von den Doppelsäulen beherrscht, hinter denen sich vergoldete Balustraden und reich ausgestattete Kapellen befinden. Der prächtige Hochaltar wurde harmonisch in den Säulengang einbezogen. Die meisten Plastiken, wie z. B. die übergroßen Figuren des Altars, stammen von Joseph Christian. Die Stukkaturen sind das Werk von Johann Michael II. Feuchtmayer, während die restliche Innenausstattung Joseph Spiegler (Fresken), Franz Sigrist und Andreas Meinrad von Au (Deckenmalerei) zu verdanken ist. Das in der Schatzkammer befindliche romanische Vortragskreuz und eine byzantinische Reliquientafel stammen aus dem 12. Jh., das Gnadenbild der Muttergottes aus dem 15. Jh.

Münster Unserer Lieben Frau

Im benachbarten Riedlingen-Zwiefaltendorf steht die Pfarrkirche St. Michael, deren sehenswerte Innenausstattung, ursprünglich aus dem 15. Jh. stammend, im 18. Jh. barockisiert wurde.

Wir kehren zurück zur B 311 und kommen nach 10 Kilometern Fahrt nach Obermarchtal, einem nur 1500 Einwohner zählenden Ort, der seinen Ruhm dem 1171 gegründeten Prämonstratenserstift verdankt. Die heutigen Gebäude, entstanden im 17. und 18. Jh., dienen als Seminar- und Lehrerfortbildungsstätte der Diözese Rottenburg.

Obermarchtal, Prämonstratenserstift, Klosterkirche

Die barocke Klosterkirche ist ein Werk der Hauptvertreter der Vorarlberger Bauschule Michael und Christian Thumb sowie Franz Beer. Das Charakteristische dieser Schule sind weiträumige Hallenkirchen mit von Emporen überspannten Seitenschiffen, schwach entwickeltem Querschiff und einschiffigem Chor. Für die Klosterkirche diente die von den Brüdern Thumb 1692 errichtete Wallfahrtskirche auf dem Schönenberg bei Ellwangen als Vorbild. Der Kirchenraum ist bis auf die Altäre und das Chorgestühl in Weiß gehalten und zählt zu den wirksamsten Barockbauten Süddeutschlands. An der inneren Gestaltung wirkten unter anderen der Wessobrunner Johann Schmuzer (Stukkatur) und Johann Heiß mit, der 1696 das Gemälde des Hochaltars, eine Würdigung des Prämonstratenserordens, schuf.

Die zwischen 1686 und 1701 entstandene Kirche ist für Besucher zugänglich. Die Klostergebäude kann man bis auf das Refektorium, das nach Art eines Spiegelsaales angelegt ist, nicht besichtigen.

Ehingen

Bei Untermarchtal überqueren wir die Donau und fahren am linken Ufer bis Ehingen, eine aufgrund ihrer Textil-, Zellstoff- und Möbelindustrie wirtschaftlich dominierende Stadt im Alb-Donau-Kreis. Sie wurde im 13. Jh. nahe einer alemannischen Siedlung gegründet und erreichte im 15. und 16. Jh. ihre größte Blüte. Auch war sie Sitz des Kantons Donau der Reichsritterschaft und zeitweilig Tagungsort der schwäbisch-österreichischen Landstände.

Ritterhaus, Ständehaus

Verheerende Brände zerstörten 1688 und 1749 einen Großteil der Stadt, so daß nur wenige Gebäude an die Geschichte der Stadt erinnern. Dazu gehören das 1692 entstandene Ritterhaus (jetzt Landratsamt) und das 1749 erbaute Ständehaus (jetzt Amtsgericht) mit seinen prachtvollen Stuckdekorationen im Ständesaal.

Konviktskirche, Liebfrauenkirche

Der bedeutendste Sakralbau ist die barocke Konviktskirche (1712–1719). Da die Kirche lange Zeit als Speicher verwendet wurde, ist von der alten Innenausstattung – den von unbekannten Meistern geschaffenen Stukkaturen und Wandmalereien – wenig erhalten geblieben. In der im 18. Jh. umgebauten Stadtpfarrkirche finden wir einige gute Bildhauerarbeiten aus dem 16.–18. Jh. und in der Liebfrauenkirche ein aus dem 15. Jh. stammendes Muttergottes-Gnadenbild.

Ulm

Die B 311, die links der noch immer nicht allzu kräftig entwickelten Donau führt, bringt uns bald ins Zentrum von Ulm. Die fast 100.000 Einwohner zählende Stadt ist der Verwaltungssitz des zu Baden-Württemberg gehörenden Alb-Donau-Kreises. Es wird durch die Donau von seiner bayerischen Nachbarstadt Neu-Ulm getrennt. Ulm ist mit seinen Schulen, Museen, Bibliotheken und seinem Theater nicht nur kultureller Mittelpunkt für den Osten Baden-Württembergs, sondern auch wegen seiner Metall-, Radio-, Textil- und Fahrzeugwerke ein wichtiges Industriezentrum.

Die Besiedelung des heutigen Stadtgebietes reicht den Funden nach bis in die Jungsteinzeit zurück. 854 wird Ulm als karolingische Pfalz genannt, und um 1165 verlieh Kaiser Friedrich I. dem Ort Stadtrechte, die ihm die Grundlage der Reichsunmittelbarkeit abgaben und die 1274 verbrieft wurden. Im 14. und 15. Jh. erreichte die Stadt durch die Textilindustrie ihre größte Blüte, und sie entwickelte sich zum zweitgrößten Reichsstadtterritorium Deutschlands. Im „Großen Schwörbrief" wurde 1397 die Stadtverfassung niedergelegt, auf die sich Patrizier und Zünfte geeinigt hatten. Noch heute wird zur Erinnerung an dieses Ereignis am vorletzten Montag im Juli der „Schwörmontag" als großes Volksfest begangen, an dem der regierende

Bürgermeister und die Zünfte im Schwörhaus auf die Stadtverfassung schwören müssen.

Namhafte Künstler schufen im 14. und 15. Jh. die „Ulmer Kunst“, eine Spätgotik schwäbischer Art. In dieser Zeit erlebte der Sakralbau einen Höhepunkt, der 1530 jäh abbrach, als sich die Ulmer den Ideen Luthers anschlossen und viele Kirchen und Kapellen schleiften.

Im 17. und 18. Jh. hatte Ulm schwer unter Kriegsereignissen zu leiden, 1803 verlor die Stadt seinen Status als Freie Reichsstadt und ging 1810 an Württemberg, das einen Teil der Festung abriß. Zwischen 1842 und 1867 wurden aber wieder neue Festungsanlagen errichtet und Ulm zur Bundesfestung gemacht. Zwei Jahre später wurde der seit 1810 zu Bayern gehörende Teil auf dem rechten Donauufer zur Stadt Neu-Ulm erhoben.

Münster Von den Sehenswürdigkeiten Ulms ist an erster Stelle das Münster zu nennen. Mit einer Länge von 123,55 m, einer Breite von 48,75 m im Langhaus und einer überdeckten Fläche von 5100 m² stellt es den größten Kirchenbau des süddeutschen Raumes und die größte gotische Pfarrkirche Deutschlands dar. Sein Turm zählt mit 161 m zu einem der höchsten Kirchtürme der Erde. Für den Bau des Münsters, mit dem laut einer Inschrift 1377 begonnen worden war, wurden bedeutende Männer der „Ulmer Kunst" herangezogen.

Die Pläne des Münsters stammen von Heinrich Parler dem Älteren und die des Westturmes von Ulrich von Ensingen, der auch mit der Ausführung begann. Matthäus Böblinger setzte den Turmbau bis zur Viereckplattform fort, während Burckhardt Engelberg die ursprünglich dreischiffig geplante Basilika zu einer fünfschiffigen ausbaute. 1543 wurden jedoch die Bauarbeiten eingestellt und der Turm mit einem Notdach eingedeckt. Erst 1845, also 300 Jahre später, nahm man die Arbeiten wieder auf, die nach Vollendung des Westturmes nach den Plänen Böblingers 1890 abgeschlossen wurden. Zwischen 1965 und 1970 wurde der gesamte Bau gründlich restauriert.

Durch das Haupttor im Westen mit seinen Tympana, den Bogenfeldern über dem Türsturz, die mit bedeutenden Plastiken gefüllt sind, betreten wir das Innere dieser imposanten Kirche. Die wertvollsten Figuren sind die um 1420 von Meister Hartmut geschaffenen Darstellungen von Maria und den Aposteln sowie der berühmte Schmerzensmann von Hans Multscher am Mittelpfosten. Der „Spatz vom Dach", der im Zuge der Renovierungsarbeiten hierher verlegt wurde, begrüßt uns am Seiteneingang, wo auch Steine vom Altbau zur Erinnerung erhältlich sind. Wir schreiten durch das Mittelschiff, ein Hochschiff mit steilen Arkaden, und erblicken auf der linken Seite die zierlich wirkende Kanzel. Vor dem Chor befindet sich das 1471 vollendete und mit seinen 26 m Höhe anerkannt beste deutsche Sakramentshaus. Sehenswert von der reichen Innenausstattung sind vor allem das Chorgestühl, das zwischen 1468 und 1474 unter der Leitung von Jörg Syrlin dem Älteren aus Ulm geschaffen wurde, und die farbenprächtigen und ihrer Größe wegen dominierenden Glasmalereien im Chor aus dem 14. und 15. Jh. Drei Fenster davon mußten erneuert werden, sie stammen aus dem Jahre 1956. An der rechten Seite des Chores schließt sich die Bessererkapelle mit ihren herrlichen Glasmalereien und Totenschildern des Geschlechtes der Besserer an. Bevor wir das Münster verlassen, bewundern wir noch die Orgelempore und die Glasmalereien an der Westseite der Kirche.

Rathaus Unweit des Münsters befindet sich das nach ihm eindrucksvollste Baudenkmal, das 1360 errichtete und 1949 restaurierte

Rathaus. Die von Hans Multscher ab 1427 geschaffenen Skulpturen stellen weltliche Würdenträger (Kurfürsten und Kaiser als Träger der Reichsidee) dar. Die Ostfront ziert der Uhrturm, während wir an der Westfront die Arkadenaufgänge bewundern. An der Südseite des Rathauses steht am Marktplatz der Fischkasten, eine Nachbildung eines von Jörg Syrlin 1482 geschaffenen Brunnens.

Kunst-, Handwerk- und Zunftmuseum, Wengenkirche

Erwähnenswert sind noch das Kunst-, Handwerk- und Zunftmuseum an der Neuen Straße sowie die Wengenkirche in der Langen Straße. Die Kirche wurde 1944 zerstört, die Reste aus der Spätgotik wurden in einen modernen Bau aus den Jahren 1953–1954 einbezogen.

Promenade

Man sollte auch nicht einen kurzen Spaziergang entlang der Stadtmauer, einer beliebten Promenade über den Donauwiesen, versäumen. Sie beginnt bei der Bastion Wilhelmshöhe, führt am 1340 erbauten Metzgerturm, der wegen seiner Neigung von 2 m nach Norden auch „Schiefer Turm" genannt wird, vorbei über die Donaustraße bis zur Adlerbastei, wo der „Schneider von Ulm" Albrecht Berblinger 1811 seinen ersten Flugversuch unternahm.

Benediktinerkloster

Bevor wir Ulm verlassen, besuchen wir noch das ehemalige Benediktinerkloster im Stadtteil Wiblingen. Es wurde 1093 von den Grafen von Kirchberg gestiftet, und dessen heutige Gebäude entstanden zwischen 1714 und 1760. Sehenswert ist der im Ostflügel befindliche Bibliothekssaal, dessen Deckenbild 1744 von Martin Kuen geschaffen wurde und dessen lebensgroße Statuen die geistigen Wissenschaften und Tugenden personifizieren. Die Kirche, nach Entwürfen von Johann Michael Fischer von Johann Georg Specht erbaut, zeigt bereits Zeichen des einsetzenden Klassizismus. Das von Januarius Zick geschaffene Kuppelgemälde, das den Zentralraum überspannt, weist noch barocke Züge auf. Der ebenfalls von Zick stammende Hochaltar und das Chorgestühl von Johann Josef Christian sind dominierende Teile der Innenausstattung. Der Kruzifixus aus dem 16. Jh. stammt aus dem Ulmer Münster.

Günzburg

Wir besuchen als nächstes Günzburg, eine Kreisstadt in Schwaben; die rund 13.400 Einwohner verdienen ihr Brot zum Großteil in der Baumwoll- und Landmaschinenindustrie. Die Stadt liegt an der Günz, nach der die älteste alpine Eiszeit des Pleistozän benannt ist. Die Hafenanlagen von Günzburg wurden von den Römern bereits so ausgebaut, daß jederzeit eine ausreichende Anzahl von hier stationierten Soldaten die Donau abwärts transportiert werden konnte.

Renaissance-Schloß

Sehenswert sind das über der Stadt liegende Renaissance-Schloß aus dem Jahre 1609, in dem bis 1805 die österreichische Verwaltung ihren Sitz hatte, und die von Joseph Dossenberger, einem Zimmermann-Schüler, errichtete Kapelle aus dem Jahre 1754 mit Fresken von A. Enderle. Von Dossenberger stammen auch die Pläne für die ehemalige Münze und einige Bürgerhäuser. An der Ausstattung der Liebfrauenkirche, zwischen 1736 und 1741 von Dominikus Zimmermann erbaut, wirkten zahlreiche namhafte Künstler mit. So ist die reiche Freskenmalerei ein Werk von A. Enderle aus dem Jahre 1741.

Gundelfingen

Über Gundelfingen mit seinem Rathaus aus dem 17. Jh. und dem Schloß Schlachtegg gelangen wir nach Lauingen, das zum Landkreis Dillingen gehört. Auch hier ist die Textil- und Maschinenindustrie vorherrschend.

Vor dem Rathaus finden wir das Denkmal des wahrscheinlich 1193 in dieser Stadt geborenen Albertus Magnus, des großen Theologen der Hochscholastik, der 1931 heilig gesprochen wurde. Die Hauptwerke Albert des Großen – Albert (Graf) von Bollstädt –, eines Dominikaners, sind der Sentenzenkommentar, Aristotelesparaphrasen und Kommentare zu Pseudo-Dionysius sowie exegetische und dogmatische Schriften.

Er wirkte an deutschen Ordensschulen, in Paris und am neuen Studium Generale des Ordens in Köln unter anderem auch als Lehrer des Theologen und Philosophen Thomas von Aquin.

Dillingen

Fünf Kilometer flußabwärts liegt Dillingen, eine rund 12.000 Einwohner zählende Kreisstadt. Sie war vom 15. bis zum 18. Jh. Residenz und Sitz der Verwaltung des ehemaligen Bistums Augsburg, da sich diese Stadt der Herrschaft der Bischöfe entzogen hatte. Nachdem 1549 Kardinal Otto Truchseß von Waldburg ein Studienkolleg gegründet hatte, war Dillingen zwischen 1554 und 1804 Universitätsstadt, aber auch ein geistiges Zentrum der Gegenreformation in Deutschland.

Studienkirche Maria Himmelfahrt

Zu den Konvents- und Universitätsbauten zählen heute das Priesterseminar, das Jesuitenkolleg mit einem barocken Bibliothekssaal und das Gymnasium. Eingebunden in diesen Komplex ist die Studienkirche Maria Himmelfahrt aus den Jahren 1610–1617, die zwischen 1750 und 1768 ihr Rokoko-Aussehen erhielt. Der Hochaltar stammt von einheimischen Künstlern, während das Altargemälde, die Himmelfahrt Mariens darstellend, ein Werk des Augsburgers Johann Georg Bergmüller ist.

Das aus dem 13. Jh. stammende Schloß diente den aus Augsburg vertriebenen Bischöfen als Zufluchtsstätte. Nach einem Brand im Jahre 1595 und vor allem im 18. Jh. wurde die einstmalige Burg großzügig ausgebaut und erhielt das jetzige schloßartige Aussehen.

Höchstädt

Bei der zum Landkreis Dillingen gehörenden Stadt Höchstädt fanden im Spanischen Erbfolgekrieg zwei Schlachten statt: 1703 siegten die Bayern und Franzosen über das kaiserliche Heer, und 1704 schlugen Prinz Eugen und Marlborough die Bayern und Franzosen.

Donauwörth

Wir verlassen Höchstädt und kommen nach Donauwörth, das an der Mündung der Wörnitz in die Donau liegt. Hier wird die „Romantische Straße", die von Füssen bis Würzburg führt, für einen Kilometer zur „Reichsstraße", wie sich die Hauptstraße der Stadt nennt. An ihr liegen neben den beiden Hauptkirchen das Rathaus, der gotische Stadtzoll und das durch sein Fachwerk interessante Baudrexelhaus. Nicht zu übersehen ist auch

das stolze Fuggerhaus mit seinen Zinnengiebeln, in dem u. a. Schwedenkönig Gustav Adolf (1632) und Kaiser Karl VI. (1711) zu Gast waren.

Stadtpfarrkirche Mariae Himmelfahrt/ St. Ulrich und Afra

Die spätgotische Stadtpfarrkirche Mariae Himmelfahrt/St. Ulrich und Afra aus der Mitte des 15. Jhs. ist ein Hallenbau mit einem mächtigen, die Dächer der Stadt überragenden Turm. Von ihrer reichen Innenausstattung sind die Wandmalereien aus dem 15. Jh. und das von Augsburger Steinmetzen um 1500 im Stile der Spätgotik geschaffene Sakramentshaus sehenswert. In der Sakristei befindet sich ein Gemälde der Donauschule aus dem Jahre 1515.

Benediktinerklosterkirche Hl. Kreuz

Die ehemalige Benediktinerklosterkirche Hl. Kreuz, ein Barockbau, wurde von Johann Schmuzer aus Wessobrunn 1717–1720 auf einem Bau aus dem 12. Jh. errichtet, von dem die Untergeschosse des Turmes erhalten sind. Von der Inneneinrichtung beeindruckt der von Franz Xaver Schmuzer 1724 geschaffene Hochaltar mit einem Gemälde von Johann Georg Bergmüller, aber auch die Seitenaltäre und die Gruftkapelle unter der Orgelempore sind sehenswert.

Neuburg-Schrobenhausen

Bei Donauwörth verlassen wir das Donauried, die ehemalige moorige Ebene an der Donau, und kommen nach Neuburg. Die oberbayerische Kreisstadt – Landkreis Neuburg-Schrobenhausen – mit ca. 73.000 Einwohnern hat sich aus einer befestigten Brückensiedlung entwickelt.

Schon um die Mitte des 16. Jhs. residierten hier die Fürsten von Pfalz-Neuburg, bis 1777 Neuburg an Bayern kam. Die wichtigsten Bauten, Schloß und Hofkirche, finden wir in der höher gelegenen Altstadt.

Schloß, Schloßkapelle

Das heutige Schloß wurde in zwei Etappen gebaut. Unter Pfalzgraf Ottheinrich entstanden 1530–1545 zunächst drei gegen Osten geöffnete Flügel, während der Ostflügel unter Pfalzgraf Philipp Wilhelm 1665–1668 den Schloßbau ergänzte. Der malerische Hof wird von zweigeschossigen Laubengängen begrenzt, wobei die unteren Arkaden aus gedrehten Säulen mit Rundbogen und gotischem Kreuzrippengewölbe gebildet sind. Sehenswert ist vor allem die Schloßkapelle, die zu den ältesten evangelischen Schloßkapellen in Deutschland zählt.

Hofkirche St. Maria

Die Hofkirche St. Maria war 1607 ursprünglich als protestantische Kirche geplant, wurde aber nach Rückkehr eines katholischen Fürsten in eine katholisch-jesuitische umgewidmet. Die Einturmfassade mit ihrem pilastergegliederten Unterbau ist frühbarock, während das Innere eine spätgotische Gliederung und eine Ausstattung im Stile der Hochrenaissance zeigt.

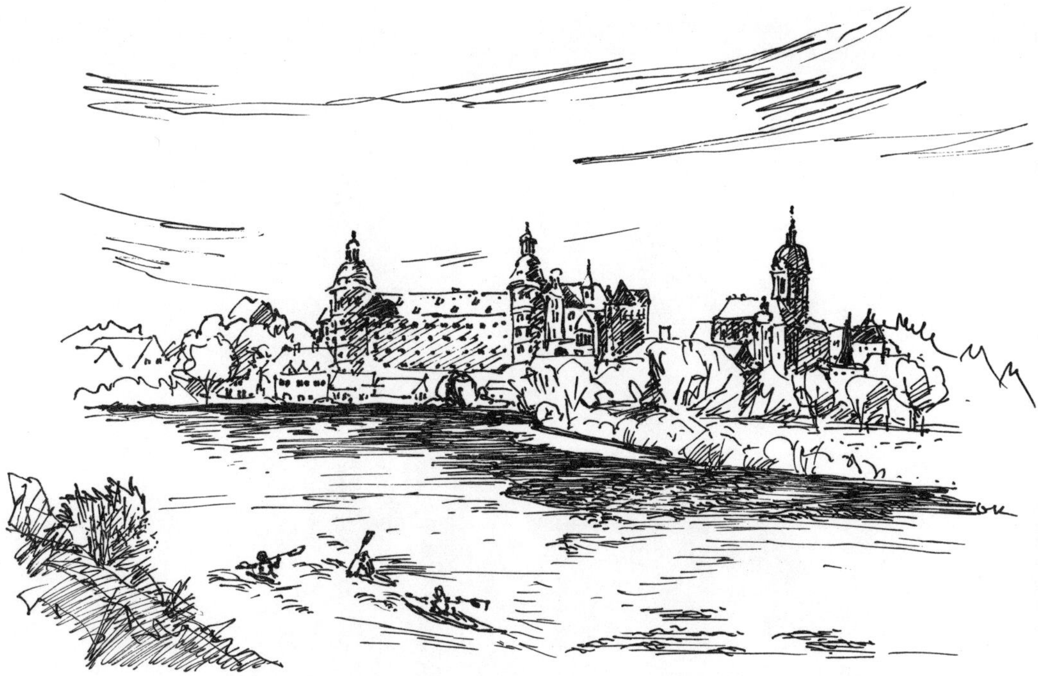

Als nächsten Ort besuchen wir Ingolstadt, das an beiden Ufern der Donau liegt. Diese 100.000 Einwohner zählende Industriestadt hat vor allem durch ihre Ölraffinerien und Automobilwerke einen raschen Aufschwung genommen. Von 1392–1445 war sie Residenz des Herzogtums Bayern-I., einer Linie der Wittelsbacher, nach 1539 Festung. Zwischen 1472 und 1800 gab es in Ingolstadt eine Universität, deren Begründer Herzog Ludwig der Reiche war. Durch ihn erlangte die Stadt schon früh ein beachtliches Ansehen auf geistigem und kulturellem Gebiet und bildete unter der Führung von Petrus Canisius ein Zentrum der Gegenreformation.

Ingolstadt

Die Stadtfestung, drei mit zahlreichen halbrunden Ziegeltürmen besetzte Mauerringe, galt als eine der mächtigsten in Süddeutschland, an der selbst Gustav Adolf im 30jährigen Krieg vorbeiziehen mußte. Sie blieb bis heute in ihren wesentlichen Teilen erhalten; von den wuchtigen Toranlagen steht jedoch nur mehr das 1385 entstandene siebentürmige Kreuztor.

Stadtfestung

Liebfrauenmünster

Hinter dem Kreuztor erhebt sich eine der schönsten spätgotischen Kirchen Bayerns, das Liebfrauenmünster. Der wenig gegliederte Backsteinbau, der 1425 unter Ludwig dem Gebarteten begonnen wurde, hatte eine Bauzeit von 111 Jahren. Das Mittelschiff ist 82 m lang, 31 m breit und 27,5 m hoch. Der 9 m hohe Hochaltar mit 91 Gemälden zeigt eine Mischung aus Spätgotik und Renaissance. Er ist ein Werk des Münchner Malers H. Mielich aus dem Jahre 1572.

Asamkirche

Als Erbauer der Asamkirche „Maria de Victoria" aus dem 18 Jh. wird der bekannte Baumeister und Maler Cosmas Damian

Asam vermutet, der sämtliche Fresken innerhalb von acht Wochen geschaffen haben soll. Besonders interessant ist die Türkenmonstranz, eine wertvolle Arbeit aus dem Jahre 1708. In dieser ist die Seeschlacht von Lepanto am Golf von Korinth dargestellt, in der am 7. 10. 1571 die vom Papst unterstützten Spanier und Venetianer unter Don Juan d'Austria die Türken besiegten. Der Hochaltar ist ein Werk von Johann Michael Fischer aus dem Jahre 1763.

Das ehemalige Schloß aus dem 15. Jh. wurde im Auftrag von Ludwig dem Gebarteten erbaut und in den folgenden Jahrhunderten mehrmals ergänzt und umgebaut. Seit 1970 beherbergt es das Bayerische Armeemuseum, in dem Waffen, Uniformen und vielerlei Kriegsgeräte aus den Jahren ab 1500 gezeigt werden.

Kloster Weltenburg

Bevor wir nach Kelheim kommen, besuchen wir das direkt an der Donau gelegene Benediktinerkloster Weltenburg. Es ent-

stand in den Jahren 1714–1716 nach einem Entwurf von F. P. Blank. Die Klosterkirche St. Georg und St. Martin, die von Cosmas Damian Asam 1716–1718 geschaffen wurde, zählt zu den schönsten Barockkirchen Deutschlands. Beeindruckend ist die mächtige Kuppel, die den Hauptraum überwölbt und über der sich ein Tambour erhebt. Die plastische Wirkung des prächtigen Kuppelfreskos aus dem Jahre 1721 entsteht durch einen davorgelegten Kronreif. Er wird von Putten und Cosmas Damian Asam, der sich hier verewigt hat, getragen. Die Figuren im Kircheninneren sind größtenteils eine Schöpfung von Egid Quirin Asam, der als einer der Engelsgestalten im Kuppelfresko zu erkennen ist. Das überragende Werk der prunkvollen Ausstattung ist der Hochaltar aus den Jahren 1722–1724. Er zeigt den vollplastisch dargestellten St. Georg, der hoch zu Pferde durch die Pforte des Retabels kommt, um den Kampf gegen den Drachen anzutreten. Aber auch die Seitenaltäre und übrigen Gemälde, die ebenfalls von der Familie Asam beigestellt wurden, sind beachtenswert.

Frauenbergkapelle

Die hinter der Klosterkirche auf dem Frauenberg stehende Frauenbergkapelle soll auf den Fundamenten eines Baues aus der Zeit um 700 errichtet worden sein. Ihre Ausstattung stammt aus der ersten Hälfte des 18. Jhs.

Kelheim

Kelheim, an der Mündung der Altmühl in die Donau gelegen, ist eine rund 13.000 Einwohner zählende Industriestadt. Aufgrund der günstigen Verkehrslage wurde dieses Gebiet bereits in der Altsteinzeit besiedelt. Zum erstenmal wurde diese

Stadt 866 als „Cheleheim“ urkundlich genannt. Ihre Anordnung – der sogenannte „Wittelsbacher Stadtgründungstyp“ – geht auf Herzog Ludwig II., den Strengen, zurück (um 1206).

In der Nähe der Stadt ließ Ludwig I. auf einer Anhöhe, dem 100 m hohen Michelsberg, zur Erinnerung an die Befreiungskriege 1813–1815 die Befreiungshalle errichten. Der im byzantinischen Stil 1842 von Friedrich von Gärtner, dem Hofarchitekten von König Ludwig I., begonnene Bau wurde 1863 von Leo von Klenze, dem Nachfolger Gärtners, römisch-antik umgestaltet. Die beiden mächtigen Säulen- und Pfeilergänge sind von einer Kassettenkuppel überwölbt. Die kreisförmig angeordneten 34 Viktorien repräsentieren die 34 deutschen Staaten und halten 17 mit den Namen der Schlachten versehene Tafeln zwischen sich. Im Architrav über der von 72 Granitsäulen getragenen Empore sind die Namen der eroberten und rückgewonnenen Städte eingemeißelt. Von hier genießt man einen imposanten Blick auf den Durchbruch der Donau.

Regensburg

Nach Kelheim tritt die Donau aus dem Südteil des Fränkischen Jura, in den sie sich manchmal ein enges Flußbett gegraben hat, aus und erreicht in Regensburg ihren nördlichsten Punkt. Regensburg, die Freie Reichsstadt, die einzige in Altbayern, erhielt ihren heutigen Namen vom Fluß Regen, der wie die Naab hier in die Donau mündet. Als Keltensiedlung (um 500 v. Chr.) hieß es Radasbona, das die Römer, die gegenüber der Regen-Mündung ihr Castra Regina bauten, in Ratisbona abwandelten. Die Fama erklärt diese Abwandlung damit, daß ein römischer Hauptmann einen Bund der berühmten Weichser Rettiche seinem Kaiser überbrachte, der nach dem Genuß desselben mit Genugtuung feststellte: „Radix bona est!".

Regensburg zählt heute rund 135.000 Einwohner und ist der Sitz wichtiger Behörden, wie der Regierung der Oberpfalz, einer Oberpost-, Finanz- und Forstdirektion. Die Stadt ist aber auch ein bedeutender Eisenbahn- und Straßenknotenpunkt. Bis zur Eröffnung des Rhein-Main-Donau-Kanals befand sich hier der Ausgangspunkt für den Hauptverkehr der Donauschiffahrt. Seit 1967 besitzt es die vierte bayerische Landesuniversität.

Wo immer man in der Altstadt geht, begegnet man der Vergangenheit, denn der Stadtkern gilt als einer der besterhaltenen mittelalterlichen Stadtbilder, ein Denkmal 2000 Jahre alter deutscher und bayerischer Kunst und Kultur.

Die ersten Siedler im Raume Regensburg dürften die Kelten gewesen sein, die dann von den Römern abgelöst wurden. Diese befestigten zwischen 166 und 180 n. Chr. unter Marc Aurel während der Markomannenkriege die einfache Ansiedlung zu einem mächtigen Legionslager, dem „Castra Regina". An die Fertigstellung erinnert die im Museum der Stadt aufbewahrte 8 m lange Steintafel aus dem Jahre 179 n. Chr., die einst über einem der vier Lagertore angebracht war. Die mächtige Porta Praetoria gibt ein eindrucksvolles Zeugnis der Festungskunst der Römer. Sie ist der einzige erhaltene Hochbau aus der Römerzeit in Bayern. Aus diesem Kastell entwickelte sich dann nach der Völkerwanderung unter den aus Böhmen stammenden Bajuwaren Regensburg, das die Herzöge aus dem Hause Agilolfinger zum Reichssitz machten. Gleichzeitig wurde es auch zum kirchlichen Mittelpunkt; der heilige Bonifazius gründete 739 das Bistum Regensburg, das bis 1821 währte. Der Bayerische Stammesherzog Tassilo III. regierte als Nachfolger seines Vaters Odilo ab 757 allein, leistete Pippin d. J. den Vasalleneid und förderte vor allem die bayerische Ostsiedlung und die Mission unter den Slawen. Als er von Pippin wegen „Heeresverlassung" während des aquitanischen Feldzugs zum Tode verurteilt und später von Karl dem Großen zu Klosterhaft

begnadigt wurde, war durch die Eingliederung Bayerns in das Frankenreich das letzte ältere Stammesherzogtum ausgelöscht worden.

Unter Ludwig dem Deutschen, der 826 in Regensburg seine Residenz einrichtete, und Kaiser Heinrich II. wurde die Stadt weiter ausgebaut. In der Folge erlangte sie durch eine reiche Kaufmannschaft eine so große Bedeutung als Handels- und Verkehrszentrum, daß sie 1245 zur „Freien Reichsstadt" erklärt wurde. Als Zeichen der erlangten Unabhängigkeit von bischöflicher und herzoglicher Gewalt trat sie 1256 dem Rheinischen Städtebund bei. Bürgermeister und Rat konnten jetzt von den Bürgern selbst gewählt werden.

Durch die Verlagerung des Orienthandels nach Venedig verlor Regensburg im 15. und 16. Jh. an Bedeutung. Es unterwarf sich 1486 den Bayern und stand dann ab 1521 unter dem Schutz des Hauses Habsburg. In der zweiten Hälfte des 16 Jhs. wurde es zur Stadt der Reichstage, wo im Reichssaal des alten Rathauses der „Immerwährende Reichstag" des Heiligen Römischen Reiches Deutscher Nation eröffnet wurde, der bis zum Ende des Reiches 1806 dauerte und als das erste Parlament Gesamtdeutschlands angesehen werden kann. Ab 1803 gehörte Regensburg zum neu geschaffenen Fürstentum gleichen Namens, das jedoch 1810 aufgelöst wurde; die Stadt kam an Bayern.

Dom St. Peter

Das 2000 Jahre alte Regensburg bietet auf engstem Raum eine Fülle von Sehenswürdigkeiten – von der Römerzeit bis zum Barock sind alle Stilepochen vertreten. Das berühmteste Bauwerk ist der Dom St. Peter, die bedeutendste gotische Kathedrale Süddeutschlands. Der Bau wurde um 1250 auf den Grundmauern eines Domes aus der romanischen Zeit, von dem noch der Eselsturm an der Nordseite erhalten ist, begonnen und größtenteils bis zum 16. Jh. fertiggestellt. Die Vollendung der beiden 105 m hohen Türme erfolgte zwischen 1859 und 1869. Nach der Aufstellung des Querhausgiebels und des Dachreiters 1870–1871 fand der Bau, der trotz der langen Bauzeit eine geschlossene Einheit aufweist, seinen Abschluß. Die Turmhelme aus dem 19. Jh. wurden 1955 erneuert und mit Krabben versehen.

Das Äußere ist fast stilrein und reich gegliedert. An der Westfassade, die in eine Vielzahl von gotischen Maßwerken, Strebepfeilern und Figuren aufgelöst ist, beeindruckt vor allem der dreieckige Baldachin über dem Hauptportal mit zahlreichen Heiligenfiguren und der Figur des heiligen Petrus in einem Schifflein darüber. Tritt man durch das Südportal in das Innere, so überwältigt einen die Wirkung des Raumes, in den durch herrliche gotische Glasfenster farbiges Licht dringt. Das künstlerisch Interessanteste ist die Verkündigungsgruppe an den vorderen Vierungspfeilern mit den Steinstatuen von Petrus und Paulus sowie der wunderbaren, freudig lächelnden Maria auf der Kanzelseite. Diese innigen Steinplastiken sowie der Verkündigungsengel gegenüber entstanden um 1280. Neben dem frühklassizistischen Hochaltar befindet sich das von Wolfgang Roritzer 1493 geschaffene, 15 m hohe gotische Sakramentshäuschen. Der neue Volksaltar stammt von Dombaumeister Richard Triebe aus dem Jahre 1976. Die Nebenaltäre sind mit Baldachinen überdacht, die Seitenaltäre schmücken bemerkenswerte gotische Figuren.

Durch das gotische Nordportal mit dem Dombrunnen gelangt man zum Domschatzmuseum und zu dem im Domgarten befindlichen Kreuzgang. Hier bewundern wir einige interessante Grabdenkmäler aus dem 14. bis 18. Jh. und die als Zentralbau angelegte Allerheiligenkapelle, die sich Bischof Hartwig II.

zwischen 1155 und 1164 als Begräbniskapelle erbauen ließ. Im Süden wird der Domgarten durch die St. Ulrichs-Kapelle abgeschlossen, ein von starken Strebepfeilern gestützter Bau aus dem 13. Jh. Die Seitenschiffe sind zweigeschossig, das Mittelschiff trägt ein Flachdach.

Basilika Niedermünster

Östlich des Domgartens befindet sich die romanische Basilika Niedermünster. Wie wichtige Funde aus der jüngsten Zeit bestätigen, gehört diese zu einem Benediktinerkloster aus vorkarolingischer Zeit und wurde auf dem Fundament eines römischen Wohnhauses errichtet. Bei Ausgrabungen entdeckte man die Gräber des heiligen Erhard und des irischen Bischofs Albert. Die Kirche wurde nach einem Brand im Jahre 1152 neu aufgebaut und enthält bemerkenswerte Plastiken, wie eine „Schwarze Muttergottes" aus dem frühen 13. Jh., eine Kreuzigungsgruppe aus Holz aus dem Jahre 1320, eine Bronze-Magdalena am Kreuz um 1625 und eine Steinmadonna aus dem 14. Jh. sowie zwei Sarkophage unter einem gotischen Doppelbaldachin. Hinter der Kirche liegt die St. Erhard-Kapelle, eine kryptenartige Anlage aus frühromanischer Zeit.

Herzoghof

Gegenüber der Südfassade des Domes befindet sich die Oberpostdirektion, in die der heutige, aus dem 12. und 13 Jh. stammende Bau des Herzoghofes eingebunden ist. An diesem Platz stand einst die Residenz der Agilolfinger Herzöge, und zur Zeit der Karolinger und Ottonen war hier die deutsche Kaiserpfalz. Sehenswert sind die um 1220 entstandenen Fensterarkaden und der Herzogsaal im Obergeschoß.

Römerturm, Karmelitenkirche

Die Grenze zwischen Herzogs- und Bischofsstadt bildete im frühen Mittelalter der Römerturm, der durch einen wuchtigen Torbogen mit dem Herzogshof verbunden ist. Im Osten schließt sich die Karmelitenkirche an, in deren Kloster seit 250 Jahren der bekannte Karmelitergeist gebrannt wird.

Alte Kapelle

Den Kornmarkt, auf dem an Werktagen an bunten Ständen Gemüse und Blumen verkauft werden, begrenzt im Süden die Alte Kapelle, eine dreischiffige Basilika mit romanischem Grundmaß. Sie gehörte früher zum Herzoghof und wurde 967 erstmals genannt. Aus dieser Zeit stammt vermutlich der Unterteil des Turmes, der aus römischen Quadersteinen besteht. Zwischen 1441 und 1465 erhielt die Kirche einen gotischen Chor, und von 1747 bis 1765 erfolgte die überreiche Ausschmückung des Inneren im Stile des Spätrokoko. Den formenreichen Stuck schuf Anton Landes, die Chorfresken Gottfried Götz und die Fresken in den Schiffen Thomas Schiffler. Den Hochaltar gestaltete 1773 Simon Sorg.

Die daran anschließende Vituskapelle mit dem schönen schmiedeeisernen Gitter und einer steinernen Marienfigur um 1370 wurde um 1270 gebaut. Sehenswert ist noch die Mariä-Vermählungskapelle und die Gnadenkapelle mit einer italienischen Madonnenikone aus dem 13. Jh.

Vituskapelle, Mariä-Vermählungskapelle, Gnadenkapelle

Bei unserem Spaziergang über den Domplatz und den Krauterermarkt bewundern wir die Patrizierhäuser italienischen Stils aus dem 13. und 14. Jh., die nördlich der Alpen nur hier zu finden sind. Die reichen Kaufleute schmückten ihre mächtigen Häuser mit Geschlechtertürmen, von denen der Baumburgerturm am Watmarkt mit 28 m Höhe und sieben Geschossen zu den bedeutendsten zählt. In der Nähe finden wir noch u. a. das einst gotische Goliathhaus mit dem Fresko „David im Kampf mit Goliath“ von M. Bocksberger aus dem Jahre 1573, den Bräunelturm und das Haymohaus mit seinem um 1260 entstandenen Goldenen Turm, der mit 42 m der höchste Geschlechterturm ist.

Altes Rathaus

Am Kohlenmarkt steht der interessante Profanbau, das Alte Rathaus. Im Obergeschoß dieses mehrgliedrigen, malerischen Baues, der um 1350 entstand, befindet sich der Reichssaal mit seinem schönen Erker und einer Holzdecke aus dem Jahre 1408. Hier tagte 143 Jahre lang der „immerwährende Reichstag“. Der Kaiser hatte seinen Sitz unter dem Thronbaldachin aus dem Jahre 1573, während die Kurfürsten, Fürsten und Vertreter der Reichsstädte entsprechend den Stufen, die den Saal an drei Seiten umgeben, gruppiert waren. 1630 fand hier jene denkwürdige Versammlung statt, auf der Wallenstein abgesetzt wurde und Johannes Kepler, der große Astronom, seine Schuldforderungen an drei Kaiser anmelden wollte. Zu den bedeutendsten Versammlungen neben dem allgemeinen Christentag 1471, der glänzendsten Zusammenkunft des Mittelalters, zählt auch jene vom 8. September 1156 über die Neuschaffung des Herzogtums Österreich, das der Babenberger Heinrich Jasomirgott erhielt, als er auf Bayern verzichtete. Für Bayern wiederum war der Reichstag von Juni/Juli 1180 entscheidend. Damals belehnte Friedrich Barbarossa die Wittelsbacher mit Bayern. Im Keller finden wir die einzige unverändert erhaltene Fragstatt des Mittelalters samt einigen Gefängnissen. Im Alten Rathaus ist heute das Reichstagsmuseum untergebracht.

Am Haidplatz befindet sich die „Neue Waag“ oder Herrentrinkstube, in der sich Dr. Eck und Melanchton 1541 zu Religionsgesprächen trafen. An der Nordseite des Platzes liegt ein großes, turmbewehrtes Gebäude, der ehemalige Gasthof „Goldenes Kreuz“. Hier lernte Kaiser Karl V. während seiner Aufenthalte zwischen 1519 und 1546 die Regensburger Bürgertochter Barbara Blomberg kennen. Sie schenkte ihm am 24. 2. 1547 einen Sohn, Don Juan d'Austria, der als Befehlshaber der spanischen Flotte in der Seeschlacht von Lepanto die Türken besiegte.

Schottenkirche St. Jakob

Sehenswert ist auch die Schottenkirche St. Jakob, die auf eine vom irischen Mönch Mecherdach um 1040 gegründete Einsiedelei zurückgeht. Die heutige Kirche wurde von irischen Wandermönchen 1150–1195 errichtet. Besonders berühmt ist ihr Nordportal – das Schottenportal –, das mit seinem reichen Figurenschmuck zu den bedeutendsten Werken romanischer Kunst in Bayern zählt. Auch im Inneren bewundern wir den Figurenreichtum an den Kapitellen der massigen Säulen und die eindrucksvollen gotischen Steinfiguren an den Pfeilern des Chores. Im Triumphbogen befindet sich eine der ältesten Kreuzigungsgruppen Deutschlands, die um 1200 entstanden ist.

Dominikanerkirche St. Blasius

Die Dominikanerkirche St. Blasius gehört trotz ihrer Schlichtheit zu den schönsten der Stadt. Im Stile des Bettlerordens um 1250 errichtet, zählt ihre Westfassade zu den ersten großen Bauten der Gotik in Deutschland. Im Bogenfeld des Westportales finden wir die Figur des Kirchenpatrons. Im Inneren der querschifflosen Basilika mit schönem Kreuzgewölbe sind die Wandmalereien aus dem 14. und 15. Jh. im Chor und im südlichen Seitenschiff sowie die gut erhaltenen Chorgestühle aus dem 15. Jh. beachtenswert. Zu erwähnen sind noch eine Schutzmantel-Madonna am nördlichen Chorpfeiler und das Grabdenkmal für Lukas Lamprechtshauser aus der Zeit um 1500. Die zu den angrenzenden Klosterbauten gehörende Albertuskapelle erinnert an den großen Gelehrten Albertus Magnus, der von 1260 bis 1262 Bischof von Regensburg war.

Kloster und Kirche St. Emmeram

Südlich der Dominikanerkirche liegt das Kloster St. Emmeram, das sich aus der Grabstätte des heiligen Emmeram entwickelte, den Herzog Theodor II. nach dessen Ermordung um 700 n. Chr. hier beisetzen ließ. Das Grabdenkmal wurde bald eine vielbesuchte Wallfahrtsstätte. Daraus entstand ein ausgedehntes Kloster, das sich 975 vom Hochstift trennte und 1295 reichsunmittelbar wurde. Die Emmeramskirche, die mehrmals erweitert wurde und dadurch fast tausend Jahre Baugeschichte widerspiegelt, zählt zu den schönsten und ehrwürdigsten Süddeutschlands. Sie ist eine dreischiffige Basilika mit drei Ostapsiden. Der zwischen 1575 und 1779 errichtete Turm steht isoliert nördlich der Kirche. Im Vorhof befindet sich das Epitaph für den bayerischen Geschichtsschreiber Johann Turmair, genannt Aventinus. Über den Eingängen der Vorhalle sehen wir die ältesten Steinplastiken Deutschlands aus der Zeit um 1052. Sie zeigen in der Mitte den thronenden Christus, links St. Emmeram und rechts St. Dionysius. Zu den wichtigsten Sehenswürdigkeiten im Inneren der Kirche gehören die um 1052 unter dem Dionysiuschor erbaute fünfschiffige Wolfgangskrypta, das Grabmal der 876 gestorbenen heiligen Hemma, der Gemahlin Ludwig des Deutschen, und zahlreiche Grabmäler von Königen und Herzögen, von denen das des Herzog Heinrich des Zänkers (991–995) mit Lebensfahne und Schild besonders erwähnenswert ist. Unter der Hauptapsis befindet sich die um 740 erbaute Emmeramskrypta und die Ramwoldkrypta aus dem Jahre 980.

Schloß Thurn und Taxis

Das anschließende Kloster mit seinem herrlichen, zwischen dem 11. und 14. Jh. erbauten gotischen Kreuzgang wird seit 1812 als Schloß der Fürsten Thurn und Taxis geführt. Einen Besuch wert ist die Schloßbibliothek. Sie zählt zu den wertvollsten Privatbibliotheken der Welt. Es wurden darin im Jahr 1967 Fresken von Cosmas Damian Asam, Hauptmeister der bayerischen Hochbarockmalerei, freigelegt. Sehenswert ist auch das Marstallmuseum mit prunkvollen Wagen und Pferdegeschirren.

Städtisches Museum

Einen umfangreichen Überblick über Kunst und Kultur Regensburgs und Ostbayerns erhalten wir im städtischen Museum, das im ehemaligen Minoritenkloster untergebracht ist. Am eindrucksvollsten sind die einmaligen Steinbildwerke, die eine Zeitspanne von der Römerzeit bis hin zur Gotik umfassen. Sie befinden sich im Kreuzgang, der einen stimmungsvollen Innenhof umschließt.

Steinerne Brücke

Zum Abschluß unserer Besichtigungstour stärken wir uns mit einer Spezialität dieser Stadt, einem Bratwürstl, das wir in der „Historischen Wurstkuchl" nahe der Steinernen Brücke zu uns nehmen. Diese von 1135 bis 1146 im Auftrag des Bayernherzogs Heinrich des Stolzen erbaute 16bogige Steinbrücke stellt ein Meisterwerk mittelalterlicher Ingenieurkunst und gleichzeitig das älteste deutsche Brückenbauwerk dar. Von den ursprünglich drei Brückentürmen ist nur der im 14. Jh. entstandene Südturm, das Brücktor, erhalten geblieben. Sein Figurenschmuck stellt den hl. Oswald zwischen mehreren Figuren dar und stammt vom ehemaligen Mittel- und Ostturm.

Wir überqueren die Steinerne Brücke und kommen in das ehemals bayerische Stadtviertel „Stadtamhof". Hier besichtigen wir die interessante barocke Pfarrkirche St. Magnu und den zwischen dem Dreifaltigkeitsberg und der Donau verlaufenden Rhein-Main-Donau-Kanal mit seinen Schleusen.

Donaustauf, Walhalla

Wir setzen nun unsere Reise am linken Donauufer fort und durchfahren den stilvollen mittelalterlichen Marktflecken Donaustauf, der sich dicht an den Berghügel drängt. Auf diesem

steht die Ruine der Festung der Regensburger Bischöfe aus dem 12. Jh., die 1634 von den Schweden zerstört wurde. In einiger Entfernung erblicken wir die 97 m über der Donau liegende weißglänzende Walhalla.

Wir steigen vom Tal über 358 Stufen empor zu dem 125 m langen und 25 m breiten „Tempel deutscher Ehren", den der Bayernkönig Ludwig I. zwischen 1830 und 1842 durch seinen Hofbaumeister Franz Karl Leo von Klenze nach dem Vorbild des Panthenontempels erbauen ließ. Der Oberbau des Tempels aus weißem Marmor wird von 52 dorischen Säulen getragen. Von den darin aufbewahrten Büsten und Namenstafeln wurden 120 von Ludwig gestiftet; ihre Zahl wird von Bayern von Fall zu Fall vergrößert. Von der Terrasse aus bietet sich ein herrlicher

Ausblick über das Donautal, das ab hier sehr fruchtbar wird und als Kornkammer Bayerns gilt.

Barbing

Am gegenüberliegenden Donauufer liegt der Ort Barbing, dessen Kirchlein an jene Stelle erinnert, an der Kaiser Friedrich Barbarossa 1156 die Verhandlungen zur Teilung Bayerns und zur Gründung Österreichs führte.

Die Straße windet sich nun zwischen saftigen Donauwiesen durch die Dörfer Bach und Kruckenberg, wo noch Reste eines einst blühenden Weinbaues zu finden sind, bis Wiesent mit seinem gut erhaltenen Schloß aus dem 17. Jh.

Frauenzell

Von hier aus machen wir einen kurzen Abstecher nach Frauenzell, das eine sehenswerte barocke Wallfahrtskirche besitzt, die zwischen 1747 und 1753 nach mehreren Zerstörungen wieder aufgebaut wurde. Die herrliche, im Barock- und Rokokostil geschaffene Inneneinrichtung sowie die Chor- und Beichtstühle mit schönen Einlegearbeiten stammen von einheimischen Künstlern. Der alte Turm ist ein Relikt aus einem Bau von 1357. Westlich von Frauenzell liegt der fast 3000 Hektar große „Thiergarten" der Fürsten Thurn und Taxis mit zwei Jagdschlössern und einem vielfältigen Wildbesatz.

Wörth, Bischofsburg

Wir kehren zur Donau zurück und besichtigen im rund 2000 Einwohner zählenden Wörth die zum Großteil aus dem 16. Jh. stammende Bischofsburg, die sich im Besitz des Hauses Thurn und Taxis befindet. Der mächtige dreiflügelige Bau wird von einem Burgfried, dem Rest der mittelalterlichen Burganlage, überragt. In diesem Schloß unterzeichnete 1806 Karl Theodor von Dalberg, der letzte Kurfürst von Mainz und Erzkanzler des Heiligen Römischen Reiches, als Fürstprimas den Rheinbund, dessen Oberhaupt er war.

Wir fahren auf der nördlich der Donau führenden Straße weiter, durchqueren die Dörfer Hofdorf, Oberzeitldorn und Kirchroth mit ihren mächtigen Kirchenanlagen. Bei Sossau, das eine einladende barocke Wallfahrtskirche mit ehemaligem Klostergebäude besitzt, biegen wir rechts ab nach Straubing.

Straubing

Die 67 km² umfassende Stadt ist mit ihren rund 45.000 Einwohnern kreisunmittelbare Stadt und der Verwaltungssitz des Landkreises Straubing-Bogen, des fruchtbaren niederbayerischen Gäubodens, der Kornkammer. Da die einzige größere Altsiedellandschaft nördlich der Donau, das Chamer Becken, durch die Straße über Stallwang mit Straubing verbunden war, gab es hier schon früh blühenden Handel und regen Verkehr.

Das stolze Straubing ist wie Regensburg sehr alt. Die ersten Ansiedlungen stammen aus der Frühbronzezeit und prägen die Straubinger Kultur, benannt nach dem hier in der Nähe gefundenen Gräberfeld. Das Charakteristische dieser Kultur sind Gräberfelder mit Hockerbestattung und Bronzegegenstände wie trianguläre Dolche, Pfrieme, Nadeln, Armringe und Scheibenspiralen. Die Römer bauten 15 v. Chr. die von den Kelten gegründete Festung zum Militärlager Sorviodurum aus. An die Römer erinnert vor allem ein 1950 entdeckter einzigartiger Schatz, dessen Kostbarkeiten – vor allem Goldmasken für Menschen und Pferde – im Gäubodenmuseum zu besichtigen sind.

Stadtturm

Während die Altstadt bereits seit der Landnahme durch die Bajuwaren bewohnt ist, wurde die Neustadt von Ludwig I., dem Kelheimer, 1218 gegründet. Ihr Bild mit dem langen Marktplatz ist noch kaum verfälscht. In der Mitte des Marktplatzes steht das Wahrzeichen der Stadt, der zwischen 1316 und 1393 als Wachtturm erbaute, fünfspitzige gotische Stadtturm. Die zum Platz erweiterten Durchgangsstraßen beiderseits des Stadtturmes flankieren alte, zum Teil spätgotische Bürgerhäuser mit hohen Treppengiebeln und zahlreichen Fassaden mit reichen Stuckarbeiten aus dem Rokoko.

St. Peter Kirche

Durch das aus zwei Steinsäulen gebildete Osttor kommen wir vorbei am Wasserturm zu der rund 2 km entfernten St. Peter Kirche in der Altstadt. Diese dreischiffige romanische Basilika aus der zweiten Hälfte des 12. Jhs. bewacht einen stimmungsvollen, unter Denkmalschutz stehenden Friedhof. Durch das Hauptportal, das ein geheimnisvoll anmutendes Tympanon krönt, gelangt man in ein schlicht ausgestattetes Inneres, dessen wertvollste Gegenstände ein romanisches Kruzifix und eine gotische Pietà um 1420 sind.

Liebfrauen-, Totentanzkapelle, Agnes-Bernauer-Kapelle

In dem die Kirche umgebenden Friedhof stehen neben kunstvollen, efeuumwachsenen schmiedeeisernen Kreuzen die Liebfrauenkapelle, ein zweigeschossiger Karner der Spätgotik, die 1486 entstandene Totentanzkapelle, ein gotischer Karner mit einer eindrucksvollen barocken Totentanzbemalung im Inneren und die Agnes-Bernauer-Kapelle, die den Tod der unglücklichen Agnes Bernauer sühnen sollte. Die Augsburger Baderstochter, die heimliche, nicht ebenbürtige Gemahlin Herzog Albrechts III. von Bayern, wurde von dessen Vater Herzog Ernst als Zauberin verhaftet und am 12. 10. 1435 bei Straubing in der Donau ertränkt.

Pfarrkirche St. Jakob

Die im 15. Jh. entstandene mächtige spätgotische Pfarrkirche St. Jakob ist ein Werk des führenden Baumeisters der bayerischen Spätgotik Hans Stethaimer aus Burghausen. Er kam aus der Herzogstadt Landshut an der Isar nach Straubing und entwickelte die Hallenform zu einem großen, überschlanken Einheitsraum. Die dreischiffige Hallenkirche mit einem Kranz von 20 Kapellen stammt aus dem 15. Jh. und wurde 1780 um den spätbarocken Turmhelm ergänzt. Im Inneren sind der mit wertvollen Figuren und dem gemalten Flügel eines 1590 aus Nürnberg übernommenen Altars verzierte Hochaltar sowie die überreich mit barockem Schmuckwerk versehene Kanzel zu bewundern. Sehenswert sind auch die mit kunstvollem schmiedeeisernen Gitter geschützten Kapellen, wie die Maria-Hilf-Kapelle mit einem Glasfenster und Wandmalereien aus dem 15 Jh., die Maria-Tod-Kapelle mit dem Stuckmarmoraltar von Egid Quirin Asam und die Bartholomäus-Kapelle mit dem

Grabmal des Ratsherrn Kastenmayer, das zu den besten bildhauerischen Leistungen seiner Zeit zählt.

Karmelitenkirche

Die Vollendung der Karmelitenkirche, deren Baubeginn auf das Jahr 1371 zurückgeht, ist ebenfalls Stethaimer zu verdanken (15 Jh.). Ihr Inneres wurde zwischen 1700 und 1710 von Wolfgang Dientzenhofer barock verändert. Der imposante Hochaltar stammt vom Passauer Meister Johann Matthias Götz aus den Jahren 1741–1742. Dahinter befindet sich die Tumba aus rotem Marmor des 1397 verstorbenen Herzogs Albrecht II.

Ursulinenkirche

Vom Wirken der Brüder Asam, den führenden Meistern der bayerischen Hochbarockmalerei und Barockplastik, zeugt auch die Ursulinenkirche, ein Rokoko-Kleinod mitten im Klostergebäude der Ursulinen. Im Inneren dominiert der Hochaltar, aber auch die Seitenaltäre und das Deckenfresko sind bestimmende Elemente.

Herzogsschloß

Wir verlassen Straubing in Richtung Norden und kommen am mächtigen Herzogsschloß vorbei, das Herzog Albrecht I. 1356 als Residenz direkt an der Donau erbauen ließ. Ein Blick durch den Torturm in den großen Schloßhof vermittelt uns einen Eindruck von der Weitläufigkeit dieser Anlage, von der nur die gotische Schloßkapelle aus dem 15. Jh. besichtigt werden kann. In diesem Schloßhof finden alljährlich Freilichtaufführungen über das Leben der Agnes Bernauer statt.

Oberaltaich, Benediktinerabtei

Bei Parkstetten zweigen wir von der Bundesstraße 20 rechts ab und erreichen nach wenigen Kilometern Oberaltaich. Diese Benediktinerabtei wurde unter dem Bayernherzog Odilo vom heiligen Pirmin, der ab 720 im alemannischen Raum missionierte, um 736 gegründet. Graf Friedrich von Bogen, Domvogt des Hochstiftes Regensburg, und sein Oheim, Graf Aswin von Bogen, stifteten im Jahr 1100 das Kloster neuerlich für den Benediktinerorden. Im Jahr 1129 fand die Weihe der Klosterkirche zu Ehren von Petrus und Paulus statt. Während des Dreißigjährigen Krieges ließ der Abt Vitus Möser durch Ulrich Walchner, der schon 1614–1618 das neue Dormitorium erbaut hatte, nach seinen Plänen eine neue barocke Kirche entstehen. Abt Dominicus Perger erdachte die vom Straubinger Maler Joseph Anton März ausgeführten Deckenfresken, die Szenen aus der Klostergründung und aus dem benediktischen Leben zeigen. Der um 1693 entstandene Hochaltar mit den Figuren Benedikts und Augustins stammt zum Teil vom Straubinger Künstler Michael Obermayer, vor allem das Rokoko-Tabernakel von 1758–1759 wird ihm zugeschrieben. Bei den beiden östlichen Nebenaltären finden wir Gemälde von Cosmas Damian Asam und im westlichen Seitenschiff unter der Empore die um 1418 erschaffene Tumba der beiden Stifter des Klosters, der Grafen Friedrich und Aswin von Bogen.

Bogen, Bogenberg

In der zwei Kilometer entfernten Stadt Bogen ist der 120 m über der Donau aufragende Bogenberg von großer historischer Bedeutung. Schon in der Bronzezeit, vor allem aber in keltischer Zeit, waren hier Wälle und Befestigungswerke angelegt worden. Seit 1104 pilgern Wallfahrer zu einem Gnadenbild der Muttergottes, das in der Kapelle der Burg der Grafen von Bogen stand, die hier im Mittelalter herrschten und deren weißblaues Rautenwappen zum Wappen Bayerns wurde. Der Legende zufolge war das steinerne Bild der Muttergottes die Donau heraufgeschwommen und auf einem Felsblock vor Bogen liegengeblieben. Graf Aswin ließ es in die Burgkapelle bringen.

Auf den Resten der verfallenen Kapelle entstand um 1463 eine spätgotische Wallfahrtskirche, die 1632 von den Schweden zerstört wurde, aber bald darauf eine Erneuerung erfuhr und 1723 eine reizvolle Rokokoausstattung erhielt. Den Mittelpunkt dieser Kirche stellt eine um 1400 entstandene Steinfigur, Maria in der Hoffnung, dar. An der Südwand finden wir die thronende Muttergottes mit Kind aus dem Ende des 12. Jh., ein steinernes Bildwerk, das das ursprüngliche Gnadenbild sein dürfte.

Eine Pfingstprozession besonderer Art ist die dreitägige Wallfahrt der Bauern von Holzkirchen bei Vilshofen. Getreu einem Gelübde aus dem Jahr 1492 tragen sie eine 13 m hohe und einen Zentner schwere Kerze auf den Bogenberg, um sie der Muttergottes darzubringen. Am Pfingstsonntag mittag treffen sie dort ein, wobei die Kerze die letzte Strecke und noch einmal um die Kirche von einem kräftigen Burschen getragen wird.

Windberg

Vom Bogenberg, der eine mittelmeerähnliche Flora aufweist und einen weiten Blick über die Ebene bietet, wenden wir uns zu einem kurzen Abstecher nach Norden und erreichen nach wenigen Kilometern Windberg, wo 1140 Graf Albert von Bogen ein Prämonstratenserkloster gründete. Ein kostbares Werk romanischer Baukunst stellt die 1140 bis 1167 unter Einfluß der Hirsauer Schule erbaute Klosterkirche St. Maria zu Windberg dar. Beachtenswert ist das reich ausgestaltete Hauptportal aus dem Jahre 1220 mit der Gottesmutter im Tympanon, die Rokokoeinrichtung mit Einlegearbeiten Bruder Fortunats und Altären von Matthias Obermayer, die auch an den Pfeilerpaaren des Langhauses zu finden sind. Der interessante romanische Taufstein entstand um 1230.

Kloster Metten

Wir kehren zurück zum Bogenberg und fahren ostwärts weiter durch Offenberg mit einer im Privatbesitz befindlichen ausgedehnten Schloßanlage, vorbei am Schlößchen Himmelberg, dem Sommersitz der Äbte des benachbarten Klosters Metten.

Dieses groß angelegte Kloster wurde im 8. Jh. von den Benediktinern gegründet, die von hier aus den nahen Bayerischen Wald kultivierten. Der Sage nach hatte sich der Täufling und Schüler Gamelberts, der selige Utto, als Einsiedler in den Bayerischen Wald zurückgezogen und an der Mündung des Mettenbaches eine Kapelle errichtet. Er soll mit dem auf der Jagd befindlichen Kaiser Karl dem Großen zusammengetroffen sein. Auf die Bitte Uttos gründete Kaiser Karl in der Nähe der Einsiedelei das in seiner Anlage dem Bauschema von St. Gallen entsprechende Benediktinerkloster, dessen erster Abt Utto wurde.

Von dem ursprünglichen romanischen Kirchenbau, der auf dem Einbanddeckel eines Mettener Evangeliars um 1414 gemeinsam mit Karl dem Großen in Form einer Elfenbeinschnitzerei dargestellt wird, ist nur noch der nördliche Rundturm im heutigen Bau erhalten. Im Laufe der Jahrhunderte wurde die St. Michael geweihte Kirche oft umgebaut und erneuert. Ihre barocke Form, die noch einige Bestände von älteren Bauten in sich birgt, stammt aus dem Jahre 1720. Den letzten maßgeblichen Neubau schuf der Maurermeister Benedikt Schöttl, der vom alten Bau die Nordwand in den Neubau einbezog und diesem eine Vorhalle mit seitlichen Kapellen hinzufügte. Das reiche Stuckwerk schuf 1722 Franz Joseph Holzinger aus Schörfling, die Fresken, die in der Vorhalle die Klostergründung schildern, der Südtiroler Innocenz Warathi. Hinter dem Hochaltar mit dem Gemälde „St. Michael stürzt Luzifer" von Cosmas Damian Asam befinden sich die Sakristei und der Mönchschor mit einem reich geschnitzten Gestühl und dem Uttostab.

Bibliothek

Besonders sehenswert ist die Bibliothek neben Refektorium und Kreuzgang. Dieses barocke Meisterwerk schuf Franz Joseph Holzinger in den Jahren 1706–1720. Die Gewölbe werden von mächtigen Atlasfiguren getragen, und die kunstvoll geschnitzten Bücherregale werden von reichem Stuck und Freskenschmuck umzogen.

Heute beherbergt das Kloster ein wegen seiner Güte berühmt gewordenes humanistisches Gymnasium und ein Knabeninternat.

Deggendorf

Auf unserer Weiterfahrt kommen wir am sagenumwobenen Natternberg vorbei in die regsame Kreisstadt Deggendorf. Diese Handels- und Industriestadt mit ihren rund 25.000 Einwohnern ist das eigentliche Tor zum Bayerischen Wald und der wohlhabenden Hauptstadt des niederbayerischen Gäubodens,

Straubing sehr ähnlich. Auch hier finden wir eine von den Wittelsbachern gegründete Stadt des 13. Jhs., eine echt altbayerische Herzogstadt, die architektonisch durchdacht neben der bereits um 750 entstandenen Siedlung erbaut wurde. Von den mittelalterlichen Wohn- und Befestigungsbauten ist nur noch wenig erhalten. Die Stadt beherbergt heute eine Reihe wichtiger Ämter, einen Donauhafen und Schiffswerften.

Brunnen, Rathaus

Auf dem Marktplatz mit den beiden Brunnen aus dem 16. und 18. Jh. steht frei das um 1535 erbaute Rathaus. Zwischen seinen Treppengiebeln ragt der klobige Stadtturm aus dem 15. Jh. empor, der seine jetzige Form um 1790 erhielt. Am südlichen Ende des Stadtplatzes fällt der überaus schlanke und reich gegliederte Barockturm der Heiliggrabkirche auf, einer dreischiffigen barocken Basilika aus 1360, den Johann Michael Fischer aus dem oberpfälzischen Burglengenfeld nach Plänen von Johann Baptist Gunetzrhainer 1727 erbaute.

Pfarrkirche Maria Himmelfahrt, Wasserkapelle

Die Pfarrkirche Maria Himmelfahrt entstand an der Stelle einer im Jahre 1240 niedergebrannten romanischen Kirche und erhielt ihre jetzige Gestalt zum größten Teil im 17. Jh. Der 1749 für den Eichstätter Dom von Matthias Seyboldt geschaffene Altar kam 1884 hier her. An der Wand der neben der Pfarrkirche liegenden spätgotischen Wasserkapelle aus dem 15. Jh. bewundern wir ein Tympanonrelief aus den Jahren 1242–1250.

In der Bürgerspitalkirche St. Katharina befinden sich sehenswerte Deckenbilder von Franz Anton Rauscher.

Geyersberg

Besonders lohnenswert ist ein etwa halbstündiger Spaziergang auf den 379 m hohen Geyersberg mit einer Wallfahrtskapelle aus dem Jahre 1486. Im 19. Jh. wurde der herrliche Barockhochaltar der Deggendorfer Geyersbergkirche in die Schweiz verkauft und durch einen neugotischen ersetzt.

Kloster Niederaltaich

Nach einem wunderschönen Rundblick vom Geyersberg setzen wir unsere Fahrt links der Donau fort. Wir zweigen in Hengersberg, einem kleinen Marktflecken in der Nähe der Einfahrt in den landschaftlich reizvollen Lallinger Winkel, nach Süden ab und erreichen nach 3 km das Kloster Niederaltaich. Es wurde 741 vom Agilolfingerherzog Odilo als Benediktinerkloster gegründet und hatte die Aufgabe erhalten, die Rodung und Kultivierung des Mittleren Bayerischen Waldes durchzuführen. Der Mönch Gunther, ein Schüler des Klosterreformers und späteren Bischofs von Hildesheim Gotthard, bahnte sich von hier aus einen Weg in den Wald und gründete 1010 die Zelle Rinchnach.

König Konrad II. schenkte im Jahre 1029 an die Zelle ein Stück Land, auf dem das älteste Kloster des Bayerischen Waldes entstand, das Kaiser Heinrich III. 1040 als Propstei dem Mutterkloster Niederaltaich angliederte. Von hier aus erschlossen die Mönche bis gegen Ende des 12. Jhs. die Tiefe des Waldes bis Zwiesel und Regen. Vermutlich legten sie auch eine Abzweigung des „Goldenen Steiges" an, des Salzweges von Passau nach Prachatitz in Böhmen.

Die Mönche von Niederaltaich wurden aber auch nach Böhmen, Kärten und Oberitalien geholt, von wo 1083 der Mönch Richer zum Abt von Monte Cassino berufen wurde. Die „Größeren Altaicher Jahrbücher" aus den Jahren 1033–1073 und die Annalen des Abtes Hermann von 1242–1273 gehören zu den bedeutendsten deutschen Geschichtsquellen.

Während des Dreißigjährigen Krieges und der Österreichischen Erbfolgekriege erlitt das Kloster schwere Einbußen, bis es 1803 durch die Säkularisation aufgehoben wurde. Erst 1918

zogen wieder Mönche in das Kloster ein, das heute ein Gymnasium mit Internat beherbergt und führend in der Una-Sancta-Bewegung ist, die nach der Einheit der Kirche strebt. Neben diesen ökumenischen Arbeiten sind noch die Kurse „Kloster auf Zeit" für Männer aller Berufe hervorzuheben.

Das 1260 begonnene gotische Münster brannte im 14. Jh. bis auf die Grundmauern ab. Der Mauerkern wurde in den Neubau von 1718 von dem aus Passau stammenden Baumeister Jakob Pawagner einbezogen. Von ihm stammt jedoch nur das Langhaus, das er in einen stilechten herrlichen Barockraum umgestaltete. Der von ihm begonnene Chorbau wurde wegen technischer Mängel wieder abgerissen und so wie die Sakristei von Johann Michael Fischer in den Jahren 1724–1726 gestaltet. Beachtenswert sind die herrlichen, zu den Emporen geöffneten Flachkuppeln der Seitenschiffe. Die Stuckarbeit ist in ihren Grundzügen italienisch und stammt von Johann und Sebastian d'Aglio. Der Freskenzyklus im Hauptschiff von dem Welser Wolfgang Andreas Heindl schildert eine legendenhafte Klostergründung Altaichs. Der Hochaltar stammt aus dem Jahre 1703 und ist ein Werk des Straubingers Johann Schöpf. Die Schnitzarbeiten um 1727 sind ebenfalls beachtenswert.

Winzer, Osterhofen

Wir fahren weiter nach Winzer und machen von hier über die 1976 dem Verkehr übergebene neue Donaubrücke einen Abstecher nach Osterhofen, einer alten niederbayerischen Kleinstadt mit schönen alten Bürger- und Geschäftshäusern. Im Ortsteil Altenmarkt besichtigen wir die auf einem Hügel errichtete ehemalige Prämonstratenser-Klosterkirche. Der Neubau der Kirche St. Margaretha ist eines der größten Werke des bayerischen Barocks. Sie wurde 1727 von dem Baumeister Johann Michael Fischer begonnen. Die Inneneinrichtung lag in den Händen der Meister Egid Quirin Asam, dem Bildhauer und Stukkateur, und dem begnadeten Maler Cosmas Damian Asam. Osterhofen stellt für sie eine Vorstufe auf dem künstlerischen Weg zu ihrer Vollendung dar.

Als Klostergründer gilt Herzog Odilo. Dann übernahmen es die Benediktinermönche, auf die von 1138–1783 die Prämonstratenser folgten. Seit 1858 ist das Kloster im Besitz der Englichen Fräuleins.

Hilgartsberg, Burg

Wir kehren auf das linke Donauufer zurück und erreichen auf unserer Fahrt donauabwärts den Ort Hilgartsberg, dessen mächtige Burg Kaiser Heinrich II. 1010 dem Hochstift Bamberg schenkte. Die Anlagen, die während des Spanischen und Österreichischen Erbfolgekrieges schwer beschädigt und von Trenk dem Panduren vollständig ausgeraubt wurden, sind bis auf die Schloßkapelle nur mehr als Ruine erhalten.

Fürstbischöfliches Jagdschloß, Wasserburg

Von Windorf aus lohnt es sich, einen Abstecher nach Norden durch das romantische Perlbachtal nach Rathmannsdorf zu machen. Hier finden wir im ehemaligen Fürstbischöflichen Jagdschloß einen schönen Arkadenhof aus dem 13. Jh. Im wenige Kilometer entfernten Aicha steht eine ehemalige Wasserburg aus der Zeit um 1600, deren Herrschaftshaus einen reizvollen dreigeschossigen Laubengang aufweist.

Passau

Von Windorf aus erreichen wir nach einer Fahrt von 20 km die am Zusammenfluß von Donau, Inn und Ilz gelegene Bischofsstadt Passau, ein seit Menschengedenken wichtiger Siedlungspunkt. Bereits im 1. Jh. v. Chr. entstand hier die keltische Sied-

lung und Festung Boiodurum, der um 80 n. Chr. das römische Militärlager „Batavis" folgte. Aus der bajuwarischen Siedlung „Bazzawa" entwickelte sich das heutige Passau, das seit 999 von Bischöfen beherrscht wurde. Im Zwist mit der Bürgerschaft siegte die Macht des landesherrlichen Bischofs über die Bürger, und Passau wurde Fürstbistum. Im Jahre 1803 kam die Stadt nach dem Willen Napoleons trotz der Ansprüche Österreichs und gegen den Wunsch der Passauer an Bayern, das sie 1817 zum bayerischen Suffraganbistum erklärte.

Passau ist seinem Wesen nach eine geistliche Stadt, die vor allem durch das im Auftrag des Bischofs Pilgrim entstandene Nibelungenlied und durch das Wirken des Minnesängers Walther von der Vogelweide einen bedeutenden Beitrag zur deutschen Kultur geleistet hat. Aber auch in unserer Zeit gibt es jeden Frühsommer in den „Europäischen Wochen" Kulturveranstaltungen, die durch die Mitwirkung von Künstlern aus allen Teilen der Welt internationalen Ruhm erlangt haben.

Die Stadt zählt rund 55.000 Einwohner, ist Landkreissitz und hat sich als „Tor zum Osten" zu einer beachtlichen Handelsstadt mit starkem Transit entwickelt. Obwohl sie auf eine zweitausendjährige Geschichte zurückblickt, ist sie barock, da zwei große Stadtbrände Ende des 17. Jh. das ursprüngliche gotische Gepräge verwischten.

Dom St. Stephan

Der Dom St. Stephan, dessen Patrozinium bis ins 8. Jh. zurückreicht, ist nur noch in seiner Chorpartie und im Querhaus spätgotisch. Der Westteil der Kirche wurde nach einem Brand im Jahre 1662 von dem aus Prag kommenden Italiener Carlo Lurago im Stile des italienischen Hochbarocks zwischen 1668 und 1678 neu aufgebaut.

Die originelle Helmkuppel über der spätgotischen Vierung aus dem 18. Jh. soll an den ursprünglich romanischen Grundcharakter des Baues erinnern. Die beiden Westtürme mit den achteckigen Obergeschossen wurden nach dem Vorbild des Domes von Salzburg erst im Jahre 1896 vollendet. Pompös stuckiert wurde der weite Raum der 101 m langen, dreischiffigen Basilika von dem italienischen Stukkateur Giovanni Battista Carlone und seinem Mitarbeiter d'Aglio in den Jahren 1668–1677. Die Gewölbefresken des Mittel- und Querschiffes schuf der Luganeser Maler Carpoforo Toncalla, die Nebenaltäre Carlone. Die Decken in den Seitenschiffen zeigen Gemälde mit gewagten Illusionseffekten von Carlo Antonio Bossi. Hervorzuheben sind auch die mit Gemälden von Johann Michael Rottmayr versehenen Seitenaltäre für Paulus und Johannes d. T. an den Westwänden des Querschiffes sowie der Agnes- und der Sebastianaltar. Die wertvollen Figuren an der Kanzel und der Schalldecke stammen aus der Wiener Schule. Den modernen Hauptaltar, der das Martyrium des heiligen Stephanus darstellt, hat Professor Josef Henselmann im Jahre 1953 geschaffen.

In diesem größten Basilikaraum Bayerns erklingt in den Sommermonaten von Montag bis Samstag jeweils um 11.30 Uhr die mit 17.000 Pfeifen gewaltigste Kirchenorgel Europas. Sie befindet sich in der Empore über der Westseite.

Domplatz

Wir treten auf den Domplatz hinaus, in dessen Mitte sich ein Standbild König Maximilians I. aus dem Jahre 1824 befindet. Der Platz wird ringsherum begrenzt von reizvollen ehemaligen Domherrenhöfen. Sehenswert ist der aus dem 16. Jh. stammende Hof der Herren von Herberstein mit einem stimmungsvollen Laubengang. Als der schönste Kanonikatshof ist das Lambergpalais anzusehen, in dem 1552 der Passauer Religionsfriede geschlossen wurde.

Zengerhof, Bischofsresidenz

An der Dompropstei vorbei kommen wir zur Zengergasse mit dem Zengerhof, der eine sehenswerte Binnenhofanlage besitzt. Daran schließt sich die alte Bischofsresidenz, die auf einen aus dem 12. Jh. stammenden Bischofspalast zurückgeht. Der nach den Bränden des 17. Jhs. größtenteils barockisierte Palast weist eine eindrucksvolle Innenseite auf, wobei der sogenannte Saalbau im Osten, der aus der Spätgotik stammt und im Barock neu dekoriert wurde, besonders sehenswert ist.

An der Südseite des Residenzplatzes befindet sich die 1771 vollendete neue Bischofsresidenz, ein Barockbau mit elegantem Treppenhaus und reizendem Hoftheater, das erst jüngst in seiner ursprünglichen Schönheit wiederhergestellt wurde. Der prachtvolle Stuck im Stiegenhaus, dem Kernstück des Hauses, wurde von Johann Modler geschaffen. Das Deckenfresko, Götter des Olymp und die Verherrlichung Passaus darstellend, stammt von Georg Unruh. Neben dem Treppenhaus im Mirabellschloß in Salzburg ist dieses das schönste im süddeutschen Raum. Im Obergeschoß der Residenz kann man in einer Flucht von Räumen, die mit reichem Stuck versehen sind, erlesenes Mobiliar und Gemälde bewundern.

Rathaus

Unmittelbar an der Donau liegt das Rathaus, dessen Kern aus dem Jahre 1393 stammt. Durch das spätgotische Portal gelangt man in den 1683 von C. Lusago erbauten Ratssaal im Obergeschoß. Die reizvollen Binnenhöfe entstanden im 16. und 17. Jh., während der Turm erst zwischen 1888 und 1893 errichtet wurde.

Veste Oberhaus

Über die Luitpoldbrücke gelangen wir auf das gegenüberliegende Donauufer. Von dort erreichen wir auf einem steilen

Weg die Veste Oberhaus, von der wir am eindrucksvollsten das von den drei Turmhauben des Domes überragende Stadtbild jenseits der Donau erfassen können. Sie wurde von Bischof Ulrich II. zum Schutz gegen die sich auflehnende Bürgerschaft im Jahre 1219 zwischen Donau und Ilz hoch auf einem Felsenrücken über der Stadt errichtet. Die Gebäude rund um den äußeren Hof stammen aus dem 16., die vor dem Burggraben liegenden Befestigungsanlagen aus dem 17. Jh. Der im inneren Hof aufragende Fürstenbau ist in seinen Grundmauern spätgotisch, während seine Räume barock gestaltet sind. In der Burg ist ein Museum untergebracht, wo zahlreiche Werke der Bayerischen Gemäldesammlung sowie aufschlußreiche Sammlungen zur Geschichte der Stadt Passau, des Bayerischen und des Böhmerwaldes bewundert werden können.

Veste Niederhaus

Von der Veste Oberhaus führt ein steiler Wehrgang zur darunterliegenden Veste Niederhaus, ebenfalls eine ehemalige Bischofsfestung, die sich jetzt in Privatbesitz befindet. Sie wurde im 13. Jh. errichtet und im 15. Jh. nach ihrer Zerstörung wieder aufgebaut.

Salvatorkirche

Die unterhalb der Veste Oberhaus gelegene Salvatorkirche gehört – so wie die übrigen zum Teil bedeutenden Kirchen – zum Wesen der Stadt. Dieser etwas eigenwillige spätgotische Bau, der aus einer Unter- und Oberkirche besteht, wurde 1479 von einem böhmischen Baumeister als Sühnekirche wegen eines von Juden angeblich begangenen Hostienfrevels geschaffen. Da der Bau direkt im Berghang steht, mußte zum Terrainausgleich das Untergeschoß des Chors als Krypta ausgebildet werden. Das romanische Kruzifix stammt aus der Zeit um 1200.

Kloster Niedernburg

Einen der ältesten Sakralbauten stellt das Kloster Niedernburg dar, das im 8. Jh. von den Agilolfingern gegründet und bereits im Jahre 1010 als Frauenkloster Reichsabtei wurde. Die bekannteste Äbtissin dieses Klosters war Gisela, die Schwester Kaiser Heinrichs II. und die Witwe des Ungarnkönigs Stephan des Heiligen. Die originale Grabplatte der 1060 Verstorbenen mit Kreuz und zwei Adlern befindet sich in der Parzkapelle. Seit 1836 befindet sich das Kloster im Besitz der Englischen Fräuleins.

St. Michaels-Kirche

Wir wandern am Innkai flußaufwärts an dem aus dem Jahre 1481 stammenden Schaiblingturm vorbei zur St. Michaels-Kirche, die von Carlo Antonio Carlone für das Jesuitenkollegium um 1678 im italienischen Barock vollendet wurde. Von der Ausstattung sind der Hochaltar und die prächtige Kanzel, die zu Beginn des 18. Jhs. geschaffen wurden, hervorzuheben. Heute sind im ehemaligen Klostergebäude die Philosophisch-Theologische Hochschule, ein Gymnasium und die Staatsbibliothek untergebracht.

Mariahilfkirche

Über die Marienbrücke gelangen wir zur Mariahilfkirche, zu der eine überdachte Stiege mit 321 Stufen führt. Der 1624 als Wallfahrtskirche errichtete Bau hatte ursprünglich die Aufgabe, die Kopie des Innsbrucker Gnadenbildes von Lucas Cranach aufzunehmen und dient heute dem angrenzenden Kapuzinerkloster als Klosterkirche.

St. Severins-Kirche

Weiter flußaufwärts finden wir die St. Severins-Kirche, die auf der vom ersten Missionar Passaus, dem heiligen Severin, 460 errichteten Zelle steht. Das einschiffige Langhaus, das noch karolingische Mauern aufweist, und die Severinskapelle gehen teilweise auf das 7. Jh. zurück. Der jetzige Bau wird als Friedhofskapelle genutzt. Im Inneren finden wir eine gotische Madonna, die um 1450 geschaffen worden sein dürfte.

St. Nikola-Kirche

Erwähnenswert ist noch die im 11. Jh. gegründete St. Nikola-Kirche, die aber 1348 durch ein Erdbeben bis auf die Krypta zerstört wurde. Der jetzige Bau stammt aus dem 14. Jh. Von ihrer barocken Ausstattung sind heute nur noch teilweise Stuck und Fresken von Wolfgang Andreas Heindl um 1720 erhalten geblieben. In den Jahren 1803–1959 diente sie weltlichen Zwecken.

Heiligengeistkirche

Die Heiligengeistkirche beim Karolinenplatz wurde im 14. Jh. erbaut und 1442 um ein zweites Schiff erweitert. Die Rippengewölbe stammen aus dem späten Mittelalter.

Bevor wir Passau verlassen, wollen wir nicht versäumen, noch einmal einen Spaziergang am Innufer bis zur Ostspitze zu machen, wo der mächtige milchgrüne Inn von der gemächlichen dunkelgrünen Donau aufgenommen wird und wo die schwarzgrüne Ilz ihre Reise durch den Böhmer- und Bayerischen Wald beendet. Wir wandern das rechte Donauufer hinauf zu den Schiffsanlegestellen, von wo die Personenschiffe ihre Fahrt nach Linz, in den Nibelungen- und Strudengau, in die Wachau und nach Wien aufnehmen. Auch wir setzen unsere Reise fort, überqueren über den Innsteg den Inn und folgen den Bodenmarkierungen „Linz-Donautal".

Bevor wir Passau verlassen, blicken wir noch einmal auf eines der prächtigsten Stadtbilder Deutschlands – auf die Altstadt mit dem riesigen Dom, auf die Festungen Ober- und Niederhaus und auf die alten Fischerhäuser der Ilzstadt zurück. Wir haben noch eine lange Reise vor uns: 2222 km bis zur Mündung der Donau in das Schwarze Meer. Die Donau, die nach der Aufnahme von Inn und Ilz eine Breite von 200 m erreicht hat, tritt nun in ein stilles Tal von großer Schönheit ein. Dicht bewaldete Bergrücken, auf denen zahlreiche Burgen thronen, säumen den Fluß, der ein 351 km langes Band durch Österreich zieht. Der Großteil der österreichischen Flüsse mündet in die Donau, die dadurch zu einem breiten Strom mit regem Güterverkehr wird.

Burg Krempelstein

Als erste Burg taucht über der B 130 Krempelstein auf, die von Pyrawang zu Fuß bequem zu erreichen ist. Der Fund von römischen Münzen läßt darauf schließen, daß der um etwa 1200 errichtete Turm auf dem Fundament eines verfallenen römischen Bauwerkes steht. Er diente als Wehrturm des Passauer Bistums und erhielt im 16. Jh. den zweigeschossigen Palast angebaut. Da der einstige Eingang verfallen ist, gelangt man heute über Treppen in den viergeschossigen Bau. Während von der im ersten Geschoß gelegenen Kapelle mit Kreuzgewölbe und Portal keine Reste vorhanden sind, findet man im obersten Geschoß noch ein gekuppeltes Fenster aus der Gründerzeit.

Markt Obernzell mit Schloß und Burghäusern

Am linken Ufer liegt in Bayern der reizvolle, 3600 Einwohner zählende Markt Obernzell, der mit seinem Schloß aus dem 15. Jh. und seinen Bürgerhäusern aus dem 16. Jh. noch viel von seinem ursprünglichen Charakter bewahrt hat. Obernzell hieß früher auch Hafnerzell, wo die Bauern in der arbeitsarmen Zeit nach der Ernte nach Graphit und Kaolin gruben und daraus Graphit-Schmelztiegel anfertigten. Heute bietet der Ort durch seinen Bootshafen an der durch den Rückstau des Jochensteinkraftwerks ruhigen Donau den Gästen die Möglichkeit zu vielfältigem Wassersport.

Burg Vichtenstein

7 Kilometer vor Engelhartszell ragt hoch oberhalb der Donau die mächtige Burg Vichtenstein empor. Der wuchtige Bergfried stammt aus dem 12., die übrige zweihöfige Anlage mit den drei Türmen aus dem 16. Jh. Die Burg erhielt Engelbert, Graf zu Hall und Wasserburg, von seiner Gemahlin Hedwig von Vichtenstein als Morgengabe. Unter seinem Enkel Konrad fiel sie nach erbitterten Fehden an das Bistum Passau, das immer wieder um diesen Besitz zu kämpfen hatte. Heute befindet sich die Burg in privatem Besitz und kann nicht besichtigt werden.

Jochenstein

Wenige Kilometer stromabwärts in Jochenstein wurde 1955/56 ein großes Wasserkraftwerk mit einer Jahresleistung von 940

Mill. kWh als deutsch-österreichische Gemeinschaftsarbeit in Betrieb genommen, dessen Wehr in einer Schleuse durchfahren wird. Auf der Felseninsel im Fluß hauste der Sage nach Frau Isa, die die Schiffer bei Nebel warnte, aber bei Vollmond ins Verderben lockte. Heute findet man auf der Jochensteininsel, die man früher als Grenze zwischen Österreich und Bayern betrachtete, die Wappen beider Staaten eingehauen.

Engelhartszell, Trappistenkloster Engelszell

Unser nächster Besuch gilt dem einzigen Trappisten-Kloster Österreichs im kleinen, aber schönen Marktflecken Engelhartszell. Im Jahre 1293 gründete der Passauer Bischof Wernhart von Prambach hier eine Zelle, die von den Zisterziensern aus Wilhering mit der Absicht besiedelt wurde, eine Stätte des Friedens, ein Hospiz für Reisende und einen Erholungsplatz für Domherren zu schaffen. Nach einem Brand im Jahre 1699 erfolgte in Anlehnung an das Mutterkloster Wilhering ein Neubau in Rechteckform mit einem elliptischen Innenraum. Beeindruckend ist die Rokoko-Ausstattung aus den Jahren 1754–1763 mit Fresken von Bartolomeo Altomonte. Die Stuckarbeiten und die Kanzel stammen von Johann Übelherr, während die Holzstatuen Anton Zauner schuf. Dieser arbeitete bei seinem Onkel Josef Deutschmann in Passau, aus dessen Werkstatt das Chorgestühl kam. Das Langhausgewölbe mußte im 19. Jh. wegen Schadhaftigkeit abgebrochen werden, wobei die Fresken vernichtet wurden. Das neue Fresko „Maria mit den Chören der Engel" ist ein Werk Fritz Fröhlichs aus dem Jahre 1957. Die 1786 aufgehobene Abtei wird seit 1925 wieder von Mönchen aus der Zisterzienser-Ordensfamilie betreut.

Ab Engelhartszell beginnt das „Passauer Tal", einer der Gebirgsdurchbrüche der Donau, wo sich der Fluß tief in das Waldtal einschneidet. Hier stoßen wir am linken Ufer auf eine Reihe von Burgen, die zeitweise im Einflußbereich der Bischöfe von Passau standen, um die es ständig Fehden gab, und die immer wieder Pfand- und Kaufobjekte, aber selten lange währende Herrensitze waren.

Burg Rannariedl

So wechselte die im 13. Jh. von den Falkensteinern gegründete Burg Rannariedl oftmals ihren Besitzer. Sie befand sich unter anderem in den Händen von Passau, der Schaunburger und des Bayernherzogs Reinprecht von Polheim, der sie 1506 endgültig an Maximilian I. abtreten mußte. Die Habsburger verpfändeten die Burg abermals, bis sie in den Besitz der Khevenhüller überging und anschließend von den Grafen Salzburg, den Grafen Clam und Passau erworben wurde. Nach Aufhebung der geistlichen Besitztümer kam die Anlage 1803 in das Eigentum der Wiener Hofkammer, die sie abermals verkaufte. Heute befindet sich die Burg mit dem mächtigen Turm mit Kegeldach und den schönen Laubengängen im Innenhof, die aus

dem 16. Jh. stammen, im Privatbesitz und kann nicht besichtigt werden.

Burg Falkenstein

Etwa 2 Kilometer tiefer im Tal der Ranna liegen die Reste der einst mächtigen Burg Falkenstein, deren Besitzer Rannariegel, wie die Burg Rannariedl eigentlich heißt, erbauten. Sehenswert ist der 17 m hohe Wasserturm, in den man über eine viereinhalb Meter hohe Leiter einsteigen kann. Sein unterstes Gewölbe faßt eine Quelle, die wahrscheinlich auch die 11 m tiefer liegende Hauptburg mit Wasser versorgte. Die übrigen Teile der Burg dienten als Wohn- und Wehrräume. Von dem ehemaligen vier- oder fünfeckigen Bergfried auf der höchsten Stelle der Anhöhe und der rund 25 m langen Palaswand sind nur mehr spärliche Ruinenreste vorhanden. Die Burg ist in der ersten Hälfte des 12. Jh. entstanden und ging 1217 nach Heirat auf Budiwoi von Rosenberg aus dem Geschlechte der Witigonen über. Sohn Zawisch von Falkenstein, der sich nach dem Besitz seiner Mutter nannte, war der Geliebte und spätere Gemahl der Witwe König Ottokars Kunigunde. Franz Grillparzer hat ihn als Verführer und Liebhaber in seinem Drama „König Ottokars Glück und Ende" dargestellt. Zawisch, der als ungekrönter König von Böhmen ein sehr strenges Regiment führte und gegen den sich der Adel wegen seiner Skrupellosigkeit empörte, wurde von seinem Stiefsohn Wenzel festgenommen und enthauptet. Herzog Albrecht I. von Österreich bemächtigte sich nun der österreichischen Besitzungen und der Burg des Zawisch und ließ sie von den Wallseern verwalten. In der Türkenzeit war die von Simon Oberheimer als Pfandschaft eingelöste und wiederaufgebaute Burg ein häufig aufgesuchter Fluchtort. Nachdem der von den Salzburgern übernommene Besitz mit denen der Herrschaften Altenhof und Hochhaus vereinigt worden war, verfiel er.

Burg Marsbach

Ebenfalls eng verbunden mit der Geschichte des Bistums Passau ist die an der Donau unterhalb von Rannariedl gelegene Burg Marsbach, die im 12. Jh. erbaut worden ist. Da sich deren Lehensnehmer, die „Mortsbacher", ständig mit den Bischöfen von Passau überwarfen und sich auch untereinander stritten, zog Rudolf von Habsburg kurzerhand Marsbach wegen Landfriedensbruchs zugunsten des Reiches ein. Unter seinem Sohn Albrecht ging der Besitz wieder an die Passauer zurück. Einem Oberheimer gelang es jedoch, die Burg in seinen Besitz zu bekommen, wo er sich als der letzte Fehderitter niederließ. Unter dem bayerischen Herzog Ernst wurde 1520 das Räubernest ausgehoben und den Passauern übergeben. Vom ursprünglichen Bau ist noch der Bergfried übrig, während alle anderen Bauten zwischen 1561 und 1591 entstanden.

Einige Kilometer flußabwärts finden wir noch die Reste der ehemaligen Raubritterburgen Freizelt und Kerschbaum.

Schlögen

Bei Schlögen wird der Strom gezwungen, die Richtung seines Laufes nach Nordwesten zu ändern. Die „Schlögener Schlinge" zählt zu den interessantesten Landschaftsbildern des oberen Donautales und ist der Ausdruck der Kraft des Wassers, das sich seinen Weg durch die Granite und Gneise der Böhmischen Masse bahnt. Von hier bis Aschach ist dieses enge und windungsreiche Tal völlig unberührt von Straße und Bahn. Von Norden münden die Große und die Kleine Mühl in die Donau. Sie geben diesem Viertel den Namen – Mühlviertel.

Burg Neuhaus

An der Großen Mühl liegt die Burg Neuhaus, eine der schönsten und größten Burganlagen im oberen Donautal. Sie wurde zu Beginn des 14. Jhs. von den Schaunbergern erbaut, denen die Passauer Bischöfe und Albrecht I. von Habsburg das Kontrollrecht zwischen Passau und Eferding eingeräumt hatten. Von hier erreichte man den am Donauufer errichteten Mautturm, den sogenannten „Räuber- oder Lauer-Turm". Belagerungen durch Truppen des Kaisers haben die Mauern der Burg stark beschädigt. Der Grundbestand des jetzigen Schlosses und der gotische Turm gehen daher auf das 16. Jh. zurück, als die Sprinzensteiner Pfandinhaber und später Lehensträger der Habsburger waren. Die Umgestaltung der Burg in ein Schloß erfolgte in den Jahren 1646–1729. Am besten erhalten sind der Bergfried und der Hauptflügel mit Turnierhof. Heute befindet sich der Besitz im Eigentum des Geschlechtes Plappart von Leenheer. Von der Schloßterrasse bietet sich ein herrlicher Ausblick auf das Donautal von der Schlögener Schlinge bis Aschach.

Aschach, Pfarrkirche, Schloß Harrach

Zwei Kilometer vor Aschach befindet sich ein weiteres Donaukraftwerk mit Schleusen- und Turbinenanlagen, wo die bisher größte Kaplan-Turbine eingesetzt wird. Aschach selbst ist eine alte Schiffersiedlung, die erstmalig 777 in einem Stiftungsbrief für Kremsmünster erwähnt wird. Mit seinen 2400 Einwohnern ist Aschach heute eine beliebte und vielbesuchte Sommerfrische für Wassersportler. Sehenswert sind die gotische Pfarrkirche mit barocken Einrichtungen und einem klassizistischen Hochaltar, die Maria-Krönungs-Säule aus 1717, die Johannessäule aus 1730 und die reizvollen Bürgerhäuser, in deren In-

nenhöfe teilweise schöne Laubengänge aus dem 16. bis 18. Jh. zu finden sind. Das Schloß Harrach stammt in seiner Grundlage aus dem 16. Jh.; der barocke Fürstenflügel wurde 1709 nach Plänen von Johann Lukas Hildebrandt erbaut.

Faustschlößl

Über die neue Donaubrücke erreichen wir das gegenüberliegende Donauufer, wo etwas erhöht das Faustschlößl steht, das der Sage nach im 15. Jh. für Dr. Faust vom Teufel in einer Nacht erbaut worden sein soll. Es befindet sich heute im Privatbesitz und wurde zu einem Hotelbetrieb umgestaltet.

Hartkirchen, St. Stephan

Unweit von Aschach liegt der bereits im 9. Jh. erwähnte Ort Hartkirchen mit der ältesten Kirche dieses Gebietes, St. Stephan. Der ursprünglich romanische Bau wurde im 18. Jh. barockisiert und prachtvoll ausgestattet. Die Wände und Decken sind mit Fresken von Wolfgang Andreas Heindl und Matthias Dollinger überzogen. In den Altären des heiligen Stephan, dessen Namen die Pfarrkirche trägt, und des heiligen Rochus befinden sich Gemälde von Bartolomeo Altomonte.

Ruine Schaunberg

Unser nächster Besuch gilt der neben der B 130 gelegenen Ruine Schaunberg, dem ehemaligen Sitz der Schaunberger. Der Bau entstand im 12. Jh. und war im 14. Jh. der Mittelpunkt einer weit ausgedehnten Grafschaft. Die Schaunberger konnten ihren Besitz bis Linz und an die bayerische Grenze, vom Attersee bis zum Mühlviertel und Hausruck ausdehnen. Das Verhältnis zu den Habsburgern im 14. und 15. Jh. war äußerst wechselhaft und spiegelt sich in der „Schaunberger Fehde", bis die Feste an die Starhemberger kam. Diese ließen die einst so prächtige Burg zur heute mächtigsten Burgruine Oberösterreichs verfallen. Ihre Reste lassen auf einen mächtigen Bergfried und Palas schließen, die von vier Gräben, zwei Zugbrükken, einem äußeren und einem inneren Torbau sowie einer ausgedehnten Vorburg gegen Angreifer abgesichert waren. Im Südwesten stand das von Türmen geschützte Verteidigungswerk mit einem zweiten Bergfried und einer 5 m starken Ringmauer. Von einer nunmehr errichteten Aussichtswarte bietet sich ein umfassender Überblick über das gesamte Ruinenfeld und ein herrlicher Fernblick.

Feldkirchen

Am gegenüberliegenden Donauufer befindet sich die Dorfgemeinde Feldkirchen a. d. Donau, in deren Pfarrkirche St. Michael, eine gotische Staffelkirche aus dem 18. Jh., im Hoch- und im rechten Seitenaltar Werke des Kremser-Schmidt zu finden sind.

Pfeilerbasilika St. Leonhard von Pesenbach

Ebenso sehenswert ist die frühgotische Pfeilerbasilika St. Leonhard von Pesenbach. Sie besitzt einen spätgotischen Flügelaltar aus dem Jahre 1495 und gotische Figuren um 1430.

Eferding

Zu einer der ältesten Städte Österreichs zählt die zu Unrecht wenig bekannte Bezirkshauptstadt Eferding. Die Besiedelung des Ortes geht auf die Steinzeit zurück. Funde weisen darauf hin, daß Kelten und Römer hier ansässig waren. Die Endsilbe des Ortsnamens „ing" weist auf eine bajuwarische Niederlassung hin. Bereits 1222, also ein Jahr nach Wien, erhielt Eferding das Stadtrecht. 1367 verkauften die Bischöfe von Passau die Stadt an die Schaunberger. Danach stand sie im Besitz der Starhemberger bis zur Aufhebung der Grundherrschaft 1848. Die berühmtesten Besucher der Stadt waren Paracelsus, der hier bei seinem Freund, dem Pfarrer Johann von Brandt, die „Entstehung und Heilung von Steinkrankheiten" schrieb, und Kepler, der 1613 im „Goldenen Löwen" seine zweite Hochzeit mit der Eferdinger Bürgerstocher Susanne Reuttinger feierte.

Schloß, Stadtpfarrkirche St. Hippolyt, Spitalskirche

Sehenswert ist das heute im Besitz der Starhemberger stehende Schloß, das zu Beginn des 15. Jh. an der Stelle der romanisch-gotischen Burg der Passauer Bischöfe errichtet wurde. Nach dem Nibelungenlied machte hier Kriemhild auf ihrer Brautfahrt zu Etzel Rast. Im Schloß ist heute das Heimatmuseum und die Starhembergsche Familiensammlung mit Requisiten des Türkenverteidigers von Wien, Ernst Rüdiger von Starhemberg, untergebracht. Die Stadtpfarrkirche St. Hippolyt, eine Staffelkirche aus dem 15. Jh., weist überwiegend eine frühbarocke Einrichtung auf. Ausnahmen sind der neugotische Hochaltar und der Altar der Bäcker mit gotischen Elementen – wie die fünf Reliefs und Statuen von St. Wolfgang und St. Martin. Interessant sind auch die vielen Grabsteine, vor allem die der Grafen Schaunberg, die zum Teil seltene Themen aufweisen. Hinzuweisen ist noch auf die Reste eines Hochgrabes für die letzten, 1559 verstorbenen Schaunberger, die im Chor zu finden sind. In der 1325 von Rudolf von Schifer, einem Ministerialen der Schaunberger, gegründeten Spitalskirche sind neben den barocken Altären die gotische Magdalenenkapelle mit Fresken um 1430 sowie der Hochaltar und die Kanzel aus dem 17. Jh. erwähnenswert.

Bauernkriegsdenkmal

Im drei Kilometer entfernten Emlinger Holz erinnert das Bauernkriegsdenkmal an die 3000 Bauern, die hier am 9. November 1626 im Bauernaufstand unter der Führung von Stephan Fadinger und Christoph Zeller ihr Leben ließen. Das Mahnmal ist in Form einer altgermanischen Thingstätte errichtet worden. Die beiden Bauernführer, die feierlich in Eferding, der Metropole des Aufstandes, beigesetzt worden sind, wurden vom bayerischen Statthalter Graf Herbersdorf in das „Wilde Moos" gebracht. Seit 1926 zeigt ein Denkmal den Platz der Beisetzung an.

Alkoven, Schloß Hartheim

Bei Alkoven, einer alten Siedlung an der Nibelungenstraße, die schon im 8. Jh. als „Allinchofa" urkundlich erwähnt wurde, steht das Renaissanceschloß Hartheim. Es stammt aus dem 16. Jh. und besitzt einen prächtigen Säulenhof und Arkaden auf allen vier Seiten. Die bemerkenswerten Originaleinrichtungen wie Decken, Türen und Öfen wurden in das Schloßmuseum in Eferding und in das Landesmuseum in Linz gebracht. Die spätgotische Pfarrkirche wurde im 19. Jh. umgebaut.

Wilhering, Zisterzienserstift

Der ebenfalls am rechten Donauufer befindliche Ort Wilhering ist durch das prachtvolle Zisterzienserstift bekannt. Im Jahre 1146 von den Brüdern Cholo und Ulrich von Wilhering gestiftet, erfuhr die Abtei zwischen dem Donauufer und dem Kürnberger Wald aufgrund der Förderung durch die Schaunberger eine rasche Entwicklung. Bei einem Brand im Jahre 1733 wurde der gesamte Bau bis auf das Westportal und einige Mauerreste gänzlich zerstört. Bereits ein Jahr später begann unter dem Abt Johann IV. der Neubau der Klosteranlage nach Plänen des Linzer Baumeisters Johann Haslinger und des Wiener Architekten Andreas Altomonte. Bis zum Abschluß im Jahre 1750 wurde nur die Kirche errichtet. Zahlreiche Tochterklöster wurden gegründet und ein umfangreicher Verwaltungsbezirk aufgebaut, in dem derzeit 13 Pfarren eingeschlossen sind. Außerdem führt das Kloster heute ein Gymnasium mit Internat und eine bekannte Stiftsgärtnerei.

Im Stiftsgebäude sind der Kreuzgang mit spätromanischen Mauerresten und gotischen Einbauten, der Konvent mit der 35.000 Bände umfassenden Bibliothek sowie der Prälaturflügel mit einer kleinen, aber bemerkenswerten Gemäldegalerie sehenswert. Hier sind u. a. Werke von Bartolomeo Altomonte und dem Kremser-Schmidt zu finden.

Stiftskirche Mariä Himmelfahrt, Grundemannkapelle

Der Bau der Stiftskirche Mariä Himmelfahrt mit der imposanten Westfassade und dem vom Romanischen übernommenen Stufenportal wurde vom Linzer Baumeister Johann Haslinger und dem kaiserlichen Theaterarchitekten Andreas Altomonte geplant. Betritt man die Kirche, so ist man von ihrer Innenausstattung überwältigt. Der Zauber der kirchlichen Kunst des Rokoko, der Zusammenklang aller Künste, kann in keiner der vielen prachtvollen Kirchen in Österreich und im süddeutschen Raum überboten werden. Die überreiche Stuckausschmückung im Langhaus stammt von Franz Josef Ignaz Holzinger, im Querhaus und im Chor von Johann Michael Feuchtmayr und Johann Georg Übelherr, der auch der Gestalter der Figuren auf den Altären, der Kanzel und der Orgel ist. Die großartigen Deckenfresken, deren Wirkung durch eine geschickte Lichtführung noch verstärkt wird, schuf Bartolomeo Altomonte. Der Chor beginnt auf der einen Seite mit der Chor-

orgel von Nikolaus Rummel, die zu den Lieblingsinstrumenten Bruckners gehörte, und auf der anderen Seite mit der mächtigen Kanzel. Das meisterliche Chorgestühl ist die Arbeit zweier Laienbrüder. Das Hochaltarbild, die Aufnahme Mariens in den Himmel darstellend, ist – wie sämtliche anderen Altarblätter – ein Werk von Martin Altomonte. Beiderseits des Einganges unter der Orgel befinden sich zwei Hochgräber der Schaunberger aus dem 13. und 14. Jh., die aus der alten Kirche stammen. In der Grundemannkapelle im Nordosten des Querhauses finden wir die Begräbnisstätten der Grafen Grundemann mit einem Deckenfresko von Bartolomeo Altomonte, das den Abschied des Christkindes vom Himmel darstellt.

Schloß Ottensheim

Das am linken Ufer auf hohem Felsen oberhalb der Donau liegende Schloß Ottensheim geht auf die Wilheringer zurück. Von der im 12. Jh. gebauten Burg ist noch der umbaute Bergfried und der Nord- und Ostflügel erhalten. Im 17. Jh. verfiel die unter der Verwaltung vom Linzer Jesuitenkolleg stehende und von diesem als Fluchtburg benützte Anlage. Sie wurde dann im 19. Jh. neu aufgebaut und völlig umgestaltet.

Pöstlingbergkirche

Nach Ottensheim bricht die Donau durch das Granithochland der Böhmischen Masse und trennt den auf dem linken Ufer liegenden Pöstlingberg vom Kürnberg. Von Urfahr, einer „Vorstadt" von Linz, gelangt man mit der steilsten zahnradlosen Bergbahn der Welt auf den „Hausberg" der Linzer, den 537 m hohen Pöstlingberg. Seit 1898 klettert die Pöstlingbergbahn den Berg hinauf und überwindet dabei Steigungen von mehr als zehn Prozent ohne die Steighilfe von Zahnrädern. Auf diesem Wahrzeichen der Stadt erhebt sich die Pöstlingbergkirche zu den Sieben Schmerzen Mariens. Diese doppeltürmige Wallfahrtskirche wurde von Johann Krinner im Auftrag des Fürsten Gundomer von Starhemberg nach seiner wunderbaren Heilung zwischen 1738 und 1747 erbaut. Im Hochaltar befindet sich eine aus Holz geschnitzte Pietà, die viele Pilger anzog. In der Mitte des mächtigen Hochaltars ist das von Wolken umgebene Gnadenbild zu bewundern. Der Stuck stammt

von Johann Kaspar Modler. Von der Terrasse des unterhalb der Kirche liegenden Restaurants genießt man einen wundervollen Fernblick über das Donautal und die Stadt Linz.

Linz

Linz ist die Hauptstadt des Bundeslandes Oberösterreich, dem Land ob der Enns. Die rund 208.000 Einwohner zählende Stadt ist durch das Internationale Brucknerfest, die Linzer Klangwolke und die Ars Electronica weit über die Grenzen Österreichs ein Begriff für Kulturinteressierte geworden. Linz ist aber auch ein Zentrum der Wirtschaft Österreichs und eine bedeutende Industriestadt. Hier befindet sich unter anderem der Sitz der Chemie Linz und der Nachfolgefirmen der VOEST. Von der VOEST in Linz aus hat das LD-(Linz-Donawitz)-Verfahren seinen Siegeszug um die Welt angetreten. Diese österreichische Erfindung hat in den letzten 40 Jahren die Stahlerzeugung der gesamten Welt revolutioniert. Vor einigen Jahren konnte ein völlig neues Verfahren zur Roheisenherstellung, das Corex-Verfahren, entwickelt werden, dem man ähnliche Zukunftsaussichten zuschreibt wie dem LD-Verfahren. Außerdem hat Linz den am häufigsten frequentierten Donauhafen und eine Zollfreizone.

Linz erlangte dank seiner verkehrsgünstigen Lage bereits in der La-Tène-Zeit 400 v. Chr. Bedeutung als Umschlagplatz für den Seehandel. Die auf der Traun ankommende Ware wurde hier umgeladen und auf der Donau nach Osten oder auf dem Landweg in den böhmischen Raum weiterbefördert. Im 5. Jh. n. Chr. ließen sich die Römer im Raume Linz nieder und errichteten das Kastell Lentia, das hundert Jahre später nach der bajuwarischen Landnahme zu einem wichtigen Vorposten der Baiern wurde.

799 wird Linz erstmals urkundlich erwähnt. Im 9. Jh. rückt Linz zum Marktort auf und wird Sitz eines königlichen Marktmeisters. Die Niederlage des baierischen Heeres im Kampf gegen die Awaren im Jahre 907 bei Preßburg hemmte jedoch die Entwicklung und ließ Linz für lange Zeit im Dunkel der Geschichte versinken. Erst im 13. Jh., nachdem der Babenberger Leopold VI. um 1210 den Ort von einem Passauer Ministerialen käuflich erworben hatte, erlangte Linz städtische Rechte, vor allem von Ottokar von Böhmen.

Von 1485 bis 1493 residierte Kaiser Friedrich III. in Linz, nachdem Wien, das Land bis zur Enns, Kärnten und Steiermark in die Hände Matthias I. Corvinus von Ungarn gefallen war. 1490 erhob Friedrich III. die Donaustadt zur Landeshauptstadt von Österreich ob der Enns.

Immer wieder zeichneten Kriegsgeschehen die Stadt schwer. So wurden durch die Belagerung während des Bauernaufstandes 1626 zahlreiche Baulichkeiten zerstört. 1742 hat Khevenhüller, der General Maria Theresias, durch eine in der Kriegsgeschichte Aufsehen erregende Kanonade in wenigen Stunden die in der Hand der Bayern befindlichen Anlagen zu Fall gebracht. Schwere Verwüstungen richteten die Franzosenkriege an, besonders das „Gefecht von Ebelsberg", bei dem 1809 nahezu der ganze Ort zerstört wurde. In den Jahren 1830–1832 wurde bereits eine neue Stadtbefestigung angelegt, von deren zahlreichen mächtigen Türmen heute noch ein Dutzend erhalten ist. In der Folge entstanden neue Sakral- und Profanbauten, alte Baudenkmäler wurden erneuert und erweitert.

Trotz all der Wirrnisse kamen Wissenschaft und Kunst in der vitalen Stadt nicht zu kurz. Der berühmte Astronom Johannes Kepler kam 1612 von Prag, wo er 1601 die Nachfolge des verstorbenen kaiserlichen Mathematikers Tycho Brahe angetreten hatte, an das Gymnasium der Stadt und vollendete hier sein Hauptwerk „Harmonices mundi". Die 1966 gegründete Hochschule für Sozial- und Wirtschaftswissenschaften (heute Universität) wurde nach ihm benannt. Nicht zu vergessen ist die in Linz errichtete „Hochschule für künstlerische und industrielle Gestaltung". Wolfgang Amadeus Mozart schrieb 1783 im Starhembergerhaus seine „Linzer Synphonie". Auch Anton Bruckner wirkte hier eine Reihe von Jahren. Das Adalbert-Stifter-Haus, Wohnsitz des Dichters Adalbert Stifter von 1848–1868, ist seit dem Ausbau und seiner Neuadaptierung ein multifunktionales Zentrum für Literatur und Kunst in Oberösterreich. Als technische Großtat ist noch die Eröffnung der Pferdeeisenbahn nach Budweis am 21. 7. 1832 zu erwähnen.

Alter Dom/ Jesuitenkirche

Von den zahlreichen Sakralbauten ist der Alte Dom/Jesuitenkirche an erster Stelle zu nennen. Als 1785 unter der josephinischen Kirchenreform das Land ob der Enns einen eigenen Bischof bekam, wurde die vermutlich unter dem Architekten Pietro Francesco Carlone in den Jahren 1669–1678 erbaute Jesuiten-Kirche als Dom gewählt. Die für das Stadtbild charakteristischen Hauben der beiden Türme lösten erst 1805 die bis dahin bestandenen Zwiebeln ab. Die prunkvolle Innenausstattung ist im Stile des austro-italienischen Barocks ausgeführt. Besonders sehenswert ist das prachtvolle Chorgestühl, dessen Stuhlwangen menschliche und tierische Fratzen und groteske Zwerge zieren. Es stammt vom Benediktiner Michael Obermüller aus Garsten. Der Hochaltar ist von Giovanni Battista Colomba und Giovanni Battista Barberini, die Orgel kommt aus Engelszell, ein Werk des berühmten Orgelbauers Franz Xaver Krismann. Hier war Anton Bruckner von 1855–1868 als Domorganist tätig.

Priesterseminarkirche

Die Priesterseminarkirche stellt den künstlerisch wertvollsten Bau dar. Sie ging aus der nach den Plänen von Johann Lukas Hildebrandt zwischen 1718 und 1725 erschaffenen ehemaligen Deutschordenskirche hervor. In der Fassade wirkt vor allem die prächtige Portal-Fenster-Gruppe im Mittelteil mit dem darüber befindlichen Giebel und dem Straußenfedern-Wappen der Harrach. Die Sandsteinfiguren verkörpern die Tugenden der Ordensritter. Interessant ist auch der Fassadenturm mit seiner eingeschnürten pilzförmigen Haube. Im Inneren der elliptischen Kreuzkuppel-Kirche fällt auf, daß die Mitte der Dekke nicht von einem Gemälde, sondern von einem Relief – Gottvater inmitten von Putten darstellend – geziert wird.

Martinskirche

Die Martinskirche in der Römerstraße, die bereits vor 788 urkundlich erwähnt wird, kann nach genauen Untersuchungen als die älteste Kirche Österreichs angesehen werden. In ihrem Inneren befinden sich Fresken aus dem 14. und 15. Jh., eine gemalte Kopie des Kruzifixus von Lucca um 1440 und gotische Plastiken, Leihgaben des Stiftes Wilhering und des Bundesmuseums.

Minoritenkirche

In der Minoritenkirche (Landhauskirche), die zwischen 1751 und 1758 vom Linzer Baumeister Krinner erbaut wurde, kann man das Hochaltarbild von Bartolomeo Altomonte und vier Altarbilder von Martin Johann Schmidt bewundern. Der Stuck und der Entwurf der Altäre stammen von Johann Kaspar Modler. Interessant sind auch die Fassadengliederungen, bei denen zwischen zwei Fenstergeschossen ein drittes, mezzaninartiges mit querovalen Lünetten angesetzt ist.

Stadtpfarrkirche Mariä Himmelfahrt

Die Stadtpfarrkirche Mariä Himmelfahrt, mit Bauteilen vom 15.–18. Jh., birgt einen reichgeschmückten Barockraum mit Fresken von Bartolomeo Altomonte. Bedeutender ist jedoch die vom Stadtbaumeister Johann Michael Pruner für seine Grabeskirche gestiftete Johann-Nepomuk-Kapelle im Westen des südlichen Schiffes. Im Chor finden wir einen gotischen Wappenstein für Friedrich III. Seine Herzurne ist hier beigesetzt, während er selbst im Dom zu St. Stephan in Wien liegt. Ein Kleinod stellt die dem heiligen Nepomuk gewidmete Außenkapelle am Chor dar, die von Lukas von Hildebrandt entworfen worden ist und an deren Außenseite sich eine Figur des Heiligen von Georg Raphael Donner aus dem Jahre 1727 befindet. Der Hochaltar mit einem Gemälde von Carl von Reselfeld birgt eine Plastik von Ignaz Hiebel. Die Bilder der Seitenaltäre stammen links von Joachim Sandrart und rechts von Bartolomeo Altomonte.

Kapuziner-, Ursulinen-Elisabethinenkirche, Neuer Dom

Sehenswerte Sakralbauten sind noch die zwischen 1606 und 1613 erweiterte Kapuzinerkirche mit einer gotischen Marienstatue und dem Grab des Türkenbesiegers Graf Montecuccoli aus dem 17. Jh., die Ursulinenkirche, deren Doppeltürme mit den vielfältig gestalteten Helmen mit das Stadtbild prägen, und die Elisabethinenkirche mit den eindrucksvollen Fresken von Bartolomeo Altomonte. Mit einem Fassungsraum von rund 20.000 Menschen ist der Neue Dom, auch Maria-Empfängnis-Dom genannt, nicht nur der größte Kirchenbau Österreichs, er ist auch einer der größten in Europa überhaupt. Er wurde zwischen 1862 und 1924 vom Kölner Dombaumeister Vinzenz Statz im Stile der französischen Kathedralgotik mit dem 134 m hohen Turm und einer dem Stephansdom in Wien entsprechenden Grundfläche erbaut.

Schloß

Von den Profanbauten zählt das bereits 799 erstmals erwähnte Kaiserliche Schloß auf dem Römerberg zu den ältesten. Es wurde unter Friedrich III., der von 1485–1493 in Linz lebte, zu einer mächtigen Festung ausgebaut, die unter Erzherzog Matthias und Rudolf II. im 16. Jh. durch einen gewaltigen Renaissancebau erweitert wurde. Ein Brand im Jahre 1800 sowie verschiedene Nutzungen machten die Anlage unansehnlich. Heute hat das Gebäude nach einer umfassenden Renovierung durch die Einrichtung als Schloßmuseum für wertvolle kulturgeschichtliche Sammlungen einen seiner Herkunft angemessenen Verwendungszweck gefunden. Vom ursprünglichen Bau ist das Friedrichstor aus dem Jahre 1481 erhalten geblieben, wo auf der Pechnase ein reich verzierter Stein mit Wappen, Monogramm und Devise an den Bauherrn erinnert.

Landhaus

Nachdem Linz Hauptstadt des „Herzogtums ob der Enns" geworden war, wurde als ständiger Verwaltungssitz von den Italienern Christoph und Hans Canval von 1564–1571 zwischen der Promenade und der Klosterstraße das Landhaus erbaut. Von dem durch den Stadtbrand von 1800 verwüsteten Bau sind nur noch das prächtige Nordportal mit der geschmackvollen Renaissanceportal-Fenster-Gruppe und der stimmungsvolle Laubenhof mit dem Planetenbrunnen aus der Hand von Peter Guet erhalten geblieben. Das Landhaus ist heute Sitz der Landesregierung von Oberösterreich.

Rathaus

Von dem um 1530 errichteten Rathaus am Hauptplatz steht nur mehr der oktogonale Eckturm mit einer astronomischen Uhr. Der im 17. Jh. erfolgte barocke Umbau besticht durch eine wirkungsvolle Fassade mit großer Pilasterordnung.

Bischofshof

Der Bischofshof in der Herrenstraße wurde nach Plänen von Jakob Prandtauer 1726 als Hof für das Stift Kremsmünster erbaut. Er ist durch seine von Valentin Hofmann ausgeführten

Gitter im Treppenhaus wert, besichtigt zu werden. Hinzuweisen ist noch auf die reichen Fensterverzierungen, die besonders die Vertikale des Monumentbaus mit drei Schauseiten betonen.

Hauptplatz

In die Zeit um 1230 fällt auch die Anlage des mächtigen Hauptplatzes als Ausdruck eines stolzen selbstbewußten Bürgertums. Im Lauf der Zeit hat er öfters seinen Namen und auch sein Aussehen geändert: Zum ursprünglichen gotischen Baukern sind Elemente der Renaissance, des Barock und Rokoko dazugekommen. Mit seinen 13.000 Quadratmetern ist er aber der größte mittelalterliche Stadtplatz Österreichs geblieben. Inmitten des Platzes steht seit 1723 die Dreifaltigkeitssäule.

Im alten Kern an der Donau sind noch zahlreiche Bürger-, Adels- und Stiftshäuser im spätgotischen, frühbarocken und Renaissancestil erhalten, die den Betrachter mit ihren Erkern, Arkadenhöfen, Fassaden und Hauszeichen fesseln können. Zu den sehenswertesten zählen die Häuser am Hauptplatz Nr. 4, 10, 18, 21 und 34 sowie Altstadt Nr. 10, wo am 19. August 1493 Friedrich III. gestorben sein soll, und Nr. 17, das „Mozart-Haus". Ferner in der Landstraße Nr. 12 das Palais Weißenwolff, Nr. 16 der Schlägler Stiftshof, Nr. 22 der Florianer Stiftshof und Nr. 32 das Palais Mannstorf, eine hochbarocke Zweiflügelanlage nach einem Plan von Johann Michael Pruner.

Neue Galerie

Neben dem erwähnten Landesmuseum im Schloß ist die Neue Galerie am Hauptplatz Nr. 8 einen Besuch wert. Sie zeigt modernes Kunstschaffen und enthält eine Sammlung von Gemälden und Graphiken österreichischer und deutscher Meister des 19. und 20. Jhs. wie Klimt, Liebermann und Egger-Lienz und verfügt über eine umfangreiche Kubin-Sammlung und das komplette Radierwerk von Alfred Hrdlicka.

Oberösterreichisches Landesmuseum, Stadtmuseum Nordico

In dem 1895 eröffneten Stammhaus des Oberösterreichischen Landesmuseums, im Francisco-Carolinum, werden Sonderausstellungen aus dem Bereich der modernen Kunst und Naturwissenschaften angeboten.

Die Ausstellungen im Stadtmuseum Nordico sind vorwiegend der Archäologie, der Kunst und der Kulturgeschichte der Landeshauptstadt Linz gewidmet.

Landestheater, Brucknerhaus

Linz besitzt ein aufgeschlossenes und für den Schauspielernachwuchs wertvolles Landestheater an der Promenade, ein klassizistischer Bau von 1803 nach einem Entwurf von Ferdinand Mayr, der im 20. Jh. erneuert und im Inneren umgestaltet wurde. Im Jahre 1956 wurde das Landestheater von Clemens Holzmeister erweitert und mit dem Zubau der Kammerspiele versehen.

Kulturelles Zentrum von Linz ist das 1974 eröffnete Brucknerhaus im Donaupark, wo alljährlich im Herbst das Internationale Brucknerfest mit Dirigenten und Orchestern von Weltrang stattfindet.

Bevor wir unsere Donaureise fortsetzen, wollen wir noch zwei der bedeutendsten Klöster Österreichs einen Besuch abstatten: Kremsmünster und St. Florian.

Benediktinerstift Kremsmünster

Das Benediktinerstift Kremsmünster wurde im Jahre 777 von Herzog Tassilo III. von Bayern gegründet. Der Geschichtsschreiber des 14. Jhs. von Kremsmünster Bernardus Noricus berichtet, daß Tassilo die Kirche über dem Grab seines Sohnes Gunther, der während der Jagd durch einen wütenden Eber bei der Quelle „Gundraeich" den Tod fand, errichten ließ und sie dem göttlichen Heiland und dem heiligen Agapitus weihte.

Mehrere Brände beschädigten in den folgenden Jahren den ursprünglich im frühromanischen Stil entstandenen Bau, sodaß sich der von 1209–1222 wirkende Abt Rudolf zu einem Umbau entschloß. Seine Nachfolger Heinrich von Plagen und Friedrich von Aich setzten den Bau fort. Unter Abt Ernest von Ottsdorf (1349–1360), der das Westwerk mit den beiden Türmen aufführen ließ, wurde er abgeschlossen. Das dreischiffige Münster stellt sich nun als eine romanisch-frühgotische Basilika mit einer Länge von 78 m, einer Breite von 21 m und einer Höhe im Mittelschiff von 18 m und in den Seitenschiffen von 21 m dar. Unter dem Fürstabt Anton Wolfradt (1613–1639) begann die Barockisierung der Kirche, die dann unter Abt Erenbert Schrevogl (1699–1703) ihre entscheidenden Elemente erhielt. Carlo Antonio Carlone erbaute 1676–1677 die Marienkapelle. Ihm und den beiden oberitalienischen Baumeistern und Stukkateuren Giovanni Battista Barberini und Giovanni Battista Colomba ist es mit viel Geschick gelungen, die mittelalterlichen Bauten den barocken Idealen anzupassen. Die zum Teil beachtenswerten Fresken in der Vorhalle, im Mittel- und im Querschiff, die Szenen aus dem Leben Jesu und Begebenheiten aus dem Alten Testament darstellen, stammen von den vier Brüdern Grabenberger aus der Wachau. Das Hochaltarbild, ein Werk des Münchner Hofmalers Andreas Wolf, das 1712 nach einer 12jährigen Schaffenszeit beendet worden ist, stellt die „Verklärung Christi" dar. Rechts vom Hochaltar ruhen im Altar des heiligen Agapitus die vor dem Jahr 893 als Geschenk König Arnulfs nach Kremsmünster gebrachten Reliquien des Klosterpatrons, der als Fünfzehnjähriger 274 in Palestrina bei Rom enthauptet worden ist. Das kniende Marmorengelpaar, das den vergoldeten Rahmen des Altarblattes hält, stammt aus der Werkstätte des Gmundners Michael Zürn ebenso wie die großartigen Engel am Altar der heiligen Candida links des Hochaltars. Unter der Orgelempore mit der schwungvollen Balustrade, die den konkaven Mittelteil in das konvexe Westwerk einbindet, kann man im Läuthaus noch den Zustand der Räume zur Zeit der Erbauung im Kontrast zum Barock bewundern. Im Erdgeschoß des Südturmes liegt das Gunthergrab, eine um 1300 aus weißem Nagelfluh gehauene Steinplatte mit der vollplastischen Figur des toten Gunther, seines treuen Jagdhundes und des Ebers, der Gunther tötete.

Bevor wir die Stiftskirche verlassen, werfen wir noch einen Blick in das Kreuzhöfchen, das wir über die Michaelskapelle erreichen, einem gotischen Bau mit dem ersten Altar versus populum in Oberösterreich. Hier wo noch Ansätze eines romanisch-gotischen Kreuzganges zu sehen sind, werden seit 1966 wie im Mittelalter die Mönche begraben.

Die Klosteranlage stellt in seiner inneren und äußeren Gestaltung ein gewaltiges Gesamtwerk dar, wie es nördlich der Alpen kein zweites Mal zu finden ist. Durch das von Carlo Antonio Carlone angelegte und von Jakob Prandtauer in die heutige Form gebrachte Eichentor betreten wir den äußeren Stiftshof. An der Westseite befindet sich der Schmiedhof mit der Stiftsschank und an der Ostseite der Meierhof mit dem Eingang in den Fischkalter, ein Meisterwerk von Carlone und Prandtauer. Die fünf mit Brunnenfiguren geschmückten Fischbehälter sind von Arkadengängen umgeben, an deren Rückwänden zahlreiche Trophäen hängen.

Brückenturm

Über eine steinerne Brücke überqueren wir den Wassergraben, eine mittelalterliche Wehranlage, die den äußeren Hof im Süden abschließt, und gelangen zum Brückenturm. Der aus dem 14. Jh. stammende Bau erhielt seine heutige Gestalt in den Jahren 1744–1745. Sein Marmorportal mit den Statuen Herzog Tassilos III., Kaiser Karl des Großen und Kaiser Heinrichs II. ist ein Werk des Linzers Johann Peter Spaz aus dem Jahre 1667. Durch die tiefe Toreinfahrt erreicht man den Prälatenhof, das Herzstück der Klosteranlage, das von den wichtigsten Baulichkeiten wie Konvikttrakt, Kirche, Gast- und Abteitrakt umgeben ist.

Abteitrakt

Im Abteitrakt kann man die umfangreichen, zum Teil sehr beachtlichen und im Eigentum des Stiftes befindlichen Kunstsammlungen bewundern, allen voran den Tassilokelch. Es ist ein vergoldeter Kupferkelch, aus dessen Inschrift „Tassilo, tapferer Herzog, Liutpirc, königlicher Sproß“ man schließen kann, daß es sich um den Hochzeitskelch des Gründerpaares aus der Zeit zwischen 763 und 781, der Regierungszeit des letzten bayerischen Stammesherzogs, handelt. Die Tassiloleuchten aus Rotkupfer sollen das Zepter der Agilolfinger enthalten, das der ehemalige Hofkaplan Tassilos Fater vor Karl dem Großen gerettet und nach Kremsmünster gebracht hat. Die Codices Millenarii, „die tausendjährigen Handschriften“, stammen aus dem 9. Jh. und beinhalten die lateinische Übersetzung der Evangelien, geschrieben von der Mondseer Schreibschule. Das Scheibenkreuz, dessen Scheibe aus der Zeit von 1170–1180 stammt und niedersächsischen oder englischen Ursprungs ist, stellt in seiner Art eine Rarität dar. Es macht uns bekannt mit der Typologie, der Lehre, die einer Person, einer Sache oder einem Ereignis des Alten Testaments eine vorbildliche Bedeutung für das Neue Testament zuerkennt. In fünf Galerieräumen finden wir neben berühmten Bildern zahlreiche Gefäße aus Gold, Silber und Halbedelsteinen sowie Schnitzereien aus Holz, Elfenbein, Horn und Wachs vom Mittelalter bis zum Biedermeier. In der Kunstkammer werden die Exponate – nach den verschiedenen Materialien und ihren Bearbeitungsarten sortiert – in maria-theresianischen Glaskästen dem Besucher präsentiert. Als einmalig für eine klösterliche Rüstkammer kann man das reichhaltige Waffenarsenal mit allen Arten von Verteidigungswaffen, historischen Erinnerungsstücken und Jagdwaffen bezeichnen. Die Bibliothek ist ein 65 m langer, in vier Abteilungen gegliederter Saal mit Bildern und Fresken in reichen Stuckrahmen vom Münchner Hofmaler Melchior Steidl. Sie beherbergt rund 400 alte und 1400 neue Handschriften, 630 Wiegendrucke bis zum Jahr 1500 und etwa 140.000 Bände späterer Drucke. Außerdem gibt es hier eine Sammlung alter Musikinstrumente, in der wertvolle Objekte aus drei Jahrhunderten enthalten sind.

Kaisersaal

Zum Abschluß unseres Rundganges im Abteitrakt werfen wir einen Blick in den im ersten Stock gelegenen Prunksaal des Stiftes, den Kaisersaal. Der 26 m lange, 13,5 m breite und 9,5 m hohe Raum wurde von Carlo Antonio Carlone 1694 errichtet. Das Deckenfresko „Triumph des Lichtes" stammt von Melchior Steidl, der es ausgezeichnet verstanden hat, die riesige Fläche durch Säulenkolonnaden und eine Kassettendecke bildarchitektonisch zu verkleinern. Der Saal erhielt seinen Namen von den 15 von Martino Altomonte gemalten Kaiserbildnissen, die die Herrscher der Habsburger Dynastie von Rudolf I. bis zu Karl VI. darstellen.

Sternwarte

Eines der eigenwilligsten Gebäude ist die Sternwarte, die zwischen 1748 und 1759 freistehend im Klostergarten als „Mathematischer Turm" errichtet worden ist und als erstes Hochhaus Europas bezeichnet werden kann. Sie diente seit jeher nicht nur als astronomisches Observatorium, sondern auch als Museum und beherbergt heute wohl geordnet und gut beschriftet ausgezeichnete Exponate aus den Wissensgebieten Geologie, Paläontologie, Mineralogie, Physik, Zoologie und Anthropologie. Im astronomischen Kabinett finden wir fast sämtliche astronomischen Instrumente, die ab 1758 in Verwendung standen, sowie interessante Aufzeichnungen der Sternwarte. Vom 7. Stock des Turmes, in dem sich auch das Kapellenzimmer befindet, kann man noch einmal die genial angelegte Gesamtanlage des Klosters überblicken, ehe wir weiterfahren.

St. Florian, Stift

Unser nächstes Ziel ist der rund 3800 Einwohner zählende Markt St. Florian bei Linz. Bekannt ist dieser Ort, der seit 1493 das Marktrecht besitzt, durch sein Stift. Es wurde um 800 als Benediktinerstift gegründet und unter Bischof Altmann von Passau im Jahre 1071 in ein Augustiner-Chorherrenstift umgewandelt. Im Mittelalter erreichte das klösterliche Leben hier einen Höhepunkt, das Stift wird zu einem geistigen und wirtschaftlichen Mittelpunkt mit der hochberühmten Pflege der Schreib-, Mal- und Buchkunst. Zu Beginn des 16. Jhs. schuf der Hauptmeister der Donauschule, Albrecht Altdorfer, mit dem Sebastianaltar sein umfangreichstes und bedeutendstes Werk, eine Sammlung von feurigen und dramatischen, zuweilen aber auch anmutigen und idyllischen Bildern aus dem Leben des heiligen Sebastian. Die Barockisierung des Stiftes begann bei der Stiftskirche unter der Leitung von Carlo Antonio Carlone, die nach seinem Tode im Jahre 1708 von Jakob Prandtauer und Johann Gotthard Hayberger fortgeführt und Mitte des 18. Jhs. abgeschlossen wurde. Diese drei großen Baumeister schufen mit St. Florian eines der prächtigsten Klöster, das durch die klangschöne, wuchtige „Bruckner-Orgel" mit 103 Registern und 7343 Pfeifen zusätzlich an Bedeutung gewonnen hat. Der Komponist Anton Bruckner, „der Musikant Gottes", der hier von 1848–1855 als Stiftsorganist gewirkt hatte, fand in der Krypta unter dem von ihm so geliebten Instrument in einem einfachen Sarkophag seine letzte Ruhestätte. Auch heute wird der Pflege der Musik großes Augenmerk geschenkt, und die Sängerknaben St. Florian sind über die Grenzen Österreichs hinaus bekannt.

Stiftskirche Mariä Himmelfahrt

Die barocke Stiftskirche Mariä Himmelfahrt wurde nach Plänen von Carlo Antonio Carlone zwischen 1686 und 1708 errichtet. Durch die Vorhalle zwischen den beiden 80 m hohen Türmen gelangt man in ein einschiffiges hohes Langhaus, an dessen beiden Seiten sich je vier Kapellen befinden, abgegrenzt durch auf hohen Sockeln stehenden riesigen Halbsäulen mit reichem Kranzgesims. Die farbenfrohen Fresken in den Hängekuppeln der einzelnen Joche von Johann Martin Gumpp d. J. und Melchior Steidl beherrschen die gesamte Decke. Neben der Bruckner-Orgel beeindrucken den Besucher der mächtige Hochaltar, das reich geschnitzte Chorgestühl und die Musiktribünen mit seitlichen Chororgeln sowie die Kanzel aus schwarzem Marmor.

Stiftsgebäude

Das herrliche barocke Stiftsgebäude wurde von Carlo Antonio Carlone begonnen und nach dessem Tode so wie Kremsmünster von Prandtauer fortgeführt und zum größten Teil abgeschlossen. Die 204 m lange Flucht des Westflügels beherrscht das alle drei Geschosse zusammenfassende Portal. Die Plastiken – die wuchtigen Atlanten im Parterre, die „Tugenden" und Pilasterhermen als Träger des oberen Balkons im ersten Stock und Vasen im zweiten Stock – schuf Leonard Sattler. Durch das Portal, über dem der Bläserturm aufragt, gelangt man in den großen Stiftshof, in dessen Mittelpunkt der Adler-Brunnen steht. Wir blicken zurück auf das großartige, beschwingte Treppenhaus, das von Carlone konzipiert und von Prandtauer in grandioser Weise vollendet wurde. Es führt uns zu den Kaiserzimmern, einer Flucht von 13 Prunkgemächern, und zum Bruckner-Zimmer, das im Gegensatz dazu das einfache Mobiliar des großen Meisters enthält.

Bibliothek

Gegenüber dem Treppenhaus im Ostflügel befindet sich die erst in den Jahren 1744–1750 von Gotthard Hayberger aus Steyr im Stile des Rokokos eingerichtete Bibliothek, deren Dekkenfresko Bartolomeo Altomonte schuf. Sie beherbergt rund 120.000 Bände, Wiegendrucke und Handschriften, die zum Teil aus dem 11. Jh. stammen.

Der Südflügel wird beherrscht vom Marmorsaal, der das weltliche Gegenstück zur Kirche im Norden darstellt. Er wurde von Prandtauer zwischen 1718 und 1724 als eleganter pavillonartiger Risalit ausgeführt. Das mächtige Deckenfresko von Altomonte demonstriert den Triumph der Christenheit über die Türken. Die großen Porträts an den beiden Schmalseiten stellen Karl VI. und den Türkenbezwinger Prinz Eugen dar.

Bemerkenswert sind die wertvolle Sammlung von Kunstgegenständen und Gemälden, deren interessanteste von den Meistern der Donauschule Albrecht Altdorfer und Wolf Huber stammen, sowie das reichhaltige Münzkabinett; ferner das italienisch anmutende, von Prandtauer an der Ostseite errichtete Sonnenreflektorium und der von Carlone erbaute Gartenpavillon mit Freitreppe und Loggia.

Kefermarkt, Pfarr- u. Wallfahrtskirche St. Wolfgang, Flügelaltar

Beeindruckt von der Pracht und dem Reichtum der beiden Klöster kehren wir nach Linz zurück, um der kulturträchtigen Marktgemeinde Kefermarkt, ca. 35 km nördlich der Landeshauptstadt, einen Besuch abzustatten. Der über 520 Jahre alte Markt birgt in der Pfarr- und Wallfahrtskirche St. Wolfgang den weltberühmten Kefermarkter Flügelaltar. Er wurde von einem unbekannten Künstler zwischen 1490 und 1497 geschaffen und zwischen 1852 und 1855 auf Veranlassung des Dichters und Schulrates Adalbert Stifter vom Linzer Bildschnitzer Johann Rint renoviert. Der Altar zählt neben St. Wolfgang zu den berühmtesten Schnitzwerken der Spätgotik. Der überwältigende Eindruck des 13,5 m hohen Altars aus Lindenholz geht von dem über der neugotischen Predella aufgebauten Schrein aus. Auf phantasievoll gestalteten Sockeln in Nischen sind unter üppigen Baldachinen drei Heilige aufgestellt: der „harte" Petrus, der „milde" Wolfgang und der „sentimentale" Christophorus. Das Gesprenge besteht aus 11 zierlichen Türmen, besetzt mit Heiligenfiguren. Die Flügel, bei denen die Vermischung von Gotik und Renaissance zu erkennen ist, stellen in Flachreliefs die Verkündigung, Christi Geburt, die Anbetung der Könige und den Tod Mariens dar. In der im Auftrag von Christoph von Zelking zwischen 1470 und 1476 erbauten fünfjochigen, dreischiffigen Staffelkirche verdienen noch die Rippenführung des Gewölbes, die balkonartige Oberempore, der linke Seitenaltar mit einem Altarbild von Martin Altomonte aus 1728 sowie die Wappensteine des Kirchenerbauers und Altarstifters besondere Beachtung.

Schloß Weinberg

Das oberhalb des Ortes gelegene Schloß Weinberg der Zelkinger und Thürheimer wurde im 16. und 17. Jh über einer alten Burg errichtet und von Carlo Antonio Carlone im Renaissancestil umgebaut. Das stattliche viergeschossige Hochschloß wird von einem zweigeschossigen Gebäudering mit Rundtürmen an den Ecken und von gut erhaltenen Wehrgräben umschlossen. Während der Besatzungszeit verlor es einen Großteil seiner Einrichtung; lediglich das Schloßarchiv und eine Rokoko-Schloßapotheke, heute im Landesarchiv bzw. Landesmuseum ausgestellt, konnten gerettet werden. In dem gründlich renovierten Bau finden das ganze Jahr über kulturelle Veranstaltungen statt.

Burgschloß Steyregg

Am linken Donauufer unweit von Linz steht das im Zweiten Weltkrieg zerstörte und anschließend wieder restaurierte Burgschloß Steyregg. Die einst mächtige Anlage wird durch die Um- und Zubauten aus dem 17. Jh. bestimmt, während der Kern romanisch-gotisch mit Fresken aus dem 14. Jh. ist.

Ruine Spielberg

Nach rund 10 km erreichen wir die Ruine von Spielberg bei Langenstein. Im 12. Jh. als Mautstelle auf einem Felsen mitten in der Donau errichtet, wurde die einstige Lehensburg des Domvogts von Lengenbach in der Gotik ausgebaut und landesfürstliches Eigentum. Im 16. und 17. Jh. erfolgte eine grundlegende Umgestaltung der Feste in eine Viertore-Anlage, die als freies Eigen von den Scherffenbergern erworben und modernisiert wurde. Die Burg ging anschließend in den Besitz der Herrschaft Steyregg über und war seit dem 18. Jh. dem Verfall preisgegeben. Lediglich in der Burgkapelle sind noch einige gut erhaltene Elemente aus der Gotik zu sehen.

Mauthausen, Renaissanceschloß Pragstein, Pfarrkirche St. Nikolaus

Wir folgen der B 3 bis Mauthausen, einem schönen, aus dem 14. Jh. stammenden Markt mit zahlreichen gut erhaltenen Bürgerhäusern aus dem 16. Jh. Das Renaissanceschloß Pragstein wurde vom Kärntner Lasla Prager 1491 mit Genehmigung Kaiser Friedrichs III. als Mautburg auf einer Insel mitten in der Donau errichtet. Der heutige Bau, der im 16. Jh. von den Meggauern umgestaltet und bewohnbar gemacht wurde, dient als Heimatmuseum. In der aus dem 15. Jh. stammenden Pfarrkirche St. Nikolaus finden wir Altarbilder vom Kremser-Schmidt und im romanischen Karner am Kirchplatz gut erhaltene

Wandmalereien aus dem Jahre 1230. Am Marktplatz befindet sich ein barocker Brunnen und eine Prangersäule aus 1583.

Enns, Stadtturm

Auf dem gegenüberliegenden Ufer ragt, weithin sichtbar, der 59 m hohe Stadtturm der Stadt Enns über das Land. Der erst zwischen 1565 und 1568 errichtete Wacht- und Uhrturm ist auch Statussymbol eines seiner Macht bewußten Bürgertums und damit auch eines der schönsten Denkmäler des bürgerlichen Österreich.

Enns weist dank seiner wichtigen strategischen Lage seit Beginn unserer Zeitrechnung eine kontinuierliche Besiedelung auf. Am Ende des 2. Jhs. errichteten die Römer hier eine Limes-Grenzfestung und die Zivilsiedlung Lauriacum, deren Name von den Kelten übernommen wurde. Kurze Zeit später erhielt diese Siedlung das Stadtrecht und in der Folge einen Hafen für die Flotte der Provinz Noricum. In der zweiten Hälfte des 5. Jhs. nahmen die Baiern das Land in Besitz und machten die um 360 erbaute Basilika zum Sitz eines Bischofs. Karl d. Gr. gliederte nach der Absetzung Tassilos im Jahre 788 Bayern dem fränkischen Reich ein und bildete aus dem Gebiet um Enns die Pfalz Lorch. An der Stelle des heutigen Schlosses Ennsegg wurde um 900 eine der ersten Burgen Österreichs, die „Anesapurch" (Burg an der Anisa, dem Ennsfluß), errichtet. Sie diente später als Basis für die Feldzüge gegen die östlichen Volksstämme. Zweihundert Jahre später wurde von den Traungauer Grafen, bekannt auch als „steirische Otokare", an der heutigen Stelle ein Markt angelegt. Hier wurde 1186 zwischen Herzog Leopold V. von Babenberg und Otokar von Steyr der Georgenberger Vertrag, die älteste Verfassungsurkunde Österreichs, abgeschlossen. Aufgrund dieses Erbvertrages erfolgte 1192 die Vereinigung der Steiermark und des Traungaus mit Österreich. 1212 verlieh dann Leopold VI. Enns das Stadtrecht.

St. Laurentius-Basilika

In der gotischen St. Laurentius-Basilika außerhalb der Stadt in Lorch haben Archäologen im Chorraum Reste frühester heiliger Stätten, wie die eines Stadttempels, einer frühchristlichen Basilika und einer karolingischen Wallfahrtskirche freigelegt. In der Krypta unter dem Hauptschiff sind römische Weihesteine und weitere Ausgrabungen zu besichtigen. Die Kirche, deren ursprüngliche Anlage aus dem 14. Jh. stammt und bis 1553 Stadtpfarrkirche war, wurde 1968 Sitz eines Titular-Erzbischofs und erhielt 1970 den Titel einer „Päpstlichen Basilika". Sie stellt heute eine dreischiffige gotische Pfeilerbasilika dar, deren südliches Seitenschiff mit dem Westturm abschließt. Zu ihrer Ausstattung zählen zwei gotische Sakramentshäuschen aus dem Jahre 1480, Holzreliefs als Reste eines Flügelaltars, eine Pietà um 1420 und Grabmäler aus dem 14.–16. Jh. Im umliegenden

Friedhof steht ein barockisierter Karner mit einer Ecce-Homo-Gruppe um 1507 sowie eine spätgotische Lichtsäule.

Pfarrkirche Maria Schnee

Der zweite nenneswerte Sakralbau ist die Pfarrkirche Maria Schnee, die ehemalige Minoritenkirche, die im nördlichen Teil des Langhauses mit der Wallseer-Kapelle verschmolzen ist. Sie stammt aus dem späten 13 Jh. und wurde im 15. Jh. umgebaut. Dieses beachtliche architektonische Bauwerk erinnert an das berühmte schwäbische Geschlecht der Wallseer, das mit Rudolf von Habsburg nach Österreich gekommen war. Südlich der Kirche verläuft ein alter, gut erhaltener Kreuzgang mit einer Muttergottes um 1300.

Von der mittelalterlichen Stadt blieb die Befestigungsmauer mit den Türmen und Torresten weitgehend erhalten. Die in ihrem Kern gotischen Häuser rund um den Hauptplatz wurden in der Renaissance- und Barockzeit verändert. Es wurden Runderker-Ecktürme, Mittelerker und Rundtürmchen seitlich der Attika sowie schöne schattige Laubenhöfe hinzugebaut.

Heimatmuseum

Das ehemalige Rathaus mit seiner barockisierten Renaissancefassade aus dem Jahre 1547 beherbergt das Heimatmuseum, das durch seine reichhaltige Sammlung von Römerfunden aus Lauriacum über die Grenzen der Stadt hinaus Bedeutung erlangt hat.

St. Pantaleon, Pfarrkirche

Wir besuchen anschließend den kleinen Ort St. Pantaleon, der so wie Enns auf ein großes Legionslager am Limes zurückgeht. Dieses wurde aber bereits im Jahre 190 abgebrochen und nach Enns verlegt. Im 9. Jh. besiedelten die Bayern dieses Gebiet und errichteten hier gegen die Awaren eine Erdburg, deren Wölbungen heute noch erkennbar sind. Unter dem Westchor der Pfarrkirche aus dem 11. Jh. befindet sich eine Krypta, eines der ältesten erhaltenen Bauwerke Österreichs. Sie besteht aus einem kleinen Hallenraum mit vier Säulen und acht Eckpfeilern sowie einem Steinaltar aus römischen Ziegeln. Die ursprünglich im romanischen Stil mit einer sehr seltenen Doppelchoranlage errichtete Kirche erhielt im 15. Jh. das spätgotische, fast quadratische Langhaus. Der neugotische Hochaltar weist eine markante Figur des heiligen Pantaleon, einem der 143 Nothelfer und dem Patron der Ärzte aus der Zeit um 1450, auf.

Erla, Benediktinerinnenstift

Das ehemalige Benediktinerinnenstift im benachbarten Dorf Erla ist das älteste in Österreich. Es wurde von Otto von Machland 1050 gegründet und 1780 von Josef II. aufgehoben. Beachtenswert sind ein Kreuzgang aus dem 16. Jh. und ein Kapitelsaal mit Chor. Die heutige Pfarrkirche geht aus der ehemaligen Stiftskirche, die zwischen 1121 und 1138 errichtet worden ist, hervor und stellt eine spätgotische Staffelkirche mit barockisiertem Turm dar. Unter dem aus der Mitte des 15. Jhs. stammenden Chor befindet sich die Gruftkapelle. Die 22 Grabdenkmäler, die zwischen 1395 und 1629 errichtet worden sind, zeigen auch die der beiden Äbtissinnen Tanberg aus 1519 und Mautner aus 1532.

Perg

Am gegenüberliegenden Ufer liegt die bekannte Sommerfrische Perg, die bis zum Ende des 11. Jhs. von dem bekannten Geschlechte der Herren von Perg, Verwandte der Machländer, beherrscht wurde.

Ab dem 14. Jh. war Perg ein halbes Jahrtausend lang das Zentrum der Mühlsteinindustrie. Der Ort hat seit 1269 das Marktrecht und wurde 1969 zur Stadt erhoben. Neben schönen alten Bürgerhäusern, wie das Seifensiederhaus, besitzt Perg auch einen Pranger aus dem Jahre 1683 und einen Marktbrunnen aus dem 17. Jh. Die Pfarrkirche St. Jakobus d. Ä., eine spätgotische dreischiffige Hallenkirche mit mächtigem Turm, wurde 1416 gegründet. Sie besitzt einen Chor mit reich skulpierten Kapitellen und Schlußsteinen mit Laub sowie eine prächtige Sessionsnische an der Südwand. Erwähnenswert ist noch die auf einer Anhöhe gelegene Kalvarienberg-Kapelle mit einer barocken Kreuzigungsgruppe aus dem Jahre 1729, die ursprünglich im Freien gestanden ist.

Altenburg, Filialkirche St. Bartholomäus, Wasserschloß

Von Perg gibt es eine Reihe empfehlenswerter Ausflüge in das Naarn- und Aisttal. Bekannt ist Altenburg mit der aus dem 12. Jh. stammenden Filialkirche St. Bartholomäus. Unter der St. Anna-Kapelle, die Lasla Prager von Pragthal an den romanisch-gotischen Bau anbauen ließ, befindet sich die Gruft dieses Geschlechtes. Die gut erhaltene Freskenmalerei in der Gruft stammt von der „Donauschule“ und stellt das Jüngste Gericht und Namenspatrone der Stifter dar. Sehenswert ist auch das Wasserschloß Schwertberg des Grafen Hoyas, das um 1287 gegründet und im 17. Jh. von Anton Canevale umgebaut wurde.

Arbing

Wir fahren auf der B 3 weiter donauabwärts, vorbei an dem dem Verfall preisgegebenen Schloß Auhof bis Arbing, wo der wuchtige Kirchturm, der einst ein gotischer Bergfried war, unsere Aufmerksamkeit erregt. Das danebenliegende Schloß macht einen desolaten Eindruck und ist für Wohnzwecke kaum mehr geeignet.

Baumgartenberg, Zisterzienserkloster

Drei Kilometer östlich befindet sich die Marktgemeinde Baumgartenberg mit dem ehemalichen Zisterzienserkloster, das 1141 im Auftrag des Grafen Otto von Machland von Heiligenkreuzer Zisterziensern gegründet und 1784 von Kaiser Josef II. aufgehoben wurde. Das Gebäude wurde geschmackvoll restauriert und beherbergt ein von Klosterschwestern geführtes Heim für schwer erziehbare Mädchen. Die aus der Stiftskirche hervorgegangene Pfarrkirche Mariä Himmelfahrt ist ein dreischiffiges Münster mit romanischen und gotischen Bauelementen, dessen Inneres von Carlo Antonio Carlone barockisiert wurde. Die Kanzel, die von einem aus dem Leib des heiligen Bernhard hervorwachsenden Stamm getragen wird, weist zahlreiche figurale Schnitzereien und ein schmiedeeisernes Schutzgitter auf. Besonders erwähnenswert ist das prächtige Chorgestühl mit reichgeschnitztem Akanthusaufsatz aus dem 17. Jh.

Burg Clam

Sechs Jahre nach der Gründung des Klosters Baumgartenberg ließ Otto von Machland hoch über der Klammschlucht die Burg Clam erbauen. Da er ohne Nachkommenschaft geblieben war, übergab er sie seinem Bruder Walchun, um das Werk derer von Machland fortzuführen. Über dessen Erbtochter kam die Burg an den Grafen Velburg, der sie Herzog Leopold vermachte, bevor er auf einem Kreuzzug starb. Ab dem 13. Jh. war sie als Lehen an die Holzer, Hauser, Zinzendorf, Wolfensteiner und Seusenecker vergeben, bis sie 1524 von den Prüschenk in den Besitz der späteren Reichsgrafen von Clam kam, einem Kärtner Geschlecht, das sich seit 1363 in Oberösterreich ansiedelte. Seit dieser Zeit wird die Burg ununterbrochen vom gleichen Geschlecht bewohnt.

Diese Burg zählt zu den bedeutendsten Anlagen Oberösterreichs. Sie hat der Belagerung durch die Hussiten im 15. Jh. widerstanden und war von den Verwüstungen des Dreißigjährigen Krieges und der Bauernkriege verschont geblieben. 1636 ließ Graf Gottfried von Clam die mittelalterlichen Teile renovieren und so erweitern, daß die Gesamtanlage zu einer harmonischen Einheit gestaltet wurde. Sehenswert sind der alles überragende runde Bergfried, der sechsgeschossige gotische Wohnturm mit zinnenumsäumtem Pultdach und der Innenhof mit seinen unregelmäßig gestalteten dreigeschossigen Lauben. In der ursprünglichen Burgkapelle im vierten Geschoß des Wohnturms wurden 1951 gotische Fresken freigelegt, die zu den bedeutendsten mittelalterlichen Wandmalereien Österreichs gehören. Die 1491 geweihte Schloßkapelle mit einem barocken Altar aus dem Jahre 1631 und einem prachtvollen Kreuzrippengewölbe beherbergt das Grabmal des Christoph Perger zu Clam. In der Rüstkammer und den Museumsräumen lernt man die Chronik des Geschlechtes derer von Clam kennen, die gleichzeitig einen Querschnitt durch die Geschichte Österreichs bietet. Wir bewundern hier eine Fahne, die der in den Türkenkriegen 1691 gefallene Johann Leopold von Clam getragen hat, den Kürass, der Karl Graf von Clam-Martinic in der Schlacht zu Leipzig 1813 als Schutz diente und seine Uniform, in der er Napoleon I. nach Elba eskortierte, ferner den stark gezeichneten Säbel von Gottfried Graf von Clam Martinic, der als Kommandant des Ulanenregiments Nr. 1 die letzte Reiterschlacht der Welt bei Jaroslavice am 21. 8. 1914 leitete. In der Ordensvitrine prangt das Goldene Vlies, das Heinrich Graf Clam-Martinic als einer der letzten Ministerpräsidenten der Donaumonarchie erhielt. Ein Porträt erinnert an Jaroslav Graf Martinic, der als kaiserlicher Rat von böhmischen Protestanten aus Protest gegen die Verletzung des Majestätsbriefs Rudolf II. aus einem Prager Schloßfenster gestürzt wurde und, auf einem Misthaufen landend, nur eine Armverletzung erlitt. Dieser Prager Fenstersturz am 23. 5. 1618 war der Beginn des Dreißigjährigen Krieges, der durch die konfessionellen und politischen Gegensätze zwischen dem Reich und Habsburg verursacht wurde und bei dem es um die Vorherrschaft in Europa ging. Sehenswert ist noch das Porzellanzimmer, in dem eine reiche Sammlung Alt-Wiener Meißener Porzellan ausgestellt ist.

Unterhalb der Burg befindet sich die 1973 aus der umgestürzten tausendjährigen Rieseneiche errichtete Eichenkapelle, an der die Straße vorbei in die romantische Klamschlucht führt, die dem Dichter August Strindberg Anregungen zu seinem literarischen Schaffen gab.

Wallsee, Schloß Niederwallsee

Wir kehren durch die Klamschlucht zurück nach Baumgartenberg und überqueren über den Staudamm des Kraftwerkes Wallsee die Donau. Der ruhige Ort Wallsee, an dessen Stelle bereits die Römer für ihre 10. Legion ein Kastell errichteten, wird von dem auf einem Felsen hoch über der Donau thronenden Schloß Niederwallsee beherrscht. Die Feste wurde 1383 von Reinprecht von Wallsee, dessen Vorfahren mit Rudolf von Habsburg nach Österreich kamen, erbaut und im 17. und 18. Jh. erweitert. Der letzte Umbau, bei dem der Bergfried auf 80 m erhöht und die spätgotische Kapelle errichtet wurde, erfolgte im 19. Jh. Theodor Salvator Habsburg ist der heutige Besitzer dieses nicht zu besichtigenden Schlosses, von dem auch noch ein Teil der Wehranlagen und der Burggraben in der ursprünglichen Form erhalten sind. Das Schloß stellt einen Ersatz für die alte Sunilburg dar.

Sindelburg, Hallenkirche

In der Nachbargemeinde Sindelburg, die bereits 1071 erwähnt wurde, befindet sich eine spätgotische Hallenkirche. Durch ein mächtiges Tor betritt man eine weitläufige Halle mit einem prächtigen klassizistischen Hochaltar und Rokokoseitenaltären mit einem Altarbild von Martin Johann Schmidt aus dem Jahre 1781. Neben figuralen Grabsteinen aus dem 15. bis 17. Jh. ist an der Außenseite das Grab des heiligen Salvator zu finden.

Ardagger Markt, Stift Ardagger, Bergkirche

Am Beginn des Strudengaues liegt die beliebte Sommerfrische Ardagger Markt mit der oberhalb des Ortes liegenden Bergkirche St. Nikolaus. Sie wurde um 1400 im gotischen Stil errichtet und später barockisiert. Neben vier barocken Altären findet man im Inneren herrliche Glasmalereien in einem Chorfenster. Das aus der Mitte des 11. Jhs. stammende Stift Ardagger wurde von Agnes von Poitou, der zweiten Gemahlin Kaiser Heinrichs III., zu Ehren der heiligen Margarete von Antiochien gegründet. Im 17. Jh. wurde das Kloster umgebaut, verfiel aber zur Zeit der Protestanten. Es wurde 1784 durch die kaiserliche Klosterreform aufgehoben und wird seit 1813 als Schloß geführt. Die ehemalige Stiftskirche und Pfarrkirche St. Margareta ist eine dreischiffige spätromanische Pfeilerbasilika mit einem gotischen Chor. Der älteste Teil, die romanische Krypta, stammt aus der ersten Hälfte des 13. Jhs. Die größte Sehenswürdigkeit ist das Margaretenfenster im Ostchor. Es ist das bedeutendste Werk österreichischer Glasmalerei des 13. Jhs. und stellt die Geschichte der heiligen Margarete nach der Legenda aurea dar, die von Jacobus de Voragine, dem Erzbischof von Genua, nach dem Vorbild des Bartholomäus von Trient geschrieben wurde. Nördlich der Kirche befindet sich ein gotischer Kreuzgang, dessen Brunnenhaus bereits 1310 zur Dreikönigskapelle umgestaltet wurde. Darin befindet sich der reich verzierte Tumbadeckel der Pröpste.

Grein

Über die neuerbaute Donaubrücke erreichen wir das linke Ufer und kommen zu dem malerischen Städtchen Grein. Es wurde bereits 1147 als Pfarrort erwähnt und 1491 zur Stadt erhoben. Der „Greiner Strudel", ein Stromwirbel im Engpaß zwischen steilen Felsen, hat dem nun folgenden Donauabschnitt seinen Namen gegeben. Die für die Schiffahrt einst so gefährliche Passage konnte erst durch Sprengung der Riffe in den Jahren 1777–1791 und den Aufstau des Fahrwassers beseitigt werden.

Schloß Greinburg

Schon von weitem grüßt das auf einem bewaldeten Hügel direkt an der Donau von den Brüdern Prüschenk 1491 erbaute Schloß Greinburg. Der in seinem Kern spätgotische Bau wurde 1621 stark umgestaltet und um einen schönen dreigeschossigen Arkadenhof erweitert. Der Torbau und der sonst in dieser Gegend nicht nachweisbare Erdgeschoßraum mit prächtigem, spätgotischem Zellengewölbe, eine in unserer Zeit wieder gefragte Bauweise, stammt aus der Zeit der Gotik. Empfehlenswert ist der Besuch des hier im Schloß eingerichteten oberösterreichischen Schiffahrtsmuseums, das seine Tore vom 1. Mai bis 15. Oktober offenhält.

Stadtplatz

Einen besonderen Reiz übt das Stadtbild auf den Besucher aus; der Stadtplatz, mit dem Meggaubrunnen in der Mitte, ist von schönen, aus dem 16. und 17. Jh. stammenden Bürgerhäusern eingerahmt.

Das Rathaus aus dem 16. Jh. birgt neben dem umfangreichen Stadtarchiv ein intimes, reizendes, kleines Rokokotheater mit „Sperrsitzen", das älteste in seiner ursprünglichen Gestalt erhaltene Österreichs aus dem Jahre 1790. Die im spätgotischen Stil erbaute Pfarrkirche St. Ägidius mit seiner barocken Innenausstattung besitzt am Hochaltar ein Gemälde von Bartolomeo Altomonte aus dem Jahre 1749.

Rokokotheater, Pfarrkirche St. Ägidius

Gleich unterhalb von Grein tauchen auf einem Felsen oberhalb von Struden die Ruinen der sagenumwobenen Burg Werfenstein, dem angeblichen Sitz von Frau Ute, der Mutter Kriemhilds, auf. Die Burg soll bereits von Karl dem Großen als Bollwerk gegen die Awaren ausgebaut worden sein. Der Burgname selbst scheint im 13. Jh. im Zusammenhang mit einem Deutschordensritter auf, der dort ansässig war. Konrad von Sumerau, der für Rudolf I. von Habsburg in der Schlacht bei Dürnstein und Jedenspeigen erfolgreich focht, folgte bis 1284 als Burgherr. Ihn, der von Rudolf für seine großen Verdienste auch mit der Burg Freienstein bei Ybbs belehnt worden war, jagte Albrecht I. aus Österreich und konfiszierte beide Burgen. Anschließend verfiel der Bau. Teile der Anlage wurden im 19. Jh. für den Bahn- und Straßenbau verwendet, so daß nur noch die Grundgemäuer des Bergfrieds mit Renaissanceaufbau, Teile des einstigen Palas, des Zwingers und der Umfassungsmauer übrig blieben. Diese Restruine, in deren Vorgarten der Prangerstein des Ortes steht, ist 1963 durch einen modernen Bau ergänzt worden. Von hier hat man einen herrlichen Blick auf die Donau, in deren Mitte die Insel Wörth mit einem barocken Kruzifix liegt.

Burg Werfenstein

An Struden grenzt das nach dem Schutzpatron der Schiffer benannte St. Nikola. Bereits 1185 urkundlich erwähnt und 1511 mit dem Marktrecht ausgestattet, erzielte es beträchtliche Einnahmen daraus, daß hier die Frachten der Flußschiffer auf vierspännige Pferdefuhrwerke umgeladen werden mußten. Das Schifferkirchlein besitzt schöne Fresken an der Südseite sowie eine gotische Madonna und gotische Reliefs aus dem 15. Jh. Es trägt eine Inschrift über die Sprengung des Haussteinfelsens zur Beseitigung der für die Schiffahrt so gefährlichen Donauwirbel.

St. Nikola

Die zu St. Nikola gehörende Sommerfrische Sarmingstein ist ebenfalls ein alter Schifferort, der bereits im Jahre 1147 urkundlich erwähnt wurde und den Kaiser Maximilian 1511 zum Markt erhob. Sehenswert sind ein alter Rundturm und die Ruinen des ehemaligen Burgklosters Säbnich im Painwald am Ab-

Sarmingstein

hang zur Donau. Das von dem Hochfreien Otto von Machland und seiner Gemahlin Jutta 1147 gegründete Augustiner-Chorherrenstift wurde jedoch schon 1161 nach dem 7 km entfernten Marktflecken Waldhausen verlegt und 1792 aufgehoben.

Persenbeug

Am Ostausgang des Strudengaues liegt der rund 2000 Einwohner zählende Markt Persenbeug, der aus der deutschen Ansiedlung Persinpingun aus dem Jahre 863 hervorging. Hier staut ein mächtiger Damm, über den eine breite Straßenbrücke auf das rechte Ufer führt, die Donau zu einem riesigen See auf. Dieser versorgt das mit einer Zwillingsschleuse versehene Donaukraftwerk Ybbs-Persenbeug. Das Kraftwerk erzeugt jährlich über eine Milliarde Kilowattstunden Strom und zählt damit zu den größten Europas.

Schloß Persenbeug

Unterhalb des Staudammes thront auf einem hohen, gegen die Donau überhängenden Felsen das mächtige Schloß Persenbeug. Es ging aus einer alten Burg aus dem 9. Jh. hervor und erhielt seine heutige Form in den Jahren 1617–1621. Hier machten neben Kaiser Heinrich III. auch Konrad III. und Fried-

rich Barbarossa Station. Von der alten Burg ist nur mehr der mächtige Bergfried, allerdings mit einem barocken Helm versehen, übrig geblieben.

Die Geschichte berichtet, daß anläßlich eines Besuches Kaiser Heinrichs III. mit dem Bischof von Würzburg und dem Abt von Ebersberg bei der schönen Witwe Richlinde der Boden des Rittersaales nachgab und die hohen Gäste in die darunterliegende Badestube stürzten, wobei der Bischof und der Abt den Tod fanden. Richlinde schenkte daraufhin die Burg dem Kloster Ebersberg, das die Babenberger und anschließend die Habsburger belehnte. Sie ging später in den Besitz des Grafen Hoyos über, dem die Familie Habsburg-Lothringen im Jahre 1800 folgte. Der letzte Kaiser von Österreich, Karl I., wurde hier am 17. 8. 1887 geboren.

Es gibt hier schöne und gepflegte Biedermeierhäuser, wie das Kleine und Große Schiffsmeisterhaus oder das barocke Gemeindehaus aus dem 18. Jh. mit schmiedeeisernen Fenstergittern und Stuckdecken im Ratssaal. Auch ladet die Pfarrkirche zu einem Besuch ein. Wir finden hier drei spätgotische Plastiken – Katharina und Ecce Homo um 1430 sowie eine Muttergottes von 1530 – und einen Hochaltar aus vielfarbigem Marmor mit einem Bild von Georg Albert Punz aus dem Jahre 1789.

Ybbs, Pfarrkirche St. Laurenz

Am rechten Donauufer gegenüber von Persenbeug, verbunden durch die Dammbrücke, liegt Ybbs, eine Stadt mit rund 6600 Einwohnern. Hier hatten die Römer das „Castellum ad pontem Isis" am Schnittpunkt des Limes mit dem Ybbsfluß errichtet. Es wurde während der Völkerwanderung zerstört und an dessen Stelle im 8. Jh. vom Hochstift Salzburg die Siedlung Ypusa gegründet. 837 wird der Ort von den Karolingern als Ibsepurch erwähnt, der im 11. Jh. im Besitz der Ebersberger stand und bereits 1308 das Stadtrecht erhielt. Obwohl während des Dreißigjährigen Krieges in der Stadt große Verwüstungen angerichtet wurden und zwei Großbrände 1716 und 1863 Teile der Stadt zerstörten, sind viele alte Häuser, Teile der alten Stadtmauer und am Hauptplatz der Stadtbrunnen aus dem 16. Jh. erhalten. Die spätgotische, dreischiffige Pfarrkirche St. Laurenz stammt aus dem 15. Jh. Sie besitzt ein gotisches Temperabild „Maria auf der Mondsichel", außen in der Turmnische eine Ölbergdarstellung mit Tonfiguren aus dem Jahre 1450 und Grabsteine von Hans von Ybbs und Georg Schaubdacher aus dem Jahre 1368 bzw. 1480. Der reichvergoldete Hochaltar, die Kanzel und die Orgel stammen aus dem Jahre 1730. Unter dem stark erhöhten Chor befindet sich ein überwölbter Durchgang, durch den man zur Donau gelangt.

Marbach

An den Strudengau schließt sich nun der sagenumwobene Nibelungengau an, in dem zahlreiche Schauplätze aus der Nibelungensage liegen. Der steil aufsteigende Kalvarienberg in Marbach wird von einer weithin sichtbaren Kreuzigungsgruppe abgeschlossen. Auf dem Marktplatz können wir einen Pranger und ein Renaissance-Rathaus aus dem 16. Jh. bewundern.

Maria Taferl

Vom 443 m hohen Tafelsberg grüßt die stattliche barocke, zweitürmige Wallfahrtskirche Maria Taferl, einer der meistbesuchten Wallfahrtsorte Österreichs. Einer im Jahre 1819 gedruckten Mitteilung ist zu entnehmen, „daß die Bewohner von Klein-Pechlar aller Ostermontage auf den Bergrücken pilgerten, um vor einer wunderbaren Eiche mit einem Kruzifixbild um Fruchtbarkeit der Felder zu bitten und wo sie sodann auf einem Tafelstein, der vor der Kirche steht, Speis und Trank zu sich nahmen". Von zahlreichen wunderbaren Erscheinungen berichtet das erste Mirakelbuch von 1660, dem Jahr, in dem der Grundstein zur heutigen Wallfahrtskirche zur Schmerzhaften Muttergottes gelegt wurde. Erbaut haben diese mächtige Saalkirche mit der breiten Doppelturmfassade in den folgenden 50 Jahren Georg Gerstenbrand und Carlo Lurago. Die Kuppel stammt von Jakob Prandtauer, der den Bau zwischen 1714 und 1718 vollendet hat. Die barocken Deckengemälde, die im Langschiff Szenen aus dem Josephsleben und im Querschiff und in der Hauptkuppel aus dem Marienleben zeigen, schuf Antonio Beduzzi. Der Kremser Josef Matthias Götz errichtete den mächtigen Hochaltar mit dem eingebauten Gnadenaltar und die Seitenaltäre, in denen man Altarblätter von Johann Georg Schmidt findet. Dem Erbauer der vergoldeten barocken Kanzel Matthias Tempe diente die Passauer Domkanzel als Vorbild. Im barocken Pfarrhof sind das Rokoko-Kaiserzimmer und ein Altarbild von Martin Johann Schmidt zu bewundern. Die Kirche wurde 1947 zur Basilika erhoben.

Artstetten, Renaissanceschloß

Bevor wir Maria Taferl verlassen, genießen wir noch einmal die prachtvolle Aussicht auf das Donautal und die Alpen. Wir besuchen nun den 5 km entfernten Markt Artstetten. Inmitten eines gepflegten Parks liegt das zwischen 1560 und 1592 erbaute Renaissanceschloß mit vier Rundtürmen. In den Napoleonischen Kriegen durch die Franzosen stark verwüstet, wurde es 1869 unter Erzherzog Ludwig renoviert und anschließend von Franz Ferdinand von Habsburg-Este erworben. Seit seiner Ermordung im Jahre 1914 ist es Sitz seiner Familie, der Herzöge von Hohenberg. Im Inneren des Schlosses befindet sich eine reichhaltige Gemälde- und Antikensammlung sowie eine Sammlung ägyptischer Altertümer. Unter dem Chor der eintürmigen spätgotischen Pfarrkirche St. Jakob d. Ältere befindet sich die Gruft des Thronfolgers und seiner Gemahlin Sofie von Hohenberg, geborene Gräfin Chotek. Sie wurde nach ihrer Ermordung am 28. Juni 1914 in Sarajevo aufgrund einer testamentarischen Festlegung des Erzherzoges hierher überführt, weil der Kaiser die Bestattung der nicht ebenbürtigen Gräfin in der Kapuzinergruft ablehnte. Der Hochaltar der Kirche stammt aus Kitzbühel. Das Altarbild und einige Wandbilder schuf Martin Johann Schmidt 1722 bzw. 1788. Erwähnenswert sind einige Schlußsteine von 1400 und ein Steinrelief mit dem Schweißtuch der Veronika sowie reichverzierte Prozessionsstangen.

Pöchlarn

Wir kehren zurück zur Donau nach Klein-Pöchlarn, wo einer der berühmtesten Maler der Neuzeit, Oskar Kokoschka, am 1. März 1886 geboren wurde. Gegenüber von Klein-Pöchlarn, an der Mündung der Erlauf in die Donau, ist die Stadt Pöchlarn zu sehen, das „Bechelaren" des Nibelungenliedes. Die Stadt geht auf das römische Kastell Arelape am Limes zurück und erhielt bereits 1267 das Stadtrecht. In dieser Stadt nahm der sagenhafte Markgraf Rüdiger, der hier seinen Sitz hatte, die an den Hof Etzels ziehenden Burgunderkönige gastfreundlich auf. Von der mittelalterlichen Befestigung, die 1766 durch einen Brand stark beschädigt wurde, sind nur noch Reste der

Stadtmauer und zwei Türme zu sehen. Der frühgotische Hallenbau der Pfarrkirche Maria Himmelfahrt entstand um 1400 und wurde im 18. Jh. barock aufgebaut. Hier finden wir einen spätgotischen Chor mit einem Hochaltarbild von Martin Johann Schmidt und ein gotisches Ölbergrelief um 1500.

Schloß Pöchlarn

Südlich der Kirche befindet sich der ehemalige spätgotische Karner aus dem Jahre 1429. Schloß Pöchlarn wurde ursprünglich als Wasserburg erbaut. Um 1576 gab David von Höch, Bischof von Regensburg, dem Schloß seine heutige Form. Sehenswert sind noch die gut erhaltenen Renaissancehäuser sowie das Heimatmuseum, das im Welserturm (erbaut um 1484) untergebracht ist.

Weitenegg

Sieben Kilometer unterhalb von Klein-Pöchlarn scharen sich an der Mündung des Weitenbaches um den Burghügel die Häuser des Marktes Weitenegg. Der nur rund 1300 Einwohner zählende Ort besitzt die besterhaltene und größte Ruine der Wachau und des Nibelungengaues. Die vermutlich im 11. Jh. erbaute Burg war ursprünglich im Besitz der Pernegger und Lengenbacher und ging 1296 in den Besitz der Kuenringer über. Nach dem Sturz von Leopold von Kuenring durch Herzog Albrecht I. diente diese Feste den habsburgischen Herzoginnen als Witwensitz. Sie ist im 15. Jh. von den Ungarn zweimal besetzt worden, widerstand aber 1645 dem Ansturm der Schweden. Anschließend waren die Zelkinger Herren der Burg. Im 18. Jh. verfiel die Burg, die mit ihren vier Höfen und Toren sowie dem mächtigen Bergfried im Westen mit Mauern aus dem 12. und 14. bis 17 Jh. sowie dem Palas mit gewölbten Räumen im Haupthof als Ruine gut erhalten geblieben ist.

Wachau

Wir treten nun in den wohl reizvollsten Teil des Donautales ein, in die Wachau. Diese 35 km lange Engtalstrecke von Melk bis Krems, tief eingeschnitten zwischen dem Dunkelsteiner Wald und den Höhen des Waldviertels, zählt zu den wertvollsten Natur- und Kulturlandschaften Österreichs.

Viele Dichter haben diesen Landstrich besungen. Mit seinen malerischen Städtchen, Burgen und Ruinen, Wäldern und den steil himmelwärts strebenden Weingärten ist er reich an Sagen. Generationen von Malern sind immer wieder bemüht, die tausendfachen Motive festzuhalten – die Blicke von den Ruinen und Weinbergen ins Donautal, die winkeligen Gäßchen, die lieblichen Laubenhöfe, die romantischen Bauten und die prachtvollen Hauszeichen. Hier vermischt sich Phantasie und Romantik mit der Realität zu einer Einheit, die Wachau heißt.

Der Name Wachau scheint als „Wahowo" 823 in einer Urkunde Ludwig des Frommen auf, in der dem Kloster Niederalteich die

mälde von Hippolytus Sconzani aus dem Jahre 1719. Die Prälatenkapelle ist mit Fresken von Johann Wenzl Bergl ausgeschmückt. Er zählt durch sein Hauptwerk, die Stiftskirche Klein-Mariazell, neben Maulpertsch zu den bedeutendsten österreichischen Freskomalern. Hier befindet sich auch der ehemalige Hochaltar, ein Tafelwerk mit 16 Bildern vom Zeichner Jörg Breu aus dem Jahre 1502. Im Westen wird der vor der Stiftskirche liegende Kolomanihof vom Marmorsaal, der an die Kaiser- und Gästezimmer anschließt, und der Bibliothek abgeschlossen. Beide sind durch einen gegliederten Altan verbunden, von dem sich ein herrlicher Blick auf das Donautal bietet. Der Marmorsaal, in dem hohe Pilaster mit Atlanten das Gesims tragen, zeigt eine hochbarocke Architekturmalerei von Gaetano Fanti und ein Fresko von Paul Troger aus dem Jahr 1731. Gaetano Fanti, der die Architekturmalerei in Österreich weitgehend bestimmte, wurde 1715 von Prinz Eugen nach Wien für die malerische Ausgestaltung des Belvedere berufen. Die in Braun-Gold gehaltene Bibliothek besitzt 70.000 Bände und 2000 Handschriften und Inkunabeln. Die Deckenmalerei im Hauptsaal ist ein Werk von Paul Troger aus 1731–1732. Sie stellt Herkules christianus sowie Göttliche Tugend und Weisheit dar. Die Figuren schuf Pöbl im Jahre 1734, die Deckengemälde im Oberstock Johann Bergl im Jahre 1768.

Stiftskirche hll. Peter und Paul

Das Kernstück dieses Klosterpalastes ist die Stiftskirche hll. Peter und Paul mit zwei Türmen, die mit zarten Barockhelmen von Josef Munggenast aus dem Jahre 1738 abschließen, und einer 64 m hoch aufragenden Kuppel. Das vom Tiroler Jakob Prandtauer zwischen 1702 und 1726 geschaffene Werk zählt zu den bedeutendsten Barockbaudenkmälern nördlich der Alpen. Über dem vorgewölbten Mittelteil der schwingenden Westfassade thront die Salvatorfigur mit dem Kreuz, flankiert von demütigen Engeln. Das Haupttor wurde 1732 nach Entwürfen von Antonio Beduzzi, dem Theateringenieur und Freskenmaler aus Bologna, erbaut. Der Innenraum stellt einen wirkungsvollen Zusammenklang von Architektur, Skulptur und Malerei mit genialen Farbabstimmungen dar. Die von Antonio Beduzzi entworfenen Deckenfresken wurden von Johann Michael Rottmayr und die Architekturmalerei von Gaetano Fanti ausgeführt. Die ornamentalen Malereien in den Emporen stammen von Paul Troger und Franz Rosenstingl aus dem Jahre 1730. Die Dekorationen der Emporen über den Kapellen und im Chor gestalteten Antonio Beduzzi und Antonio Bibiena, ein hochbegabter Theaterarchitekt aus Wien, in den Jahren 1714–1734. Antonio Beduzzi hat auch in einer unübertroffenen Eleganz den großartigen Hochaltar gestaltet, und Peter Widerin, der Schwiegersohn von Prandtauer, schuf 1727–1735 die Apolstelfürsten der Mittelgruppe. Von ihm stammen auch die vielfältigen Aufbauten der Seitenaltäre; die Bilder dieser

Altäre sind Werke von Paul Troger, Johann Michael Rottmayr und Georg Bachmann. Die Kanzel von Peter Widerin auf der Evangelienseite am Vierungspfeiler wirkt gegenüber all der Pracht fast klein und unscheinbar. Die von Antonio Beduzzi 1703 mit Fresken und Stukkaturen ausgestattete Sommersakristei ist der Kirche ebenbürtig.
Zu den drei größten Kostbarkeiten des Klosters zählen:
– Das Melkerkreuz, ein Hauptwerk der Goldschmiedekunst im 14. Jh. Es handelt sich um ein Vortragskreuz, geschenkt von Rudolf dem Stifter für die Kreuzpartikel.
– Das Tragaltärchen Swanhilds, ein Elfenbeinaltärchen, das vermutlich Swanhild mitgebracht hatte. Swanhild ist die aus dem Rheinland stammende erste Gattin von Markgraf Ernst, der in Melk residierte.
– Ein weibliches Kopfreliquiar mit Krone aus dem 13. Jh.

Pavillon

Sehenswert ist auch die schöne Gartenanlage mit dem entzükkenden Pavillon, den Franz Munggenast 1748 nach Entwürfen von Franz Sebastian Rosenstingl errichtete. Im Inneren finden wir Wand- und Deckenmalereien von Johann Bergl aus dem Jahre 1763. Im Sommer finden vor dem Pavillon Aufführungen Wiener Kleinbühnen statt.

Ort

Im Ort ist die spätgotische Pfarrkirche von 1481 mit einem schönen Ölberg um 1520 und zahlreichen figuralen Grabsteinen aus dem 15.–18. Jh. an der Außenseite bemerkenswert. Die alte Post, 1790 im Empirestil im Auftrag des Freiherrn von Fürnberg erbaut, gilt mit ihrem Reliefschmuck mit Allegorien auf das Postwesen als schönstes Posthaus Österreichs. Hier befindet sich heute das Heimatmuseum mit Exponaten aus der Urgeschichte und der Römerzeit. Zu erwähnen sind die zahlreichen Bürgerhäuser mit herrlichen Fresken und barocken und Renaissancefassaden sowie die Kolomanibrunnen am Rathausplatz aus dem Jahre 1687.

Mauer

Wenn wir auch noch berauscht sind von den Schönheiten, die uns Melk geboten hat, so wollen wir doch nicht verabsäumen, einen Abstecher in das wenige Kilometer entfernte Dorf Mauer bei Melk zu machen. In diesem ehemaligen Römerlager „Ad muri" erwartet uns ein weiteres Juwel des Donautales, nämlich der Schnitzaltar aus Lindenholz in der Pfarrkirche Mariae Namen. Er stellt das bedeutendste Altarschnitzwerk Niederösterreichs dar und entstand um 1510 durch die Hand eines unbekannten Künstlers, bei dem jedoch nahe Beziehungen zu Veit Stoß vermutet werden. Man nimmt auch an, daß dieses Werk als Hochaltar für eine Wallfahrtskirche geschaffen wurde – vielleicht sogar für das Stift Göttweig, dem bereits 1122 nachweisbar die Pfarre zugeteilt war. Der Altar wird der Übergangszeit von Gotik zur Renaissance zugeschrieben. Das äußere Bild ist zwar das eines gotischen Schreinaltares, der rundbogige Abschluß und die dekorativen Einzelheiten weisen aber bereits auf die Renaissance hin. Der Altar zeigt – zum Teil in Anlehnung an Dürer-Holzschnitte – im Mittelteil die auf einer Wolke thronende Madonna mit dem Jesuskind, ihr zur Seite Gottvater und der Hl. Geist. Zu ihren Füßen knien der hl. Petrus und die hl. Magdalena, hinter ihnen dicht gedrängt Heilige und Bittende. An den Seitenflügeln sehen wir Szenen aus dem Marienleben. Erwähnenswert sind der barocke Hochaltar „Hl. Maria am Grünen Anger" mit dem Abbild einer gotischen Gnadenstatue und vielen Heiligenfiguren aus dem 14. Jh., das aus Sandstein geschaffene gotische Sakramentshäuschen aus dem Jahr 1506 und die Kanzel aus 1740 sowie die schönen Seitenaltäre, die ebenfalls in diesem Jahr geschaffen wurden.

Schallaburg

Im nahen Umkreis von Melk gibt es eine weitere Sehenswürdigkeit: die Schallaburg. Sie zählt zu den prächtigsten Schlössern Österreichs und befindet sich im Eigentum des Bundeslandes Niederösterreich. Ihr Ursprung geht auf die Grafen von Scalah und Schala zurück, die im 12. und 13. Jh. das Feste Haus und den Bering errichteten. Wilhelm von Losenstein baute zwischen 1572 und 1600 auf dem Gemäuer dieser Burg das schönste Renaissanceschloß des Landes. 1945 wurde es von den Russen total verwüstet und verfiel anschließend, bis es 1974 als Staatseigentum vorbildlich restauriert wurde.

Wir kommen über den Renaissancegarten zum Schloß und erkennen in der großartigen Hauptansicht die verschiedenen Baustile: die romanische Ringmauer mit der überragenden Wohnburg und den durch Malerei gegliederten Renaissanceturm. Dieses anfangs noch komplexe Bild wird beim weiteren Besichtigungsgang noch deutlicher. So sehen wir die befestigten Vorwerke, den tiefen Burggraben und über dem Hauptportal das Wappen Hans Wilhelms von Losenstein und das seiner beiden Frauen sowie die Daten 1572 und 1573. Durch den Zwinger erreichen wir den berühmten Terrakottahof, der um 1575 von Jakob Bernecker gestaltet wurde. Die hofseitigen Arkaden des Obergeschosses sind mit schönen roten Plastiken verziert; die Masken werden von einem Hofnarrn angeführt. Durch ein Portal im Süden betreten wir den etwas älteren, um 1550 entstandenen kleinen Renaissancehof. Dann kommen wir zur romanischen fünfgeschossigen Wohnburg und zur Burgkapelle von 1662, unter der sich eine verschüttete Krypta aus dem 12. Jh. befindet. Nach dem interessanten Rundgang können wir uns im nett eingerichteten Schloßstüberl noch stärken, bevor wir dieses prächtige Schloß verlassen.

Schönbühel, Schloß, Servitenkloster

Wir fahren zurück nach Melk und bleiben am rechten Donauufer. Nach 5 km erreichen wir Schönbühel a. d. Donau, eine Marktgemeinde mit rund 1000 Einwohnern. Das Schloß liegt auf einem 40 m hohen, steil über der Donau aufragenden Felsen und wurde im 12. Jh. von den Hochfreien von Machland auf einem ehemals zu Passau gehörenden Besitz gegründet. Die in den folgenden Jahrhunderten mehrmals umgebaute Burg wurde im 18. Jh. vom befestigten Schloß der Starhemberger abgelöst. Die heutige Form entstand in den Jahren 1819–1821 unter Benutzung der alten Mauern, von denen der Rundturm, jetzt Kapelle, erhalten geblieben ist. Stromaufwärts erhebt sich auf einem Felsen das 1665 erbaute Servitenkloster, dessen langgestreckter Bau gegen die Donau vorgeschoben ist. Die dazugehörige Pfarrkirche hl. Rosalia besitzt hinter dem Hochaltar einen kleinen Altan und einen Abstieg über den Felsen zum Donauufer. In der Peregrinkapelle finden wir Rokokofresken, die von Johann Bergl aus dem Jahr 1767 stammen.

Aggsbach-Dorf, Kartause

In Aggsbach-Dorf, unserer nächsten Station, entstand im 14. Jh. ein einzigartiges Werk. Heidenreich von Maissau, Mundschenk und Landmarschall von Österreich, errichtete in der

Waldschlucht eine Kartause, die er mit 12 schweigsamen Mönchen aus Mauerbach bei Wien besiedelte. Während der Reformation begann jedoch bereits ihr Niedergang, bis Kaiser Josef II. 1782 die Mönche vertrieb und die Kartause aufhob. Die Kartäuserkirche, jetzt Pfarrkirche, ist ein einschiffiger schmuckloser Bau mit einem Hochaltarbild von Tobias Bock aus dem Jahre 1673, interessanten figuralen Schlußsteinen und einer Barockkanzel mit den vier Evangelisten. Ursprünglich befand sich hier der von Jörg Breu aus Augsburg 1501 in einer Kremser Werkstatt ausgeführte Flügelaltar. Die Innenseiten des Altars zeigen sechs Darstellungen aus dem Leben Mariens und der Jugend Christi, die Außenseiten sechs Ereignisse aus der Passion Christi. Dieses Hauptwerk der Malerei des frühen Donaustils ist in der Galerie des Stiftes Herzogenburg aufbewahrt.

Burgruine Aggstein

Aggsbach-Dorf wird überragt von der 300 m über dem Strom gelegenen Burgruine Aggstein. Sie liegt auf einem nach drei Seiten steil abfallenden Felsen und ist eines der markantesten Wahrzeichen der Wachau und Anziehungspunkt zahlreicher Besucher. Ihrer Ausdehnung nach und aufgrund ihrer geschichtlichen Bedeutung gehört sie zu den wichtigsten Burgen Österreichs. Das unter Leopold VI. zu hohem Ansehen gelangte Ministerialengeschlecht der Kuenringer hat im 13. Jh. die Burg errichtet. Sie wurde mehrmals zerstört, und Herzog Albrecht VI. teilte sie 1429 seinem Kammermeister Georg Scheck vom Wald zu. Dieser ließ sie auf die heute noch erkennbare Form ausbauen. Da er es sich wegen Gebietsstreitigkeiten mit den Äbten des Stiftes Melk verdarb, haben ihn diese vermutlich zum „Schreckenwald" gemacht. Angeblich hat er die Donau mit Seilen abgesperrt, um Raubzoll zu verlangen und seine Gefangenen auf dem „Rosengärtlein" verhungern oder in die Tiefe springen lassen.

Im 17. Jh. ging der in der Zwischenzeit von den Landesherren übernommene Besitz an die Starhemberger und verfiel. Die Familie Seilern besitzt seit dem 19. Jh. die Ruine, die in den letzten Jahren restauriert wurde und in der Zeit vom April bis November den Besuchern zugänglich ist. Sie wird bewirtschaftet

und findet als Jugendherberge Verwendung. Ein Wehrgraben und ein 15 m hoher Torbau sicherten die Vorburg mit dem gut erhaltenen Hauptwehrgang und zwei Höfen ab. Im zweiten Hof finden wir das Burgverlies mit dem 8 m tiefen „Hungerloch". Eine 5 m dicke und 12 m hohe Schildmauer schützte die Mittelburg mit den Wohn- und Wirtschaftsgebäuden, wo die Küche mit mittelalterlichem Rauchabzug und Wasserabfluß das Interesse des Besuchers weckt. Durch die heute 6,5 m über dem Boden liegende gotische Pforte gelangen wir auf steilen Holzstiegen in die Hochburg. Dort sind der mehrgeschossige Frauenturm und die Schatzkammer sowie die ehemalige Burgkapelle mit gotischen Gewölbeansätzen zu sehen. Von hier bietet sich dem Besucher ein prachtvoller Ausblick auf das Donautal.

Maria Langegg, Servitenkloster

Wer es nicht allzu eilig hat, dem wird empfohlen, von Aggsbach-Dorf aus einen Abstecher nach dem ca. 5 km entfernten Wallfahrtsort Maria Langegg im Dunkelsteiner Wald am Fuße des Klosterberges mit einer herrlichen Fernsicht auf die Alpen zu machen. Die Sehenswürdigkeit des Ortes ist die Wallfahrtskirche, die Pfarr- und Servitenkirche Mariae Geburt. Sie geht auf eine Votivkapelle aus dem Jahre 1605 zurück, die 1645 den Serviten übergeben worden ist. Nachdem sie vorübergehend wegen der Schweden den Ort verlassen mußten, ließen die Patres in den Jahren 1765–1773 von Michael Ehmann, Baumeister in Stein a. d. Donau, die Kirche mit einer schönen Turmfassade mit drei Eingängen und einer Scheinkuppel erbauen. Die Architekturmalerei stammt von Josef Mölk, der auch den prachtvollen Hochaltar schuf. Sehenswert sind auch die Kanzel mit Reliefbildern aus der Geschichte des Servitenordens und die berühmte Barockorgel. Im angebauten Servitenkloster, einem 1644 entstandenen Vierflügelbau, gibt es eine schöne Bibliothek mit Deckenfresken und reizvollen Eichenschränken mit Bildern von Martin Johann Schmidt aus dem Jahre 1770. Beachtenswert sind auch die barocke Bildergalerie und die Schatzkammer.

Wir kehren zurück nach Aggsbach-Dorf und setzen unsere Reise stromabwärts am rechten Ufer fort. Die Straße führt zwischen sonnigen Rebhängen und üppigen Obstgärten durch den malerischen Ort St. Johann im Mauerthale. Von hier bietet sich ein herrlicher Blick flußaufwärts nach Arnsdorf. Dieser Ort setzt sich zusammen aus den beliebten Sommerfrischen Oberarnsdorf, Mitterarnsdorf mit Bacharusdorf und Hofarnsdorf. Oberarnsdorf besitzt eine Kirche mit einem gotischen Chor, auf deren Turm ein von einem Pfeil durchbohrter Hahn angebracht ist. In diesem Straßenabschnitt bietet sich immer wieder ein prächtiger Blick auf das Nordufer, der uns zum Fotografieren einlädt. Vor allem die Marillenblüte, die das ganze Gebiet gleichsam wie mit einem weißen Schleier überzieht, lockt im Frühjahr den Besucher an. Im Herbst ziehen die Fruchtschwelgerei, die über und über mit Reben bewachsenen Gärten und die verlockenden Angebote an Obst der einheimischen Bauern viele Käufer an.

Rossatz

Nachdem wir den idyllischen Weinort Lorenzen durchfahren haben, kommen wir nach Rossatz. Diese vielbesuchte, inmitten von Obst- und Weingärten gelegene Sommerfrische gewährt einen reizvollen Blick auf das gegenüberliegende Dürnstein. Ein Flußbad mit einem großen Campingplatz bietet den Urlaubern reichlich Gelegenheit, Motorbootfahren und Wasserschilaufen zu betreiben. Sehenswert sind das ehemalige Schloß Schönborn, ein Renaissancebau mit einem Laubenhof aus dem 16. Jh., die ursprünglich gotische Pfarrkirche aus dem 14. Jh., die allerdings im 18. Jh. stark verändert wurde, das Rathaus und einige gut erhaltene Renaissancehäuser. Auf dem reizvollen Marktplatz steht eine barocke Nepomukstatue aus dem Jahre 1721 und auf dem malerischen Kirchenplatz ein Pranger aus dem Jahre 1633.

Mautern

Unser nächster Besuch gilt Mautern an der Donau, einer alten Weinstadt zu Füßen des Stiftsberges, an der Kreuzung der historischen Eisenstraße mit der uralten Handelsstraße Donau, gelegen. Hier hat sich schon früh ein erstrangiges Wirtschaftszentrum zusammen mit der Stadt Krems-Stein entwickelt. Die Stadt, die urkundlich bereits 899 genannt wird, geht auf das im 5. Jh. errichtete römische Militärlager Favianis zurück, das später im Nibelungenlied bei Kriemhildens Brautfahrt als „Mutaren" erwähnt wird.

In friedlichen Phasen trieben die Römer mit den Germanen regen Handel und machten Favianis zu einer wohlhabenden Siedlung. Zu dieser Zeit lebte hier als Mönch der hl. Severin. Er wirkte als Wohltäter und christlicher Missionar, der es ausgezeichnet verstand, Spannungen zwischen dem germanischen Stamm der Rugier und den Römern auszugleichen. Aufgrund seiner guten Beziehungen leistete er dem arianischen Herulerfürsten Odoaker als Vermittler in Glaubensstreitigkeiten gute Dienste. Odoaker setzte als Heerkönig der germanischen Truppen den weströmischen Kaiser Romulus Augustulus 476 ab und machte sich zum Herrn von Italien. Mautern wird bereits im Jahre 1279 als Stadt bezeichnet und ab 1348 Göttweig einverleibt. Seit mehr als einem halben Jahrtausend überspannt eine Brücke hier den Stom und verbindet die Stadt mit Krems und Stein. Die 1463 erbaute Holzbrücke wurde von den Franzosen zerstört und nach Wiederherstellung 1866 von den Österreichern auf der Flucht vor den Franzosen abgebrannt. Anschließend wurde eine eiserne Brücke errichtet, die im Zweiten Weltkrieg schwer beschädigt und dann den neuen Ansprüchen angepaßt wurde.

Pfarrkirche St. Stephan

Die frühgotische Pfarrkirche St. Stephan, eine Staffelkirche mit dreischiffigem Langhaus, wurde um 1400 errichtet und 1697 barockisiert. Sie macht auf den Besucher einen wuchtigen Eindruck, vor allem der südliche Turm mit seinem Barockhelm, das spätgotische Südportal und das Satteldach. Im Inneren finden wir einen um 1700 erschaffenen Hochaltar mit Statuen und einem Bild von Andreas Rudroff sowie 14 Kreuzwegbilder vom Kremser-Schmidt. Der Grabstein seines Vaters, des Bildhauers Johann Schmidt, befindet sich in der Totenkapelle neben einem Renaissancegrabmal von 1598.

Sehenswert sind noch das Schloß des Bistums Passau, das Fürstbischof Wolfgang Graf Salm 1551 erbauen ließ, der Nikolaihof mit der bereits 985 erwähnten Agapitkapelle, die auf den Resten einer römischen Mauer errichtete Margarethenkapelle mit Fresken an der Wand des spätromanischen Langhauses aus 1260 sowie die 1576 von Sebaldus Janer erbaute Janaburg, in deren Hof ein Renaissancebrunnen mit Wappen steht. Das Römermuseum, das mittwochs und sonntags von 8 bis 11 Uhr besichtigt werden kann, zeigt schöne Funde aus der Römer- und Keltenzeit.

Göttweig

Von Mautern machen wir einen Abstecher nach dem 6 km entfernten Göttweig. Unser Besuch gilt dem weithin sichtbaren Bendediktinerstift, dem „Österreichischen Montecassino". Es liegt auf einem bewaldeten 420 m hohen Hügel, auf dem bereits Kelten und Römer siedelten. Bischof Altmann von Passau, der hier im Stift auch beigesetzt ist, gründete um 1072 die Abtei, die 1094 von Benediktinern aus St. Blasien im Schwarzwald übernommen wurde und die bis Anfang des 13. Jhs. das Kloster zur Hochblüte brachten. Göttweig als Mutterkloster gründete im 12. Jh. die Stifte Garsten und Seitenstetten und wird durch den Zuzug des Frauenkonvents von Kleinwien bis 1577 Doppelkloster.

Während im 16. Jh. durch die Reformation, durch Türkenkriege, Pest und Brände ein beklagenswerter Niedergang des Klosters eintrat, war im 17. Jh. eine rege Bautätigkeit durch italienische Künstler zu verzeichnen. Aber erst unter dem Abt Gottfried von Bessel, der von 1714–1749 dem Kloster vorstand, beginnt 1719 nach einem Brand der Neubau im Barockstil nach Plänen Lukas von Hildebrandts. Die großartige Planung wurde zwar nicht vollendet, dennoch zählt Göttweig zu den imposantesten barocken Klosterbauten im Donauraum. Mit der im Jahre 1738 fertiggestellten Kaiserstiege besitzt es eines der prachtvollsten Stiegenhäuser in Österreich. Sie befindet sich in einem

eigenen dreigeschossigen Trakt mit einem Fresko von Paul Troger am Plafond, die Apotheose Kaiser Karls VI. als Helios und Musengott Apoll darstellend.

Besichtigen können wir noch den im ersten Stock gelegenen Altmannsaal. Das Deckengemälde von Johann Rudolf Byß aus dem Jahre 1731 stellt die Hochzeit von Kana dar. Die großen Stiftsveduten an den Wänden stammen von Johann Samuel Hötzendorf von 1733; dann die vier anschließenden Kaiserzimmer mit reichen Stukkaturen, das letzte, das sogenannte Napoleonzimmer, erinnert an die Anwesenheit Napoleons im Jahre 1809. Im Cäciliensaal ist ein Teil der Gemäldegalerie mit Gemälden von Altomonte und dem Kremser-Schmidt untergebracht. Im Ostflügel befindet sich die nicht zugängliche, prunkvolle Bibliothek mit weiß-goldenem Stuckdekor von 1727. Sie beherbergt ca. 70.000 Bände und Handschriften aus dem 10.–16. Jh. Besonders lohnend ist der Besuch der alljährlich stattfindenden Ausstellung des berühmten Graphologischen Kabinetts des Klosters.

Die Stiftskirche Mariä Himmelfahrt blieb unvollendet. Sie war ursprünglich von Lukas Hildebrandt als großartiger Kuppelbau mit prächtiger Turmfassade geplant. Die Kirche mit barokker Westfassade und zwei Türmen, die ohne Laternen in stumpfen Pyramiden enden, wurde in den Jahren 1750–1765 erbaut. Über einer mächtigen Freitreppe erhebt sich eine Vorhalle mit toskanischen Säulen, die als Loggia dem mit Figuren geschmückten Langhausgiebel vorgebaut ist. Sie leitet in die Vorhalle mit zahlreichen Marmorgrabsteinen von Äbten des 15.–17. Jhs. über. Das Innere des um 1660 erbauten Langhauses mit je fünf Seitenkapellen ist überwiegend in Gold-, Braun- und Blautönen gehalten. Der blau-goldene Hochaltar mit dem Altargemälde des Münchners Andreas Wolff von 1694 und die Kanzel sind die Werke des aus Esschen bei Antwerpen stammenden Hermann Schmidt. Die Glasgemälde hinter dem Hochaltar zeigen 12 gotische Glasfensterfragmente vom Meister der St. Lambrechter Votivtafeln aus 1430–1440. Über dem geschnitzten barocken Intarsienchorgestühl von 1766 befinden sich drei Tafelbilder eines unbekannten österreichischen Manieristen. Sehenswert sind die Orgel mit dem prachtvollen dreiteiligen Orgelprospekt und dem aus der Zeit um 1515 stammenden Passauer Kruzifix unter dem Orgelchor, ebenso die acht marmornen Rokoko-Seitenaltäre im Langhaus mit wertvollen Bildern von Michael Christoph Grabenberger,

Tobias Bock und Martin Schmidt. Unter dem erhöhten Presbyterium liegt die Krypta mit Achtecksäulen, in deren nördlicher Apsis das Grabdenkmal mit Tumbadecke des hl. Altmann in Hochrelief von Konrad Osterer aus 1540 zu finden ist. In der südlichen Apsis steht der Altmannireliquienschrein von 1688. Empfehlenswert ist das Kellerstüberl, wo man sich nach dem anstrengenden Rundgang erfrischen und von der Gartenterrasse eine lohnende Aussicht auf das Donautal genießen kann.

Auf unserer Rückfahrt nach Mautern werfen wir noch einmal einen Blick auf die imposante, riesige Anlage des Stiftes Göttweig. Sie bewacht vom Göttweiger Berg die Einmündung der Donau in das Tullner Becken und zeigt, daß Architektur und Landschaft auch hier, wie überall in der Wachau, eine großartige Einheit bilden.

Furth, Pfarrkirche hl. Wolfgang

Am Fuße des bewaldeten Berges unter dem Stift – inmitten ausgedehnter moderner Weinkulturen – liegt der Markt Furth. Die Pfarrkirche hl. Wolfgang, die auf eine 1494 erbaute und 1565 und 1591 erweiterte Kapelle zurückgeht, wurde 1719 nach Entwürfen von Johann Lukas von Hildebrandt umgestaltet. Im Inneren fällt der stark erhöhte Chor auf, unter dem zwei Straßen durchführen. Das Hochaltarbild ist ein Werk von Franz Mitterhofer aus dem 18. Jh. Erwähnenswert sind noch der 1739 umgebaute barocke Pfarrhof mit einem schönen Tor sowie fünf markante Bildsäulen.

Dürnstein

Wir überqueren bei Mautern die Donau und erkunden nun das linke Ufer stromaufwärts. Unser erster Besuch gilt Dürnstein, dem wohl reizvollsten und malerischsten Ort an der Donau. Diese kleinste Stadt des Landes hat ihr ursprüngliches Gepräge bewahrt und seit Hunderten von Jahren die stets gleichbleibende Einwohnerzahl von ca. 1000 Menschen. Nach Errichtung der neuen Umfahrungsstraße durch den Buchberg haben die Menschen dort wieder ihre alte Ruhe zurückerhalten.

Die Anlage des Stiftes, die Stiftskirche, das Schloß und die Ruine, vermitteln dieses einmalige Bild der Wachau, das jedem Besucher in Erinnerung bleibt. Die Stiftskirche mit dem prachtvollen barocken Turm, der seinesgleichen sucht, wurde als „Finger Gottes" im Zuge der kürzlich erfolgten Renovierung – dem Willen seines Erbauers entsprechend – wieder in blauweiß gemalt. Das Schloß in der Stadt, die auf einer Felsnase thronende Ruine und das noch teilweise vorhandene, bis zu ihr hochgezogene Mauerwerk vervollständigen das Bild. Dürnstein wurde bereits 1002 erwähnt und erhielt 1492 von Kaiser Friedrich III. das Stadtprivileg. Der Ort wurde beim Einfall der Schweden unter Thorstenson im Jahre 1645 schwer verwüstet, erreichte aber eine neue große Blüte in der Zeit des Ba-

rocks. All die bekannten Baumeister, Fresken- und Bildermaler, Holzschnitzer, Steinbildhauer, Stukkateure und Dekorateure haben damals die Wachau zu einer einzigartigen Straße des Triumphes gestaltet. Heute steht hier der Weinbau an erster Stelle, denn auf den Urgesteinsterrassen reifen die edelsten Weinsorten wie Rheinriesling und Grüner Veltliner, die durch die Weinkellerei der „Winzergenossenschaft Dürnstein" überwiegend vermarktet werden bzw. in einem schattigen Garten eines netten Restaurants verkostet werden können. Nicht zu übersehen ist die „Wachauer Tracht" mit der Goldhaube, die mit ihrer besonderen Schönheit jede Festlichkeit bereichert.

ehem. Augustiner-Chorherrenstift

Das markanteste Bauwerk ist das ehemalige Augustiner-Chorherrenstift mit der Pfarrkirche Mariae Himmelfahrt. Es wurde 1410 gegründet und liegt auf einem die Donau überragenden Felsen. Propst Überbacher ließ das Stift in den Jahren 1721 bis

1725 von Baumeister Josef Munggenast teilweise unter Verwendung von Plänen Jakob Prandtauers und Matthias Steinls barockisieren. Der stimmungsvolle Stiftshof zählt zu den schönsten Klosterhöfen. Der Zugang erfolgt durch das von Matthias Steinl entworfene Südportal und einem Holztor mit altem Bandelwerk. Die Plastiken stellen die göttlichen Tugenden, flankiert von Wachsamkeit und Stärke, dar. Faszinierend ist das zur Kirche führende, vor der Kirchenwand errichtete Prunkportal. Durch einen Altaraufbau, der an Stelle des Tabernakels steht, betreten wir die Kirche, beschützt von Christus Salvator und vier Kirchenvätern. Darüber befindet sich als Bekrönung der Herzogenburger Blumenkorb. Alles überragt der von Josef Munggenast und Matthias Steinl 1733 erbaute barokke Westturm, der mit seinem reichen plastischen Schmuck aus Putten, Obelisken und Balustraden ein Juwel der Barockkunst Österreichs ist. Das Innere der Kirche wird von den prächtigen Stuckdecken von Santino Bussi bestimmt, die von über 100 kleinen Engeln bevölkert werden und eine verspielte zarte Helligkeit ausstrahlen. Der Hochaltar mit dem Altarbild Mariä Himmelfahrt von Carl Haringer aus 1723 besitzt als Tabernakel eine große, vergoldete Weltkugel mit 44 Reliefbildern aus der Leidensgeschichte Christi von Johann Schmidt und Altarbilder vom Kremser-Schmidt von der Enthauptung der hl. Katharina und der hl. Monika. Von ihm stammen auch die Bilder der beiden Seitenaltäre.

Von der ehemaligen Pfarrkirche zur hl. Kunigunde aus dem 13. Jh., die ihren Namen von Kunigunde, der Gemahlin Heinrichs II. und Gründerin Bambergs hat, ist nur mehr der schmale Turm und ein gotisches Fenster erhalten. Neben der Kirche finden wir einen gotischen Karner aus dem 14. Jh. und dahinter die alte Stadtmauer mit dem Kremser Tor, die sich bis zur Donau hinunterzieht.

Klarissinnenkloster

Südlich der ehemaligen monumentalen zweischiffigen Klarissinnenkirche, von der nur mehr Reste erhalten sind, steht das im 13. Jh. gegründete Klarissinnenkloster. Nachdem der Konvent der Klarissinnen 1571 ausstarb und aufgelassen wurde, ist es zum Teil verfallen. Die Fresken im ehemaligen Chor, der heute als Heimatmuseum dient, stammen aus dem 13. und 14. Jh. und zeigen den hl. Franziskus, Johannes und Maria unterm Kreuz. Der alte Klosterhof birgt heute das bekannte Restaurant und Hotel „Richard Löwenherz".

Das ehemalige Starhembergsche Schloß, ein von Christoph Wilhelm von Zelking im Jahre 1622 geschaffener Renaissancebau, liegt direkt am Donauufer. Dieses dreigeschossige, wuchtige Gebäude mit schönen Terrassen ist um einen quadratischen Innenhof angelegt und heute als Hotel eingerichtet.

Die imposante Ruine Dürnstein stellt den Rest einer in der Mitte des 12. Jhs. unterhalb einer älteren obersten Burg errichteten Kuenringerfeste dar. 1192–1193 wurde hier Richard Löwenherz, König von England, gefangengehalten. Da er im 3. Kreuzzug nach der Eroberung von Akkon mit König Philipp August von Frankreich von Herzog Leopold V. von Österreich

Ruine Dürnstein

das babenbergische Banner vom Stadtturm herunterholen und einem Pferd an den Schweif binden ließ, zog er sich den Zorn des Babenbergers zu. Löwenherz wurde dann vom französischen König, den er sich ebenfalls zum Feind gemacht hatte, und von Heinrich VI. von Hohenstaufen verfolgt und auf der Flucht durch Österreich in Erdberg bei Wien festgenommen und nach Dürnstein auf die Burg Hadmars von Kuenring gebracht. Hier soll ihn sein Sänger Blondel der Sage nach aufgefunden haben. Das von den Deutschen geforderte Lösegeld bedeutete für das damalige Britannien ein nationales Unglück. Der Babenbergerherzog, der Löwenherz an die Deutschen ausgeliefert hatte, konnte mit seinem Anteil die Städte Enns, Hainburg, Wiener Neustadt, Wien und Laa a. d. Thaya befestigen sowie seine Münze ausbauen. Die Burg wechselte anschließend mehrmals ihren Besitzer, und der Schwedenführer Torstenson ließ 1645 die bereits stark verfallene Burg sprengen. 1663 kauften die Starhemberger den Besitz, der ihnen dann bis 1936 gehörte.

Sehenswert sind noch das in seinem Kern spätgotische Rathaus aus dem 16. Jh. mit in jüngster Zeit freigelegten Sgraffiti, die schönen Bürgerhäuser aus dem 16. und 18. Jh. und das Kellerschlößl, das 1714 von Jakob Prandtauer für Abt Überbacher erbaut wurde. Im Inneren finden wir das Fresko „Fröhlicher Zecher“ und eine schöne Stuckverzierung von Domenico Piazoll. In 800 m langen Gängen lagern die begehrten köstlichen Weine dieser Region.

Einen herrlichen Blick auf Dürnstein können wir auch vom Bord eines Rundfahrtbootes bzw. Ausflugschiffes genießen.

Weißenkirchen, Pfarrkirche Mariae Himmelfahrt

Sechs Kilometer flußaufwärts liegt die idyllische Sommerfrische Weißenkirchen i. d. Wachau, ein von Weinbergterrassen halbkreisförmig umschlossener, gern besuchter Weinort. Er scheint bereits 850 in einer Schenkungsurkunde Ludwig des Deutschen an das Kloster Niederaltaich auf. Kaiser Ferdinand I. ordnete 1531 die Befestigung des Marktes zur Abwehr der Türken an. Er wurde mit einem Graben und einem Wall mit vier Türmen, der mit 44 Kanonen bestückt war, umgeben. Beherrscht wird der Markt von der hochgelegenen spätgotischen Pfarrkirche Mariae Himmelfahrt, die vom malerischen Marktplatz mit der Statue des hl. Johann von Nepomuk über eine gedeckte Holztreppe zu erreichen ist. Sie ist von einer zinnenbekrönten Umfassungsmauer umgeben, die durch Rundtürme bewehrt ist. Neben dem Westturm steht ein kleiner gotischer Turm mit gemauertem Kegeldach aus dem Jahre 1400. Der unregelmäßige Innenraum, der die drei Bauphasen – das südliche Seitenschiff von 1300, das Mittelschiff von 1439 und der Kapellenbau von 1460 – erkennen läßt, wurde 1736 barok-

kisiert. Der schwarz-goldene Hochaltar im Chor ist mit monumentalen Figuren bestückt. Am Triumphbogen ist eine gotische Holzstatue der Muttergottes mit dem Kind der Donauschule von 1520 zu bewundern.

Teisenhoferhof

Das altertümliche Weißenkirchen besitzt ausgezeichnet erhaltene Straßenbilder und zahlreiche schöne alte Häuser mit malerischen Hofanlagen und Renaissancelauben aus dem 15. und 16. Jh. Dazu zählt das Rathaus, der Raffelsbergerhof, der aus dem ehemaligen Schiffmeisterhaus hervorging, und vor allem der in die Kirchenbefestigung miteinbezogene Teisenhoferhof, in dem das Wachaumuseum untergebracht ist. Mit den Arkadengängen in beiden Geschossen und den zinnenbekrönten Türmen gehört er zu den schönsten Wachauer Höfen, in dessen Kellern noch alte Kelter und Fässer zu finden sind.

Außerdem werden hier noch die schönen Wachauer Trachten, alter Hausrat und die Werke der sogenannten „Wachauerma-

dachs die „Sieben Hasen“ aus Ton. Der Legende nach flüchteten die Hasen bei einem Hochwasser auf das Dach der Wehrkirche und versteinerten dort. Das Innere der Kirche wurde 1631 von Cypriano Biasino barockisiert. Der Rest der alten Ausstattung sind die Spindeltreppe und die acht Apostel aus der Donauschule an der Emporebrüstung. Der Hochaltar ist mit großen Heiligenfiguren geschmückt. Neben der Kirche befindet sich ein gotischer Karner mit einem kleinen Dachreiter über dem Westgiebel, unter dem ein Fresko des hl. Christophorus zu finden ist.

Spitz

Nur einige Kilometer stromaufwärts liegt die größte Wachaugemeinde Spitz, deren Häuser sich malerisch um einen mit Weingartenterrassen bedeckten Burgberg gruppieren, der in guten Jahren 1000 Eimer à 56 Liter Wein liefert und deshalb Tausendeimerberg heißt. Der bereits in der Keltenzeit besiedelte Ort wurde 830 in der Schenkungsurkunde Ludwig des Deutschen zugunsten des Klosters Niederaltaich als Uuahovva („Wachau“) bezeichnet. Im 13.–15. Jh. gelangte das Kloster-

ler" präsentiert. Das Wachaumuseum ist vom 1. April bis 31. Oktober täglich außer Montag von 10 bis 17 Uhr geöffnet.

Zur Marktgemeinde Weißenkirchen gehört der kleine Weinbauort Joching mit dem ehemaligen St. Pöltner Hof, auch Prandtauer Hof, mit Arkaden und einem Portal mit dem Wappen des St. Pöltner Propstes Müller aus dem Jahre 1696.

Wösendorf

Wösendorf, eine gern besuchte Sommerfrische und ein lieblicher Weinort, besitzt eine spätbarocke Pfarrkirche mit Deckenfresken von Anton Mayer, einem Schüler des Kremser-Schmidt, und drei barocken Altären mit Bildern vom Kremser-Schmidt um 1790. Der barocke Lesehof des Stiftes St. Florian mit dem Wappen des Stiftes über dem Tor, der in den Jahren 1727–1734 entstand, ist ebenfalls sehenswert.

St. Michael

St. Michael, ein malerisch zwischen Weingärten gelegenes Dorf, gehört zur Gemeinde Wösendorf und ist die älteste Pfarre der Wachau. Die Filialkirche St. Michael, eine spätgotische Wehrkirche mit frühromanischen Resten, wurde im 16. Jh. zum Schutz gegen die Türkeneinfälle massiv befestigt. Sie zählt zu den reizvollsten Anlagen des Donautales und war im 10. Jh. die Hauptkirche der Wachau. Bis heute behielt sie im Äußeren den Eindruck der Wehrhaftigkeit. Die dreischiffige Halle mit einem abgesetzten Chor und niederem quadratischen Zinnenturm im Westen zeigt auf dem First des Chor-

lehen an die bayerischen Herzöge, bis die Bayern im Jahre 1504 aufgrund der Widerstände der österreichischen Landesfürsten diesen Besitz in die Oberherrschaft Kaiser Maximilians I. übergaben.

Pfarrkirche St. Mauritius

Die hochgelegene gotische dreischiffige Pfarrkirche St. Mauritius mit einem Westturm, der auf einem 100 Jahre älteren Untergeschoß errichtet worden ist, stammt aus dem 15. Jh. Im Inneren ist der barocke Hochaltar aus Niederaltaich aus dem Jahre 1630 mit dem Bild „Marter des hl. Mauritius" von Martin Johann Schmidt aus 1799 besonders sehenswert. Zu erwähnen sind auch die gotische Statuengruppe an der Orgel – Christus und die 12 Apostel –, eine Arbeit, die um 1330 entstanden ist, ferner die Taufkapelle von 1395 mit einem Kruzifix aus der Donauschule und das gotische Lichthäuschen.

Ruine Hinterhaus, Rathaus

Die auf einem schroffen Felsen am Ausgang des Spitzerbachtales gelegene Ruine Hinterhaus mit einem romanischen Bergfried und einer gotischen Vorburg verleiht dem Ort ein romantisches Aussehen. Im Mittelalter waren die Kuenringer die Burgherren von Hinterhaus. Sehenswert sind noch das um 1256 erbaute und im 16. und 17. Jh. umgebaute Schloß mit schönen Portalen sowie das alte Rathaus und Bürgerspital, eine ursprünglich gotische Baugruppe mit schönem Maßwerk am Portal.

Mühldorf, Burg Oberranna

Rund sieben Kilometer nordwestlich von Spitz bei Mühldorf am Spitzerbach thront auf einem waldigen Hügel die Ottonische Burg Oberranna, umgeben von mächtigen Ringmauern, Türmen und einem Wassergraben. Der Bau, den der Hochfreier Pilgrim von Grie zu Beginn des 12. Jhs. begonnen hat, erhielt seine heutige Form im 15. und 16. Jh., nachdem er 1398 in den Besitz der Neidegger kam. Die romanische Burgkapelle hl. Georg aus dem Jahre 1125 besteht aus zwei Querschiffen und zwei Vierungstürmen, von denen der östliche drei romanische Geschosse und ein Satteldach besitzt. Sie stellt einen Bautyp dar, der einzigartig in Österreich ist. In die St.-Georgs-Kirche gelangen wir durch die unter einer Empore halb versenkte Krypta, eine finstere, quadratische Halle mit zwei Jochen, die auf vier Säulen mit Würfelkapitellen ruhen. Beachtenswert

sind die prächtigen gotischen Fresken aus der Zeit um 1420, die u. a. Aposteln, Evangelisten und die „heiligen drei Madln" Barbara, Margaretha und Katharina darstellen.

Maria Laach

Von Spitz führt über Laaben eine landschaftlich besonders schöne Straße auf den 959 m hohen Jauerling, von wo wir einen wunderbaren Rundblick auf das Waldviertel und das Donautal genießen können. Nach wenigen Kilometern erreichen wir den am Südwesthang des Jauerlings zwischen Feldern und Wiesen gelegenen Wallfahrtsort Maria Laach. Die dreischiffige spätgotische, im 15. Jh. erbaute Pfeilerbasilika birgt den schönsten Flügelaltar Niederösterreichs. Bereits 1432 kommt die früh gegründete Pfarrei an das Kollegiatsstift Vilshofen in Niederbayern. Nachdem die Kirche 70 Jahre lang protestantisch war, wurde sie von Kaiser Ferdinand II. Hans von Kuefstein, dessen Familie hier ihre Begräbnisstätte hat, übergeben und 1634 rekatholisiert. Er brachte auch aus dem Rheinland das im linken Seitenschiff befindliche, auf Holz gemalte Gnadenbild der Muttergottes (um 1400), deren rechte Hand sechs Finger aufweist. Die ältesten Bauteile sind der Chor aus dem 14. Jh. und der Turm von 1512. Das Sakramentshäuschen mit der gotischen Tür und die Kelchkanzel stammen aus dem 15. Jh.

Der Hochaltar um 1500 kommt aus einer Passauer Werkstatt und stellt ein Meisterwerk der Holzschneidekunst dar. Er zeigt im Mittelschrein die Himmelskönigin mit Krone und Zepter und das nackte Jesuskind mit einem Saugläppchen. Auf den mit Reliefbildern versehenen Flügeln finden wir u. a. die Verkündigung, Heimsuchung, Christi Geburt und die Hl. Drei Könige sowie Darstellungen vom Judaskuß bis zur Auferstehung. Interressant ist auch die schöne Holzplastik aus dem Jahre 1440, die die Madonna mit dem Kind darstellt, und daran erinnert, daß die Kirche einst ein Wallfahrtsort für Wöchnerinnen war. Im Schiff der Kirche bewundern wir das prächtige Renaissance-Grabmal des Freiherrn Georg III. von Kuefstein, dem Rat Kaiser Ferdinand I. und Maximilian II., das von Alexander Colin aus farbigem Marmor gemeißelt worden ist. Auf der Tumba erhebt sich ein Sockel, auf dem der Ritter mit abgenommenem Helm kniet. An der Vorderseite befinden sich der Rundschild mit Wappen und anschließend eine lateinische Inschrift, die die vier Söhne als Stifter des Grabes von 1607 aufzeigt. An die Gemahlin Hans Georg von Kuefstein, Anna Kirchberg, erinnert ein Wandgrab aus dem Jahre 1615. Beachtenswert sind noch die spätgotische Kanzel und die diversen Grabsteine und Wappenschilder der Kuefsteiner.

Von Maria Laach fahren wir zurück zur Donau, die wir auf einer romantischen Straße in Aggsbach Markt, einem kleinen

Fremdenverkehrsort am Fuße der Bergwälder des Jauerlings, erreichen.

Aggsbach Markt

Interessant ist hier die spätromanische Pfeilerbasilika Mariä Himmelfahrt, die zwischen 1286 und 1300 erbaut wurde. 1779 wurde sie mit dem Westturm barockisiert und anschließend mit spätbarocker Einrichtung ausgestattet. Der Hochaltar und die Kanzel stammen aus dem 18. Jh., während die Wappengrabsteine bis in das 15. Jh. zurückreichen. Der große Pfarrhof, dessen Grundstein 1726 im Beisein von Jakob Prandtauer gelegt worden ist, zeigt im Zugang einen hübschen Bogengiebel und im Friedhof zahlreiche schöne schmiedeeiserne Grabkreuze aus dem 17. Jh. Nicht zu übersehen sind die zahlreichen hübschen Weinhauerhäuser, die zu einem erfrischenden Trunk einladen.

Emmersdorf, Schloß Luberegg

Von Aggsbach Markt machen wir einen Ausflug zu der 8 km stromaufwärts gelegenen idyllischen Sommerfrische Emmersdorf gegenüber von Melk. Im Ort selbst finden wir die spätgotische Pfarrkirche St. Nikolaus aus dem 15. Jh. mit der spätgotischen Holzstatue St. Nikolaus, einem Hochaltar aus 1766 und der Rokokokanzel, die Christian Kurzmann aus Zwettl 1770 schuf. Neben der Magdalenen-Kapelle aus 1516 können wir noch eine Reihe schöner Häuser aus dem 15. und 16. Jh. mit Außenfresken bewundern. Besonders zu erwähnen ist das westlich des Ortes am Donauufer gelegene Schloß Luberegg. 1780 ließ Josef Edler von Fürnberg hier ein hölzernes Landhaus erbauen, das 15 Jahre später Kaiser Franz I. erwarb und durch das Schlößchen mit Nebengebäuden im klassizistischen Stil erneuerte. Die hübsche Innenausstattung zeichnet sich durch die schlichte Eleganz des Kaiserhauses im Gegensatz zum napoleonischen Prunk aus. Luberegg diente Kaiser Franz I., als letzter römisch-deutscher Kaiser Franz II., während der Jahre 1803–1812 als Sommersitz. In jüngster Zeit wurde der Bau gründlich renoviert, und die in verschiedenen Farben gehaltenen Räume werden für historische Ausstellungen verwendet.

Willendorf

Wir setzen nunmehr unsere Fahrt auf der Wachauer Bundesstraße, eine der schönsten Donauuferstraßen, flußabwärts fort und kommen nach Willendorf. Dieses schmucke, von Weinbergen und Wäldern umgebene Wachaudörfchen am linken Donauufer ist unter den Urgeschichtsforschern durch die in den Lößablagerungen gemachten Funde berühmt geworden. Das bedeutendste Fundstück ist die „Venus von Willendorf", ein 11 cm hohes Kalksteinfigürchen aus der Zeit um 10.000 v. Chr., das eine weibliche Gottheit darstellt und im Naturhistorischen Museum in Wien aufbewahrt wird.

Das wenige Kilometer entfernte Schwallenbach, ein mittelalterlicher Markt am Fuße des Jauerlings, ist eine gern besuchte Sommerfrische, hingelehnt an das rebenbestandene Ufer der Donau, mit herrlichen Parkanlagen und Möglichkeiten zum Rudern und Fischen. Sehenswert ist die aus dem 15. Jh. stammende spätgotische Kirche mit einer am Westturm aufgesetzten achtseitigen Pyramide und dem Hochaltarbild vom Kremser-Schmidt aus dem Jahre 1767. Die gotische Muttergottes stammt aus der Zeit um 1515. Das im Privatbesitz befindliche Schloß mit offenen Arkaden und Freitreppen ist genau so wie die gut erhaltenen Renaissancehäuser zu erwähnen. Donauabwärts gegen Spitz treffen wir auf das sagenumwobene Felsgebilde der Teufelsmauer.

Schwallenbach

Die rund 20 km lange Fahrt zur ca. 22.000 Einwohner zählenden Bezirksstadt Krems-Stein, einer Doppelstadt, genießen wir auf der gut ausgebauten Wachauer Bundesstraße. Wir werden es nicht versäumen, interessante Stätten nochmals kurz zu besuchen bzw. in einem netten Restaurant einzukehren.

Krems-Stein

Krems-Stein am östlichen Ausgang der Wachau, umgeben von hohen Weinbergterrassen und den Ausläufern des Waldviertler Berglandes, ist die älteste Stadt Niederösterreichs. Bereits in

der Vita des hl. Severin, dem Gründer des Klosters Mautern bei Krems, wo er 482 starb, heißt es, daß Krems das Zentrum des Rugierreichs ist. In einer Urkunde Kaiser Ottos III. aus dem Jahre 995 wird die Stadt „orientalis urbs quae dicitur Chremisa" als Reichsfeste bezeichnet, die im 12. Jh. das Stadtrecht erhielt. Sie war seit altersher Mittelpunkt des Weinhandels und der Sitz zahlreicher Schulen, was ihr auch den Beinamen „Schulstadt" einbrachte, den sie heute noch besitzt. In den Jahren 1130–1190 wurde hier in der babenbergischen Münzstätte die älteste österreichische Münze geprägt – der Kremser Pfennig mit dem Bild des hl. Leopold und Samson mit dem Löwen. Um die Mitte des 13. Jhs. wurde der reiche Bürger Gozzo Stadtrichter über Krems und Stein. Sein Haus auf dem Hohen Markt, die Gozzoburg, stellt als gotische Stadtburg eine selten erhalten gebliebene Sehenswürdigkeit dar.

Sie war im 13.–16. Jh. im Besitz der Habsburger und ging anschließend in Privatbesitz über. Die Burg wurde dabei in drei Häuser – Bergfried, Kapelle, Pallas und Saalbau – unterteilt. Am 18. 10. 1261 bezog die von ihrem jüngeren Gatten Ottokar I., dem Böhmenkönig, verstoßene Margarethe von Babenberg, eine Schwester des streitbaren Friedrichs II., ihr Exil in der unteren Burg von Krems in der Nähe des Dreifaltigkeitsplatzes. Die Kunst erreichte Anfang des 16. Jhs. in der sogenannten Donauschule in Krems einen besonderen Höhepunkt, der sich im Barock in der Gestalt des Malers Martin Johann Schmidt von 1718–1801, der als Kremser-Schmidt in die Kunstgeschichte eingegangen ist, wiederholte.

Wie bereits erwähnt, bildet der Weinbau eine wesentliche Grundlage des Reichtums der Bürger von Krems-Stein. Auf den sonnigen Hängen der Weinbergslagen dieser Stadt gedeihen Weine von charakteristischer Art. Die bekanntesten Sorten sind die Weißweine Müller-Thurgau, Grüner Veltliner, Riesling und Traminer sowie als Rotwein der Spätburgunder. Jedem Besucher wird empfohlen, in dieser sehenswerten Stadt eine kleine Ruhepause einzuplanen, um die überreich gebotenen kulturellen Sehenswürdigkeiten, herrlichen Weine und lukullischen Gaben genießen zu können.

Von der alten Befestigung sind noch Stadtmauerreste mit einem hölzernen Wehrgang in der Schwedengasse, das Steiner Tor aus dem Jahre 1480, ein von zwei Rundtürmen begrenzter Torbau mit quadratischem Grundriß und einem hohen barokken Aufbau von 1745 sowie gotische Rundtürme mit einem Schriftstein „AEIOU" aus 1480 erhalten. Im Osten, hoch über dem Kremser Tal, finden wir ein Wahrzeichen der Stadt, den aus dem Jahre 1477 stammenden Pulverturm. Daneben steht eine Prangerstatue aus dem 16. Jh., das „Mandl ohne Kopf".

Zu einer der frühesten Barockkirchen Österreichs zählt die auf das 12. Jh. zurückgehende und zwischen 1616 und 1630 von dem Italiener Cypriano Biasino neu erbaute Pfarrkirche St. Veit. An der Westfassade befinden sich Nischen mit Heiligen wie Leopold und Veit sowie ein Stufengiebel mit kleinen Obelisken. In der Außenkapelle finden wir die Plastik Anna und Maria aus dem Jahre 1320. Der gotische Turm wurde 1798 erhöht und mit einem Barockhelm gekrönt. Im Inneren überrascht das weiträumige Langschiff mit vier Seitenkapellen. Der schmale Chorraum mit dem Hochaltar stammt von Josef Matthias Götz, während das Altarbild „Martyrium des hl. St. Veit" ein Werk von Johann Georg Schmidt aus dem Jahre 1734 ist. Die Kanzel und das Chorgestühl mit Holzrelief hat ebenfalls Götz geschaffen. Die Bilder der Altäre sind u. a. Werke von

Pfarrkirche St. Veit

Martin Johann Schmidt, Anton F. Maulpertsch und Martin Altomonte. Auf dem Marienaltar aus 1757 finden wir eine kleine, aus Böhmen stammende Marienstatue von 1420 und am Nepomukaltar eine Figur von Jakob Christoph Schletterer aus dem 18. Jh.

Piaristenkirche und -kloster

Auf einer teilweise gedeckten Holzstiege gelangen wir zur spätgotischen Piaristenkirche, die auf den Grundmauern einer älteren Kirche „Unsere liebe Frau" in Etappen gebaut wurde. 1475 entstand der Chor, zwei Jahre später das Baldachinportal und 1515 das Langhaus. Der Westturm mit seinem Spindelhelm und den vier kleinen Ecktürmchen reicht kaum über den Giebel des Satteldaches des hohen Schiffes mit abgesetztem schmalen Chor. An der Westseite ist noch der Grabstein des Rabi Nachlifa aus 1429 erwähnenswert. Im Inneren der barokken dreischiffigen Hallenkirche mit Netzrippen im Schiff und

Sternrippen im Chor ist vor allem der schöne Hochaltar aus 1756 mit dem Altarblatt vom Kremser-Schmidt, von dem auch die meisten Seitenaltäre stammen, sehenswert. Das Spätrenaissance-Chorgestühl wurde um 1620 geschaffen. Das angeschlossene Piaristenkloster aus dem Jahre 1636 zeigt in seinem Haupttor aus 1756 ein bemerkenswertes Wappenschild. Die Kapelle und der große Saal sind mit wertvollen Stuckarbeiten versehen.

Bürgerspitalkirche

Die Bürgerspitalkirche hll. Philipp und Jakob in der Oberen Landstraße 15 ist ein spätgotischer Bau mit barocker Einrichtung. Am Portal finden wir wieder die Devise Friedrichs III. „AEIOU" (Austria Erit In Orbe Ultima) mit der Jahresangabe 1470. Der Hochaltar von Matthias Schwanthaler, die Kanzel und die Kirchenstühle stammen aus dem 17. Jh. Besonders interessant ist das schmiedeeiserne polychromierte gotische Sakramentshäuschen. Die Kirche, die in die Straßenzeile sinnvoll eingebaut ist, weist vor allem Fenster mit reichem Maßwerk auf.

Ehem. Dominikanerkirche

Die ehemalige Dominikanerkirche auf dem Theaterplatz, die mit einem Kloster 1236 gegründet worden ist, wurde 1785 aufgehoben und profaniert. Seit 1891 hat die Stadt hier ein Museum eingerichtet, in dem prähistorische Sammlungen, Römerfunde, romanische und gotische Skulpturen sowie Möbel, Zinn und Glaswaren zu besichtigen sind. Im Kreuzgang des ehemaligen Klosters ist ein Weinmuseum mit schönen Geräten untergebracht. In der dreischiffigen Basilika mit einem frühgotischen Chor sind bemerkenswerte Fresken zu finden. Der reiche Stadtrichter Gozzo stiftete um 1280 für die Ostwand des nördlichen Seitenschiffes die Fresken. Sie stellen das Abendmahl, die Kreuzigung und die Marienkrönung dar. An der Nordwand befindet sich ein gemaltes Doppelgrab aus dem Jahre 1320.

Bei einem Spaziergang durch Krems können wir zahlreiche schöne Sgraffiti-, Renaissance- und Barockhäuser bewundern. Zu erwähnen sind vor allem das „große" Sgraffitohaus, ein Renaissancebau aus 1560 in der Althangasse 2, das Institut der Englischen Fräulein, ein spätbarocker Bau mit Kapelle aus 1724, das Rathaus, das zwischen dem 16. und 18. Jh. erbaut wurde, die Alte Post in der Oberen Landstraße 32, ein Gasthof aus dem 16. Jh. mit Laubenhof und der Passauerhof im Pfarrhof aus dem 13. Jh.

Stein

Im Stadtteil Stein, hoch oben auf dem Frauenberg, stand bereits im 5. Jh. die Burg des Rugierfürsten Feletheus. Nach und nach bildete sich eine haufendorfartige Siedlung herum. Durch den Donauhandel verlagerte sich diese an die Ufer des Flusses und bestimmt das heutige Stadtbild. Der durch den Salz- und Weinhandel aufgeblühte Ort erhielt 1305 das Stadtrecht und verlor erst durch den Bau der Eisenbahn an Bedeutung.

Pfarrkirche St. Nikolaus

Die gotische Pfarrkirche St. Nikolaus, eine dreischiffige Staffelkirche mit Langchor, stammt aus dem 15. Jh. und wurde 1901 außen und innen regotisiert. Im Inneren sind vor allem die Altarbilder und das Deckenfresko von Martin Johann Schmidt sehenswert, besonders aber das schöne Seitenaltarbild des hl. Nikolaus, dem Patron der Schiffahrt als Retter Schiffbrüchiger. Der zwischen Kirche und Felswand liegende gotische Karner, dessen oberer Teil als Wohnung dient, wurde 1462 erbaut.

Frauenbergkirche

Von der Pfarrkirche gelangen wir über eine Treppe zu der hochgelegenen frühgotischen Frauenbergkirche mit dem weithin sichtbaren quadratischen Turm mit eigenartigem Turmabschluß aus dem 14. Jh. Sie übernahm in der zweiten Hälfte des 14. Jhs. die Funktion der Michaelskirche, wurde 1785 entweiht und in jüngster Zeit zu einer Kriegergedächtniskirche umgebaut.

Ehem. Minoritenkirche St. Ulrich

Mit der ehemaligen Minoritenkirche St. Ulrich aus frühgotischer Zeit besitzt die Stadt eine große Ausstellungshalle. An das Langhaus der aus 1264 stammenden dreischiffigen Pfeilerbasilika, einer der frühesten Wölbebauten der deutschen Bettelorden, wurde um 1300, leicht aus der Mittelachse verschoben, ein lichterfüllter höherer Chor angebaut. Desgleichen wurde die zweischiffige Krypta im Ostteil des Chors nachträglich eingebaut. Die Fresken im Chor, die bei Restaurierungsarbeiten freigelegt worden sind, stammen aus der zweiten Hälfte des 14. Jhs. und sind das Werk eines italienischen Wanderkünstlers. Von der Nordseite des Chors gelangen wir in eine gotische Sakristeikapelle mit Chörlein und von dort durch ein gotisches Tor in den als Einsäulenraum errichteten Kapitelsaal.

Bei einem Rundgang durch Stein treffen wir auf zahlreiche sehenswerte Bürgerhäuser, wie den ehemaligen Hof des Stiftes Göttweig in der Göttweigerhofgasse mit bemerkenswerten Fresken aus der Zeit um 1330 in der Kapelle; den Passauerhof mit spätgotischer Loggia in der Landstraße; das Geburtshaus Ludwig Köchels, dem Verfasser des Köchelverzeichnisses von Mozarts Werken, am Schürerplatz 8, ein prächtiges Barockhaus; das ehemalige kaiserliche Mauthaus auf der Landstraße 84, einer der prunkvollsten Renaissancebauten, und das Wohnhaus des Malers Martin Johann Schmidt. Ferner sind noch sehenswert der barocke Pfarrhof aus 1744, das Johann Nepomuk-Denkmal von 1715 auf dem Rathausplatz, die Pestsäule aus der ersten Hälfte des 18. Jhs. auf dem Ehmannplatz, der Förthof oberhalb der Brücke, ein mächtiger Vierkant mit einer Kapelle aus dem 14. Jh., und die Reste der alten Befestigung, von denen besonders das Kremser Tor und das Linzer Tor sowie der einst dem Schutz der Stadt dienende Fischerturm bedeutend sind.

Ehem. Kapuzinerkirche

Auf dem Weg nach Krems in Und treffen wir auf die ehemalige Kapuzinerkirche mit dem Kloster St. Katharina. Der 1614 entstandene überkuppelte Zentralbau wurde nach einem Brand von Domenico Sciassia wieder aufgebaut und 1756 von dem Maler Daniel Gran, einem Schüler der Italiener Sebastiano Ricci und Francesco Solimena, mit einem schönen Fresko versehen.

Herzogenburg

Wer es nicht allzu eilig hat, dem sei hier empfohlen, von Krems aus einen Abstecher in die 20 km entfernte Stadt Herzogenburg zu machen. Der am linken Ufer der Traisen an der sogenannten kleinen Barockstraße gelegene Ort wurde bereits im Jahre 1024 urkundlich erwähnt und 1927 zur Stadt erhoben.

Augustiner-Chorherrenstift

Das Augustiner-Chorherrenstift mit der Stiftskirche hll. Georg und Stephan wurde 1112 als St. Georgskirche an der Donau gegründet und 1244 nach Herzogenburg verlegt. Der im Auftrag Passauer Bischöfe erfolgte Bau des Stiftes wurde erst um das 16. Jh. abgeschlossen und nach Verfallszeiten unter Propst Wilhelm von Schmerling zum Großteil abgerissen und barockisiert. Den Neubau führten zwischen 1714 und 1740 Jakob Prandtauer und Josef Munggenast aus, den Turm der Stiftskirche hat Matthäus Munggenast fertiggestellt. Den Hauptsaal im Ostflügel entwarf Johann Bernhard Fischer von Erlach, die Deckengemälde stammen von Bartolomeo Altomonte aus 1771, der auch die figürliche Deckenmalerei in der Bibliothek ausführte. In ihr sind 80.000 Bände, 427 Handschriften und 237 Wiegendrucke zu finden. Das Stiftsmuseum beherbergt eine reichhaltige Sammlung von gotischen Flügelaltären, darunter vier Tafeln des Augsburgers Jörg Breu d. Ä. aus dem Jahre 1501 und eine Schreingruppe des Marientodes um 1490.

Stiftskirche, Glockenturm

Die barocke Stiftskirche hat ein einschiffiges Langhaus mit großer Flachkuppel und Deckengemälde von Bartolomeo Altomonte, das die Gemeinschaft der Heiligen zeigt. Der zweistufig eingezogene Chorraum endet mit einer Halbkreisapsis. Den großartigen Rokoko-Hochaltar schufen Jakob Mösl und Johann Josef Rössler im Jahre 1770. Das Altarbild, die thronende Madonna mit Jesuskind, stammt von Daniel Gran, dem Maler des Hochbarocks, aus dem Jahre 1746. Links und rechts vom Altar sind die Kirchenpatrone Georg und Stephan postiert. Die Rokoko-Orgel wurde auf die Farben Grün und Gold abgestimmt. Der schöne, im Unterbau mittelalterliche Glockenturm aus dem 15. Jh. mit einem barocken Tabernakel von Johann Bernhard Fischer von Erlach trägt statt des Helmes auf einem Kissen nach dem Vorbild von Klosterneuburg den Herzoghut. Der nur zum Teil nach einem Entwurf Fischers von Erlach ausgeführte innere Stiftshof zeigt über dem Mittelrisalit, der Fassade des Festsaals, im Giebel den hl. Georg. Die Deckenfresken im Inneren von Bartolomeo Altomonte schildern die Klostergründung durch die Passauer Bischöfe, während im Stiegenhaus die Übersiedlung der Mönche dargestellt ist.

Von Herzogenburg fahren wir nach Krems zurück und beenden unsere Wachau-Besichtigung – oder wir lassen, falls wir noch etwas Zeit und Lust haben, unser Auto in Krems stehen und machen mit einem der berühmten Donaudampfschiffe eine Reise zu Wasser von Krems bis Grein oder zumindest bis Melk und wieder zurück, um dieses herrliche Gebiet gemütlich von einer anderen Perspektive noch einmal an uns vorüberziehen zu lassen. Ein Entschluß, den bestimmt niemand bereuen wird!

Haizendorf, Schloß Grafenegg

Ein Geheimtip für alle Krems-Besucher ist ein Abstecher nach dem 12 km entfernten Ort Haizendorf, wo in einem 20 ha großen Englischen Park mit uralten Baumbeständen das Märchenschloß Grafenegg liegt. Dieses Renaissance-Wasserschloß aus dem 16. Jh. wurde vom Wiener Dombaumeister Leopold Ernst unter Graf Breunner zwischen 1840 und 1873 im Sinne des Historismus umgebaut. Nach den schweren Verwüstungen durch die Besatzungsmacht wurde das Schloß in den letzten Jahren schrittweise wieder restauriert.

Bekannt ist dieses Schloß durch den Grafenegger Advent mit vorweihnachtlichen kulturellen Veranstaltungen und Ausstellungen, an denen bekannte österreichische Künstler teilnehmen. Außerdem gibt es in ofengeheizten Räumen einen Weihnachtsmarkt, wo zahlreiche heimische Kunstwerke angeboten werden. Den Kunst- und Musikinteressenten, die hier einen Abend verbringen wollen, werden erlesene Weine und Spezialitäten geboten, und behagliche Gästezimmer laden zur Übernachtung ein.

Hollenburg

Zurückgekehrt von Grafenegg nach Krems setzen wir unsere Fahrt über die Schnellstraßenbrücke am rechten Donauufer fort. Unser nächster Besuch gilt Hollenburg am Fuße des 368 m hohen Schiffberges mit dem weithin sichtbaren Wallfahrtskirchlein „Wetterkreuz“, dessen heutige Gestalt aus dem Jahre 1727 stammt. Das Charakteristikum der spätgotischen Pfarrkirche Mariä Himmelfahrt ist der Westturm, dessen Giebel niedriger als das hohe Kirchendach ist. Im Seitenaltar finden wir eine sehr schöne gotische Marienstatue (um 1420). Das Rathaus mit Turm entstand um 1700 und die Prangersäule mit der Ritterstatue „Mandl ohne Kopf“ im 17. Jh.

Die Ruinen der bereits 1248 errichteten und im 15. Jh. ausgebauten Burg Bertholdstein stehen im Park des klassizistischen Schlosses. Es wurde in den Jahren 1812 bis 1814 erbaut, und wir können darin einen ausgezeichneten Kachelofen von Heinrich Graf aus Winterthur aus dem Jahre 1653 bewundern. Die Burg der Freisinger Bischöfe wechselte in der Folgezeit mehrmals ihren Besitzer. 1395 wurde hier der Hollenburger Vertrag geschlossen, in dem Albrecht IV. und der Habsburger Wilhelm ihre Einigung über eine gemeinsame Regierung und die Teilung des Besitzes und der Einkünfte festhielten. Erst Kaiser Friedrich III. konnte die Burg, die inzwischen teilweise zu einer Ruine wurde, dem Freisinger Bischof wieder zurückgeben.

Burg Bertholdstein

Die Stadt Traismauer am Mündungsgebiet der Traisen war bereits in der Römerzeit besiedelt und Standort des Castell Augustiana, dessen Mauerreste im Hungerturm zu finden sind. Die Stadtburg dient heute als Mietshaus. Sie wurde als Teil der Stadtbefestigung Anfang des 16. Jhs. begonnen und bis ins 18. Jh. immer wieder ergänzt. Grabsteine über dem Eingang und im Innenhof erinnern noch an die Römer. Das aus dem Pruelhof um das 17. Jh. entstandene zweigeschossige Schloß wurde um 1730 als Papier- und anschließend als Tuchfabrik eingerichtet, die bis 1853 bestand. Das Schloß Traismauer beherbergt die jüngste Außenstelle des Landesmuseums Niederösterreich, die sich mit der Geschichte des ersten nachchristlichen Jahrtausends und den vielen Völkern befaßt, die in dieser Zeit in Niederösterreich ihre Spuren hinterlassen haben. Außerdem zeigen Sonderausstellungen immer wieder sensationelle Sammlungen, vor allem aus den Nachbarstaaten im Osten. Für Besichtigungen steht das Museum vom 1. April bis 15. November täglich außer Montag von 9 bis 17 Uhr offen. Das Römertor stammt aus dem 16. Jh.

Traismauer, Schloß

Die Pfarrkirche St. Rupert, eine spätgotische Hallenkirche aus dem 15. Jh., wurde auf den Resten einer spätromanischen Kirche errichtet.

Im Inneren gibt es interessante Fresken aus dem Jahre 1837 sowie Chor- und Kirchenstühle aus 1740. Der Hochaltar stammt aus 1741 und die Seitenaltäre entstanden 1758. Besonders zu erwähnen sind die zahlreichen Wappengrabsteine aus dem 15. bis 17. Jh.

Von Trainsmauer fahren wir nach Heiligenkreuz-Gutenbrunn, einem Dorfweiler an der kleinen Barockstraße. Das spätbarocke Schloß wurde 1738 vom edlen Josef Johann von Tepser erbaut und vom Wiener Weihbischof Franz Anton von Marxer 1745 erweitert. Es weist eine fünfzehnachsige, von achtseitigen Türmen flankierte Fassade auf. Sehenswert sind das prachtvol-

Heiligenkreuz-Gutenbrunn, Schloß

le dreiteilige Stiegenhaus, die schönen Stukkaturen und die Marienkapelle mit Fresken von Paul Troger aus dem Jahre 1759. Seit 1964 ist in dem mit einer prunkvollen Rokokoausstattung versehenen Schloß ein von der niederösterreichischen Landesregierung eingerichtetes Barockmuseum beheimatet. Hier werden Werke der bedeutendsten Barockmaler, wie des Kremser-Schmidt, sowie Bildhauerarbeiten von Giovanni Giuliani und anderen präsentiert. Das Museum ist von 1. April bis 31. Oktober täglich außer Montag von 10 bis 17 Uhr geöffnet.

Wallfahrtskirche Maria, Heil der Kranken

An das Schloß wurde die Wallfahrtskirche Maria, Heil der Kranken, zwischen 1755 und 1758 im Auftrag des Weihbischofs Franz Anton von Marxer von Johann Ohmeyer angebaut. Im Inneren finden wir einen schönen Hochaltar aus Stuckmarmor aus dem Jahr 1757 von Johann Ferdinand Hetzendorf von Hohenberg, einem der bedeutendsten Architekten des spätbarocken Klassizismus. Von ihm stammen u. a. auch die Gloriette und das Palais Pallavicini in Wien sowie die Hochaltäre von Heiligenkreuz und Liechtenthal. Die Altarbilder und Fresken sind ein Werk von Franz Anton Maulpertsch aus dem Jahre 1758. Bemerkenswert sind noch das Rokoko-Orgelgehäuse und die Chorbrüstung.

Tulln

Unser nächster Besuch gilt der Gartenstadt Tulln. Im hier beginnenden Tullnerfeld werden die Granitberge der Wachau durch den fruchtbaren Ackerboden abgelöst, der sich nördlich der Donau bis an die March erstreckt. Das einstige römische Reiterlager und der einstige Stützpunkt der Donauflotte „Comagentum" scheint im Nibelungenlied als „Tulne" auf, ein Ort, an dem die erste Begegnung Kriemhilds mit Etzel stattfand. Bereits 837 als Tulline urkundlich erwähnt, erhob sich hier 1002 zeitweise die Residenz der Babenberger Markgrafen. 1270 erhielt Tulln das Stadtrecht. Heute ist Tulln mit rund 7900 Einwohnern Bezirkshauptstadt und weist eine Reihe von bedeutenden landwirtschaftlichen Industrien auf. Das in der Nähe gelegene Kernkraftwerk Zwentendorf wurde dank der Initiative der österreichischen Bürger nicht in Betrieb genommen.

Pfarrkirche St. Stephan

Die Stadt wurde um 1200 mit einer rechteckigen Mauer mit vier Toren umbaut, deren Türme noch gut erhalten sind. Besonders sehenswert ist auch die Pfarrkirche St. Stephan, eine dreischiffige romanische Pfeilerbasilika mit zwei Westtürmen aus dem späten 12. Jh.

Sie wurde zwischen 1486 und 1513 gotisiert, der Chor und die Türme wurden im 18. Jh. barockisiert. Das in der Form einfache Westportal an der Turmfassade aus dem 13. Jh. ist rein romanisch, genauso wie der rechts vom Turm eingemauerte Löwenkopf aus Stein. Die höchst ungewöhnlichen und eindrucksvollen Verzierungen an den Torpfosten, je sechs Halbfiguren in Rundbogennischen, stellen vermutlich die 12 Apostein dar, die an römische Grabsteine erinnern. Im Inneren bewundern wir den hochgotischen Chor mit hohen Maßwerkfenstern und den prächtigen Marmorhochaltar aus 1725 mit dem Bild der Steinigung des hl. Stephan von Josef Steiner aus dem Jahre 1786.

Karner

Neben der Kirche finden wir den Karner aus der zweiten Hälfte des 13. Jhs., einen der größten und schönsten Österreichs. Dieser Bau vereint Spätromanik und Frühgotik, ist außen elfseitig und innen rund mit vorgebautem Prachtportal und einer romanischen Holztüre mit Eisenbeschlag. Die um 1200 entstandenen romanischen Wandmalereien wurden im 19. Jh. restauriert.

Minoritenkirche, Mariensäule

Sehenswert sind noch die Minoritenkirche und eine Reihe von gotischen und Renaissancehäusern sowie die Mariensäule aus dem Jahre 1695 am Hauptplatz. Die Minoritenkirche wurde zwischen 1732 und 1739 errichtet und ist ein einschiffiger stilreiner Barockbau mit Deckenfresken von Josef Melchior Tallmann und einer reichen Inneneinrichtung.

Leopold-Figl-Gedächtniswarte

Südlich von Tulln bei Tulbing liegt der 495 m hohe Tulbinger Kogel, ein beliebtes Ausflugsziel mit einem schönen Fernblick in das Donautal und das Voralpengebiet. In den Jahren 1966–1967 wurde hier auf dem höchsten Punkt die Leopold-Figl-Gedächtniswarte errichtet. Figl war einer der markantesten Politiker Österreichs, der als Direktor des niederösterreichischen Bauernbundes und als Vertreter des linken Flügels der Christlichsozialen mit aller Macht versuchte, die Annexion Österreichs an Hitler-Deutschland zu verhindern. Nach dem Einmarsch der Russen war er Staatssekretär für den Neuaufbau der Städteverwaltung und Landeshauptmann von Niederösterreich, bis er im Dezember 1945 als erster Bundeskanzler der Koalitionsregierung ernannt wurde. 1953 übernahm er das Amt des Außenministers und war maßgeblich am Abschluß des Staatsvertrages am 15. Mai 1955 beteiligt, mit dem Österreich seine volle Souveränität durch die vier Besatzungsmächte zurückerhielt.

Die über dem Ort Tulbing gelegene gotische Pfarrkirche stammt aus dem 15. Jh. und ist über einen steilen Treppenweg, entlang dem fünf barocke Kreuzwegstationen errichtet sind, zu erreichen. Der Hochaltar aus 1760 zeigt ein vom österreichischen Maler Josef Adam Mölk 1788 geschaffenes Bild. Sehenswert sind noch das spätgotische Taufbecken und ein Renaissancebrunnen.

St. Andrä-Wördern, Greifenstein

In St. Andrä-Wördern ist die gotische Hallenkirche erwähnenswert. Sie ist ein ursprünglich romanischer Bau aus dem 14. Jh. mit barocker Innenausstattung. Dann kommen wir zu dem als Sommerfrische begehrten Ort Greifenstein, der am Nordhang des Wienerwaldes, im Engpaß zwischen Donau und dem hohen Totenköpfl, direkt am rechten Donauufer liegt.

Burg Greifenstein

Überragt wird der Ort von der Burg Greifenstein. Sie wurde im Jahre 1135 auf einem Ausläufer des Wienerwaldes durch das Bistum Passau erbaut. Passau setzte hier einen Ministerialen namens Grifo als Burgverwalter ein. Die Burg „Grifonstein" diente bis ins 17. Jh. als Fluchtburg und wurde später als Gefängnis für abtrünnige Geistliche genutzt. Sie wurde mehrmals von Österreichs Feinden erobert und verwüstet, bis Fürst Liechtenstein im 19. Jh. auf wenigen alten Ruinen einen Wiederaufbau vornahm. Von der alten Burg blieben der wuchtige Bergfried, die Knappenstube aus dem 12. Jh. und der Torraum erhalten. Im Inneren der Burg finden wir ein Museum, in dessen Schauräumen historische Waffen sowie rechtskundliche und kunstgewerbliche Exponate zum Teil aus dem 16. und 17. Jh. zu besichtigen sind. Von der Terrasse des Restaurants bietet sich ein wunderschöner Blick donauaufwärts.

Klosterneuburg

Klosterneuburg ist die letzte Stadt an der rechten Stromseite vor dem Durchbruch der Donau zwischen Leopolds- und Bisamberg in das Wiener Becken. Zu der rund 22.000 Einwohner zählenden Stadt gehören die Gemeinden Weidling mit dem Lenau-Grab im Waldfriedhof, Weidlingbach, Kierling, Gugging, Kritzendorf und Höflein. Die Stadt ist weltweit bekannt durch ihren Weinbau und die anerkannte Weinbauschule. Ihr erster Direktor, Freiherr von Babo, erfand die „Klosterneuburger Mostwaage". Schon im 2. bis 4. Jh. war die Stadt bei den Römern unter dem Namen „Asturis" bekannt, und in den Jahren 1114–1136 gründete Markgraf Leopold III. ein weltliches Kollegiatstift. Er gilt als österreichischer Nationalheiliger, und sein Reliquienschrein wird in der Krypta des Stiftes aufbewahrt. 1298 wurde Klosterneuburg, das bereits 1042 urkundlich erwähnt wurde, zur Stadt erhoben. In den Jahren 1529 und 1663 hat sich das Stift und die obere Stadt erfolgreich gegen die Türken verteidigt.

Augustiner-Chorherrenstift

Das Augustiner-Chorherrenstift ist der Legende nach von Markgraf Leopold III. (1095–1136) auf Befehl der Muttergottes gegründet worden. Als er mit seiner Gemahlin Agnes auf dem Söller seiner Burg am Leopoldsberg bei Wien stand, hat ein Windstoß den Schleier der Markgräfin entführt, der neun Jahre später anläßlich einer Jagd aufgefunden wurde. Leopold III. erschien im Traum die Muttergottes, die ihm befahl, hier ein Kloster zu errichten. Das im 12. bis 14. Jh. erbaute Kloster wurde

im 15. Jh. gotisiert und in der Renaissance nochmals erweitert. Der barocke Stiftsbau entstand ab 1730 unter Kaiser Karl VI. Es ist ein Werk des italienischen Baumeisters Donato Felice d'Allio (1677–1761) und von Fischer von Erlach. Als Vorbild diente dem Kaiser der große Klosterbau „Escorial" bei Madrid. Markgraf Leopold III. hat unter dem Einfluß seines Sohnes Otto von Freising das weltliche Stift den Augustiner-Chorherren übergeben, die es bis 1568 als Doppelkloster geführt haben. Er und Markgräfin Agnes sind im Kapitelsaal des Klosters beigesetzt. Die Markgrafen von Wien verlegten ihre Residenz nach Klosterneuburg. So weilte hier Leopold VI., von dem die Capella speziosa von 1222 stammt, das erste Werk burgundischer Gotik in Österreich, das 1799 abgetragen worden ist. Der Stiftsbau wurde 1842 durch Josef Kornhäusel abgeschlossen. Seine Zierde bilden die beiden mächtigen Barockkuppeln mit der deutschen Kaiserkrone und dem österreichischen Erzherzoghut. Durch sie und die mit Ende des 19. Jhs. umgebauten Türme der Stiftskirche ergibt sich die heute so einprägsame Silhouette dieser faszinierenden Stadt.

Stiftskirche

Die romanische Stiftskirche Unsere Liebe Frau, ein ursprünglich zwischen 1114 und 1136 entstandener Bau, stellt eine dreischiffige Basilika mit Chorquadrat und mit einer großen und zwei kleinen Apsiden dar. Die beiden Türme wurden von Friedrich Schmidt in den Jahren 1887–1892 neugotisch umgebaut. Das Innere der Kirche wurde im 17. Jh. vor allem durch Giovanni Battista Carlone, Jakob Spatz, Johann Peter Spatz und Andreas Retti barockisiert. Die reichen Stucchi stammen von Carlantonio Carlone, die von Domenico Piazzoll beendet wurden. Der Chorraum ist ein Meisterwerk von Donato Felice d'Allio und dem Wiener Architekten Josef Gerl aus dem Jahre 1729. Die Fresken stammen von Georg Greiner und Michael Rottmayr, die Architekturmalerei von dem von Prinz Eugen nach Wien berufenen Gaetano Fanti. Den Hochaltar mit einem Bild von Leopold Kupelwieser schuf 1728 der Architekt und Bildhauer Matthias Josef Steinl. Dieser hat sich auch als vielseitiger barocker Künstler ausgezeichnet. Von ihm stammen die einzigartigen Schnitzarbeiten des Chorgestühls und die Salvatorstatue in dieser Kirche. Den dazugehörigen figuralen Schmuck verdanken wir Servatius Hoffmann und Franz Ca-

spar, das Gitter am Hochaltar und das Chorgitter Johann Lang. Den Mittelpunkt der Stiftskirche bildet der Verduner Altar aus dem Jahre 1181 in der Grabkapelle Leopolds von Nikolaus von Verdun, dem bildenden Künstler aus dem Maasgebiet. Er ist eines der interessantesten Emailkunstwerke des Abendlandes, das ursprünglich als Verkleidung einer Kanzelbrüstung vorgesehen war. Nach einem Brand im Jahre 1330 wurde er beschädigt und zu einem dreiteiligen Flügelaltar umgestaltet. In drei Bildreihen finden wir die Darstellung vor- und nachmosaischer Geschichte und der Lebensgeschichte Christi. Die obere und untere Zone der Altarwand zeigen die alttestamentlichen Vorbilder des Heilgeschehens. Die Bilder der mittleren Zone stellen die Erfüllung dieser Vorbilder im Neuen Bund dar. Nikolaus von Verdun vertritt hier bereits mit seinen naturalistischen Figuren und den prachtvollen Gewändern mit ihrer Fülle von Falten einen Stil, der auch bald in der Malerei und Plastik Nachahmer fand und in seiner Perfektion sogar den Kölner Dreikönigsschrein übertrifft. Die vier Temperabilder auf der Rückseite stammen aus dem Jahre 1329 und zählen zu den ältesten Tafelbildern Österreichs. Die große Orgel von Johann G. Freundt entstand in den Jahren 1636 und 1642. Die Bilder der Heiligen Augustin und Michael schuf Johann Georg Schmidt 1723 und 1727. In der Sakristei finden wir einen klassizistischen Altar von Josef Kornhäusel aus 1840 mit einem Altarbild von Heinrich Füger.

Kreuzgang, Brunnenhaus, Freisinger Kapelle

Zum ältesten Teil des Stiftes gehört der gotische Kreuzgang entlang der Kirche aus dem 13. und 14. Jh. Am Nordflügel steht das ehemalige Brunnenhaus, jetzt Heiligengrab-Kapelle, mit dem Holunderstrauch, an dem der Schleier der Markgräfin Agnes aufgefunden worden sein soll. An einer Ecke des Kreuzganges befindet sich die von Berthold von Wehinger, Propst von St. Stefan und Bischof von Freising, und seinem Bruder gestiftete Freisinger Kapelle, die mit seiner Grabplatte aus rotem Marmor aus dem Jahre 1410 als Grablege diente. Im Lapidarium des Stiftes, einem ehemaligen Refektorium, finden wir u. a. die Klosterneuburger Madonna, eine frühgotische Plastik aus dem 14. Jh. Durch einen spätgotischen Gang kommen wir in den Augustinersaal, der durch Matthias Steinl 1725 barockisiert wurde und eine schöne Stuckdecke von Ferdinand Oxenbauer besitzt. Der darüberliegende gotische Albrechtssaal war von Albrecht II. anläßlich seiner Königswürde 1438 für die Kirche zu den neun Engelschören in Wien in Auftrag gegeben worden.

Schatzkammer, Bibliothek

Erwähnenswert ist noch die Schatzkammer mit dem österreichischen Erzherzogshut Maximilians III. von 1616, der Monstranz der Schleierfindung und der Gründungssage. Interessant ist auch das Stiftsmuseum in den früheren Erzherzogzimmern mit Elfenbein-, Bronze- und Goldschmiedearbeiten. Außerdem sehen wir hier Werke österreichischer Tafelmalerei, u. a. von Rueland Frueauf d. J., der 1446 sechs Szenen aus dem Leben Mariä schuf. Die wertvolle Bibliothek besitzt zirka 160.000 Bände, zahlreiche Handschriften und Wiegendrucke.

Stockerau

Von Klosterneuburg fahren wir stromaufwärts 20 km zurück nach Tulln, wo wir über die Straßenbrücke auf das linke Donauufer kommen und Stockerau besuchen. Die Stadt wurde bereits 1012 in der Chronik Thietmars von Merseburg erwähnt. Darin wird berichtet, daß der hl. Kolomann auf der Pilgerfahrt von Irland nach Jerusalem hier aufgehängt wurde, da er irrtümlich für einen Spion gehalten wurde. Seine Gebeine ließ Markgraf Heinrich II. zwei Jahre später nach Melk überführen. Er war bis 1663 Landespatron von Österreich, dann löste ihn der hl. Leopold ab.

Pfarrkirche hl. Stefan

Die Pfarrkirche hl. Stefan, eine frühklassizistische Hallenkirche – mit einem 88 m hohen Turm mit Zwiebelhelm aus dem Jahre 1725 – wurde von Peter Mollner erbaut. Im Inneren sind die Kanzel und das Seitenaltarbild, den hl. Aloysius darstellend, von Josef Führich aus 1839 sehenswert.

Interessant sind noch das Rathaus, ehemals Puchheimsches Schloß aus dem Ende des 17. Jhs. mit herrlicher Barockfassade, die barocke Pestsäule auf dem Hauptplatz und mehrere schöne Bürgerhäuser aus dem 17. und 18. Jh.

Leobendorf, Burg Kreuzenstein

Unweit von Stockerau bei Leobendorf liegt auf einem bewaldeten Felskegel die Burg Kreuzenstein, das alte Grizanestein. Die Burg wurde 1140 erbaut und unter dem schwedischen Feldmarschall Torstenson, der hier sein Hauptquartier hatte und von Erzherzog Leopold angegriffen wurde, im Oktober 1645 gesprengt. Auf den alten Burgruinen errichtete Graf Hans Wilczek in den Jahren 1874–1907 eine romanisch-gotische Idealburg als Museum für seine spätgotische Sammlung. Er verwendete dafür romanische und gotische Bauteile aus zahlreichen Ländern. Unter der Anleitung der Architekten Gangolf Kayser und Humbert Walcher von Moltheim schufen Steinmetze, Zimmerleute und Schmiede aus Oberitalien sowie Holzschnitzer aus Tirol ein Pendant zu den gotischen Bauten der Wiener Ringstraße. Interessant ist das äußere Burgtor mit Pechnase, einem runden Torturm und Zwinger mit Wehrgängen und die Brücke über einen tiefen Graben. Im Inneren des Burghofs befindet sich ein Ziehbrunnen aus dem 12. Jh. Besonders erwähnenswert ist der „Kaschauer Gang", eine spätgotische vierachsige Laube, die vom Orgelchor des Doms zu Kaschau stammt. Die Inneneinrichtung – wie Emporenkapelle, großer und kleiner Saal, Fürstenstube, Bücherei, Rüstkammer

und Pfaffenstube – birgt wertvolle Kunstgegenstände. Wir finden hier hauptsächlich Plastiken und Tafelbilder der Spätgotik und Renaissance sowie Hausrat, Bücher, Graphiken und Glasgemälde aus dem Mittelalter. Neben der Kapelle befindet sich die Familiengruft.

Korneuburg

Zwischen den Höhenzügen des Bisamberges und des Rohrwaldes liegt die rund 8500 Einwohner zählende Stadt Korneuburg. Die Industrie- und Handelsstadt wurde bereits 1140 urkundlich genannt und 1212 wegen Überschwemmungen an das andere Donauufer verlegt und planmäßig neu gegründet. Am Anfang des 12. Jhs. erhielt Korneuburg das Stadtrecht und war im 18. Jh. Garnisonsstadt. Im Jahre 1852 wurde die Schiffswerft gegründet.

Pfarrkirche St. Ägyd, Augustinerkirche

Bemerkenswert ist der schöne große Hauptplatz mit dem neugotischen Rathaus aus dem Jahre 1894 und dem miteinbezogenen gotischen Stadtturm, der zwischen 1440 und 1447 entstand. Außerdem sollte der Stadtbrunnen mit dem Standbild des Korneuburger Rattenfängers aus 1898 und die barocke figurenreiche Dreifaltigkeitssäule von 1747 nicht übersehen werden. Die Pfarrkirche St. Ägyd ist bereits 1146 urkundlich genannt und wurde 1171 Pfarre. Die jetztige große Hallenkirche mit hohem Chor stammt aus der zweiten Hälfte des 14. Jhs. und hat durch Restaurierungen im 19. Jh. teilweise gelitten. Die Rokokokanzel von Matthias Kölbl entstand im Jahre 1766, das gotische Sakramentshäuschen 1382 und der neugotische Hochaltar 1870. Das Raaber Kreuz, errichtet 1598 nach einem Dekret Rudolfs II., erinnert an die Eroberung von Raab in Ungarn durch Graf Palffy und den Fürsten Schwarzenberg, wo die Türken schwer geschlagen worden sind. Die am jenseitigen Ende der Stadt gelegene Augustinerkirche, ein Rokokobau mit Fassadenturm aus dem 18. Jh., besitzt ein originelles Hochaltarbild aus dem Jahre 1770 von Franz Anton Maulpertsch, dem größten österreichischen Freskenmaler. Es ist eine Scheinarchitektur, die das Letzte Abendmahl darstellt: Vier Säulen tragen die geöffnete Schale des Himmelsglobus, in dem Gottvater, der die Erde in Händen hält, thront.

Wien

Wir kommen nun nach Wien, der österreichischen Bundeshauptstadt, wo uns Hotels aller Kategorien für unseren Aufenthalt zur Verfügung stehen. Wien ist eine der sehenswertesten Hauptstädte Europas, die vor allem durch ihre Bedeutung für musikbegeisterte Menschen Besucher aus der ganzen Welt anzieht. Die Rolle dieser Stadt in der Geschichte, ihre prachtvollen Sakral- und Profanbauten sowie die hervorragenden Kunstschätze werden in den vorhandenen Stadtführern und Detailprospekten ausführlich beschrieben, so daß es müßig zu sein scheint, hier näher darauf einzugehen.

Ein kurzer Überblick soll auf die wichtigsten der rund zweihundert historisch und architektonisch interessantesten Gebäude, Denkmäler, Brunnen u. a., die durch Emailtafeln gekennzeichnet sind, hinweisen:

Innere Stadt – Mittelpunkt ist der Stephansplatz:

Stephansdom

Der Stephansdom ist der bedeutendste gotische Bau Österreichs mit hochgotischem Chor und spätgotischem Langhaus

(1304–1450). Der 137 m hohe Südtürm, im Volksmund „Steffl“ genannt, ist das Wahrzeichen Wiens. Die „Pummerin“ im Nordturm läutet als größte Glocke Österreichs unter dem Jubel der Bevölkerung das neue Jahr ein.

Erzbischöfliches Palais

Das Erzbischöfliche Palais, Barockbau aus den Jahren 1631–1641 gegenüber dem Dom, beherbergt das sehenswerte Dom- und Diözesanmuseum.

Pestsäule

Die 21 Meter hohe Pestsäule am Graben, der vornehmen Geschäftsstraße, wurde nach einem Entwurf von Johann Bernhard Fischer von Erlach d. Ä. zwischen 1682 und 1694 aus Salzburger Marmor errichtet.

Peterskirche

Die Peterskirche am Petersplatz wurde der Legende nach von Karl dem Großen gestiftet. Der Zentralbau mit mächtiger elliptischer Kuppel wurde ab 1702 neu aufgeführt.

Schottenkirche

Die Schottenkirche auf der Freyung, im 12. Jh. von Herzog Heinrich Jasomirgott gegründet, beherbergt die „Schotten-Muttergottes“, die älteste hochverehrte Marienstatue Wiens.

Börse, Böhmische Hofkanzlei, Rathaus

Vom Schottenring ab der Börse, die im antikisierten Renaissancestil 1872–1877 erbaut wurde, führt die Wipplinger-Straße stadteinwärts. Hier liegen die von Johann Bernhard Fischer von Erlach d. Ä. im hochbarocken Stil errichtete Böhmische Hofkanzlei und ihr gegenüber das Alte Rathaus mit einer reichgegliederten Barockfassade. Der Andromeda-Brunnen im Hof ist das letzte Werk Raphael Donners.

Kirche Maria am Gestade, Hoher Markt, Ankeruhr, Ruprechtskirche

Unweit davon in der Salvatorgasse steht die Kirche Maria am Gestade aus dem 14 Jh., ein Meisterwerk der Gotik.

Vom Stephansplatz kommt man durch die Rotenturmstraße zum Hohen Markt, unter dem Ruinen des römischen Vindobona besichtigt werden können. Die Ankeruhr präsentiert um 12 Uhr mit Musikbegleitung geschichtliche Figuren.

Die romanische Ruprechtskirche nördlich vom Hohen Markt wurde ab dem 11. Jh. gebaut und gilt als die älteste Kirche Wiens.

Neuer Markt, Donner-Brunnen, Kapuzinergruft

Am Neuen Markt mit dem von Georg Raphael Donner 1737–1739 geschaffenen Donner-Brunnen steht die Kapuzinerkirche mit angeschlossenem Kloster, von wo man in die Kapuzinergruft, der Familiengruft der Habsburger seit 1633, gelangt.

Albertina, Augustinerkirche

Im Südteil der Innenstadt, am Albertinaplatz mit dem Mozart-Standbild und dem Danubius-Brunnen, liegt das für Erzherzog Karl 1801–1804 umgebaute Empirepalais, in dem sich die graphische Sammlung Albertina und das österreichische Filmmuseum befinden.

Nordwestlich davon befindet sich die von Friedrich dem Schönen gegründete Augustinerkirche mit dem „Herzgrüftl", in dem die Silberurnen mit den Herzen von 54 Habsburgern aufbewahrt sind.

Nationalbibliothek, Winterreitschule, Spanische Reitschule

Der anschließende Josefsplatz wird umgeben von der Österreichischen Nationalbibliothek, den Redoutensälen der Hofburg und der Winterreitschule, wo die Vorführungen der Spanischen Reitschule stattfinden.

Michaelerkirche Minoritenkirche/ Maria Schnee

Sehenswert sind die in der Nähe befindlichen Sakralbauten, wie die im 13. Jh. entstandene Michaelerkirche und die Minoritenkirche/Maria Schnee aus dem 14. Jh., die neben dem Dom von St. Stephan zu den ältesten und künstlerisch wertvollsten Kirchen von Wien zählen.

Im Südwesten der Innenstadt liegt als weltliches Zentrum Wiens die Hofburg, die mit dem zu einem Heldendenkmal umgestalteten Burgtor den Abschluß gegen den Ring bildet. Sie umfaßt u.a. die Neue Hofburg, den Leopoldinischen Trakt, den Michaelertrakt und den Schweizertrakt mit den ältesten Teilen der Burg.

Hofburg

Ringstraße – Große Prunkstraße Wiens:

An der Opernkreuzung, am Opernring, fasziniert die Staatsoper, die zwischen 1861 und 1869 von Eduard van der Nüll und August von Siccardsburg in Renaissanceform erbaut wurde.

Staatsoper, Burgtor, Heldenplatz

Westlich davon, am Burgring, dehnt sich auf der rechten Seite der 1818 angelegte Burggarten aus. Es folgt dann das Völkerkundemuseum und das Burgtor. Dahinter liegt der Heldenplatz mit dem Prinz-Eugen- und Erzherzog-Karl-Denkmal.

Gegenüber auf der linken Seite des Rings thront inmitten des Maria-Theresien-Platzes das fast 20 m hohe figurenreiche Maria-Theresia-Denkmal, flankiert von den im Neurenaissancestil zwischen 1872 und 1890 errichteten Naturhistorischen und

Maria-Theresia-Denkmal, Natur- und Kunsthistorisches Museum

Kunsthistorischen Museum. Dahinter findet man den Messepalast und das Volkstheater.

Parlament, Justizpalast, Palais Trautson

Am Dr.-Karl-Renner-Ring liegt auf der linken Seite das in den Jahren 1874–1883 im griechischen Stil von Theophil Hansen erbaute Parlament und dahinter der Justizpalast und der Sitz des Justizministeriums im Palais Trautson, einem Meisterwerk des Hochbarocks.

Volksgarten, Burgtheater, Rathaus, Universität

Nach Norden folgt der Dr.-Karl-Lueger-Ring, rechts mit dem Volksgarten, in dem der Theseus-Tempel aus 1823 steht, und dem Burgtheater, von Gottfried Semper und Karl Freiherr von Hasenauer von 1880–1886 im Spätrenaissancestil errichtet.

Gegenüber liegen das monumentale neugotische Rathaus mit sieben Höfen und einem 98 m hohen Turm sowie die Universität, ein 160 m langer Hochrenaissancebau von Heinrich von Ferstel.

Votivkirche, Konzerthaus, Stadtpark

Die Votivkirche am Rooseveltplatz wurde zum Dank für die Errettung des jungen Kaisers Franz Joseph bei einem Attentat von 1853 gestiftet und 1856–1879 von Heinrich von Ferstel erbaut.

Von der Opernkreuzung ausgehend kommt man in südöstlicher Richtung entlang des Kärtner- und Schubert-Ringes vorbei am Schwarzenbergplatz, mit dem Hochstrahlbrunnen im Hintergrund, zum Konzerthaus und zum Stadtpark, der sich östlich vom Parkring erstreckt. Hier steht neben einer Reihe von Denkmälern das Bronzestandbild des weltbekannten Walzerkönigs Johann Strauß Sohn vor einem Marmorrahmen.

Regierungsgebäude, Urania

Am Stubenring findet man rechts noch das von Heinrich von Ferstel errichtete Museum für angewandte Kunst, das Regierungsgebäude und am Ende das Volksbildungshaus Urania mit einer gern besuchten Sternwarte.

Außenbezirke:

Prater, Donaupark, Donauturm, UNO-City, Austria Center Vienna

Von der Urania führt die Praterstraße in den Prater, einer ausgedehnten Parkanlage zwischen Donaukanal und Donau. Hier befindet sich der Volksgarten mit dem Riesenrad, einem Wahrzeichen von Wien, dem Planetarium, dem Messegebäude und der Trabrennbahn.

Nordöstlich vom Prater liegt der rund 100 ha große Donaupark. Hier befinden sich der 170 m hohe Donauturm, der Irissee und die Donauparkhalle mit der Kunsteisbahn sowie die UNO-City, in der die in Wien ansässigen UN-Organisationen ihre Büros haben, und das Austria Center Vienna, das internationale Kongreßzentrum.

Schloß Belvedere

Zwischen Schwarzenbergplatz und Südbahnhof kann man das Hauptwerk des großen Barock-Baumeisters von Wien Johann Lukas von Hildebrandt bewundern: das Belvedere. Der Sommersitz für den Prinzen Eugen von Savoyen ist zwischen 1700 und 1723 entstanden. Er gliedert sich in das als Wohnschloß errichtete Untere Belvedere und das durch den Belvedere-Garten getrennte Obere Belvedere. Dieser kunstvoll angelegte Garten mit einem reichhaltigen Alpengarten stammt vom Pariser Gartenbaumeister Dominique Girard. Im Oberen Belvedere ist heute die österreichische Galerie des 19. und 20. Jhs. untergebracht.

Schloß Schönbrunn

Im Nordwesten der Stadt, rund vier Kilometer von der Innenstadt entfernt, errichtete zwischen 1696 und 1700 Johann Bernhard Fischer von Erlach die bewundernswerte Barockanlage von Schloß und Park Schönbrunn. Fünfzig Jahre später ließ Maria Theresia ihren Lieblingssitz durch Nicolaus Freiherr von Pacassi teilweise umbauen und die Innenräume in einem schlichten Barock einrichten. Neben dem Schloß zählen die Wagenburg, die fast 2 km^2 großen Parkanlagen, die Gloriette mit ihrer 135 m langen zierlichen Säulenhalle und der Schönbrunner Tiergarten zu den begehrtesten Sehenswürdigkeiten jedes Wien-Besuchers.

Da viele führende Persönlichkeiten Österreichs seit Jahrhunderten ihre Sommersitze von Wien in die reizvolle Umgebung verlegt haben, bietet diese sowohl südlich als auch nördlich der Hauptstadt eine Anzahl von interressanten Sehenswürdigkeiten. Viele Orte haben sich aber auch auf die Ausflügler aus der Bundeshauptstadt eingestellt. Es werden daher in der Folge diese Ausflugsziele aufgezeigt, die für jeden Wien-Besucher leicht zu erreichen sind. Von Wien aus gibt es zahlreiche Möglichkeiten, die historisch trächtige und landschaftlich wohl einmalige Umgebung kennenzulernen.

Perchtoldsdorf

Wir machen einen Ausflug in den Süden, und unsere erste Station ist Perchtoldsdorf, im Volksmund auch „Petersdorf" genannt. Dieser idyllische Weinort, am Südhang des Sonnberges gelegen, verdankt seine Gründung den Babenbergern. Albrecht IV. verlieh Perchtoldsdorf am 4. Juli 1400 das Marktrecht, und sechs Jahre später erhielt der Ort von Herzog Wilhelm das charakteristische Wappen: Im Bindenschild steht, in eine Mauer eingebunden, ein Wehrturm mit drei Zinnen.

Pfarrkirche zum hl. Augustin, Wehrturm

Die Pfarrkirche zum hl. Augustin, eine bemerkenswerte gotische Hallenkirche aus dem Jahre 1216, erhielt 1340 unter Wiener Einfluß einen dreischiffigen Staffelchor mit 5/8 Schluß in den Apsiden. Sie bildet den Mittelpunkt der hochgelegenen, ehemals befestigten Wehranlage, zu der auch die um 1340 erbaute Herzogsburg, die Martinskapelle aus dem Jahre 1514 und der 45 m hohe freistehende Wehrturm mit einer Seitenlänge von 12,50 m und sechs Geschossen aus der ersten Hälfte des 15. Jhs. gehören.

Im Ort selbst finden wir viele schöne Renaissancehäuser, ein Rathaus mit einem gotischen Erker und einem interessanten Sitzungssaal aus dem 15. Jh., die Pestsäule auf dem Marktplatz mit Figuren von Johann Bernhard Fischer von Erlach sowie das Hugo-Wolf-Haus.

Mödling

Das rund 10 km entfernte Mödling an der Südbahnlinie am Rande des Wienerwaldes mit seinen rund 19.000 Einwohnern ist ebenfalls eine alte Babenbergerstadt, die bereits 907 erwähnt worden ist. Die im 11. Jh. stark ausgebaute Slawensiedlung aus dem 6. Jh. erhielt 1252 das Marktrecht und wurde 1875 zur

Stadt erhoben. Die im Norden und Süden des Engtales des Mödlinger Wildbaches gelegenen Höhen mit zerklüfteten Kalkfelsen sind mit alten Föhrenwäldern bestanden und bieten eine gute Fernsicht über das gesamte Wiener Becken und hinunter bis zum Leithagebirge.

Pfarrkirche St. Othmar

Zu den interessantesten Sakralbauten zählt die um 1523 vollendete gotische Pfarrkirche St. Othmar mit barocker Ausstattung, die bereits sechs Jahre später von den Türken zerstört worden ist und erst im 17. Jh. restauriert wurde. Der Hochaltar und der Chor, in dem ein Sakramentshäuschen in Astwerkgotik um 1500 steht, sowie das Chorgestühl stammen aus dem 18. Jh. Erwähnenswert sind noch gotische Grabsteine und das Grab Herzog Přzemysls aus dem Jahre 1493.

Romanischer Karner

Das älteste Kunstdenkmal Mödlings ist der romanische Karner aus dem ausgehenden 12. Jh., ein aus Quadern gefügter zweigeschossiger Rundbau mit einem Zwiebelturm, der auch den Turm der Pfarrkirche ersetzt. Das über dem dreifach abgetreppten rundbogigen prächtigen Portal befindliche Relief (ein Reiter, der einen Hirsch verfolgt) soll Theoderich, ähnlich dem Relief von San Zeno in Verona, darstellen. Im Inneren finden wir leider nur mehr schlecht erhaltene Fresken aus dem 13. Jh.; die Bemalung des Hauptraumes zeigt Szenen aus dem Leben des hl. Pantaleon.

Weitere Sehenswürdigkeiten sind das Rathaus am Schrannenplatz mit einer dreiteiligen Renaissance-Loggia von 1548, das Anton-Wildgans-Denkmal am Fuße des Kirchberges und das Hafnerhaus an der Hauptstraße. Hier wohnte in den Sommern 1818 und 1819 Ludwig van Beethoven, wo er seine „Missa solemnis" schuf, die alljährlich in der St.-Othmar-Kirche aufgeführt wird.

Ruine Burg Mödling

In der unmittelbaren Umgebung von Mödling finden wir die künstliche Ruine des „Schwarzen Turmes", das Pfefferbüchsel und das Amphitheater sowie die Ruine „Burg Mödling". Hier schuf der größte Minnesänger des Mittelalters, Walther von der Vogelweide, im 13. Jh. seine unvergeßlichen Weisen. Sehenswert ist auch das Schloß aus dem 16. Jh., das vom Kornhäusl-Schüler Josef Engel klassizistisch ausgebaut wurde.

Hinterbrühl, SOS-Kinderdorf, Seegrotte

Wir fahren von Mödling durch das anmutige Tal des Mödlingbaches zur Marktgemeinde Hinterbrühl, bekannt durch das von Hermann Gmeiner 1957 errichtete größte SOS-Kinderdorf Europas. In einem aufgelassenen Gipsbergwerk findet sich eine sehenswerte Seegrotte, die täglich zu einer Motorbootfahrt einlädt. Mit 6200 m^2 ist sie Europas größter unterirdischer See. In dem am Ende des Ortes gelegenen Hotel Höldrichsmühle entstand das Schubertlied „Am Brunnen vor dem Tore".

Auf dem in der Nähe befindlichen 496 m hohen Kleinen Anninger errichtete Josef Kornhäusel 1813 auf Veranlassung des Fürsten Johann I. von Liechtenstein den Husarentempel, eine klassizistische freie Nachbildung eines dorischen Tempels. In der Krypta sind sieben Husaren bestattet, die den Bauherrn in der Schlacht bei Aspern 1809 aus dem Kampfgetümmel gerettet haben und denen zu Ehren er den Tempel schaffen ließ.

Heiligenkreuz, Zisterzienserkloster

In einem von Wäldern umschlossenen Talkessel des Wienerwaldes liegt die Sommerfrische Heiligenkreuz. Hier befindet sich das älteste Zisterzienserkloster Österreichs, das Markgraf Leopold III. der Heilige, einer Mahnung seines geliebten Sohnes Otto folgend, am 11. September 1133 gründete. Es stellt einen Markstein für die Entwicklung der österreichischen Kultur dar. Die Besiedlung erfolgte unmittelbar von Morimond aus, einem Tochterkloster von Citeaux (lateinisch: Cistercium) in Ostfrankreich. Otto verbrachte in der Zisterze von Mori-

mond sechs Jahre und wurde hier 1138 zum Abt und einen Tag später zum Bischof von Freising geweiht.

Der ursprünglich durch die Mönche aus Morimond begonnene Holzbau wurde bereits ab 1150 durch einen Steinbau ersetzt, von dem noch der Westflügel des Kreuzganges erhalten ist. Die Bautätigkeit wurde durch die kriegerischen Einfälle der Ungarn im 15. Jh. und der Türken im Jahre 1529 sowie durch die schlechte wirtschaftliche Lage des Stiftes stark reduziert. Erst ab dem 17. Jh. begann man wieder mit dem weiteren Ausbau. Es entstanden die Anlagen des neuen frühbarocken Stiftsgebäudes und gegenüber der Kirche die schönen zweigeschossigen Arkaden mit dem Gasttrakt und der Gemäldegalerie mit deutschen Werken des 15. Jhs. und Bildern des österreichischen Barocks. Bemerkenswert im Klostergebäude ist der zwischen 1220 und 1240 errichtete Kreuzgang mit 300 Säulen aus rotem Marmor, schönen Maßwerkfenstern und 28 Grabsteinen aus dem 13. Jh. Zu erwähnen sind außerdem der Kapitelsaal, eine quadratische Halle mit vier achteckigen Pfeilern, mit dem Grabstein des letzten Babenbergers, Friedrich II. des Streitbaren, der am 12. Juni 1246 im Kampf gegen die Ungarn gefallen ist, sowie das frühgotische Brunnenhaus mit dem ersten Babenberger-Stammbaum.

Stiftskirche

Die Stiftskirche Maria Himmelfahrt, ein zwischen 1135 und 1160 errichteter romanischer Langhausbau ohne Turm, zählt zu den bedeutendsten im ganzen deutschen Raum. Durch zwei Portale mit fast runden Säulen, im Tympanon der Lebensbaum, betreten wir eine gewaltige Basilika mit mächtigen Pfeilern. Die Maßwerkfenster und Glasmalereien entstanden um 1300. Die ursprüngliche Ausstattung wurde anläßlich der Restaurierung im 19. Jh. durch eine neugotische ersetzt. Den jetzigen Hochaltar schuf 1887 Domenico Avancano. Erhalten blieben die Altarblätter von Johann Michael Rottmayr, der seit 1698 kaiserlicher Hofmaler in Wien war und 1704 den Adelstitel erhielt, und Martin Altomonte. Das prächtige Chorgestühl mit figürlicher Plastik stammt von Giovanni Giuliani aus dem Jahre 1707.

Die Dreifaltigkeitssäule und der Josefsbrunnen im Hof des Klosters sind ebenfalls Werke von Giovanni Giuliani von 1739.

Alland

Über Alland, einer kleinen Sommerfrische an der Niederösterreichischen Barock-Straße, wo das Geburtshaus des Babenbergers Friedrich von Baden und ein Haselnußbaum aus der Türkenzeit stehen, kommen wir nach Mayerling.

Mayerling, Schloß

Das Schloß, das der Kronprinz Erzherzog Rudolf von Habsburg-Lothringen 1886 von Stift Heiligenkreuz erworben hatte, wurde von ihm zu einem Jagdschlößl umgebaut. Nachdem der Kronprinz hier unter nicht geklärten Umständen mit der Baronesse Mary Vetsera 1889 Selbstmord begangen hatte, übergab Kaiser Franz Josef das Schloß den Karmeliterinnen aus Baumgarten. Das Zimmer des Kronprinzen wurde zur Erinnerung an sein tragisches Ende auf Wunsch der Kaiserin zu einer Totenkapelle umgebaut. Während die Baronesse im Friedhof von Heiligenkreuz begraben ist, wurde der Kronprinz in der Kapuzinergruft in Wien beigesetzt.

Helenental, Ruine Rauhenstein, Ruine Rauheneck

Weiter geht es nun durch das liebliche, landschaftlich reizvolle Helenental. Die Straße verläuft am linken Ufer der Schwechat, den vielen Windungen des Flüßchens folgend, während am rechten Ufer der romantische Fußweg „Das kleine Wegerl im Helenental", bekannt durch Alexander Steinbrechers Vertonung, durch Wälder und Wiesen zieht. Bewacht wird der Eingang ins Helenental von zwei mächtigen Burgruinen. Zirka 100 m über dem linken Ufer der Schwechat thront Rauhenstein, deren quadratischer Turm und die dreistöckigen Palastmauern aus dem 12. Jh. stammen.

Vom mauerstarken Bergfried bietet sich heute ein weiter Blick in das Land. Die gegenüberliegende Ruine Rauheneck stellt den Rest der 1529 von den Türken zerstörten Burg dar. Ihr Charakteristikum ist der 25 m hohe, mit 3 m starken Mauern in Dreiecksform gebaute Bergfried. Er ist innen gut restauriert und mit Stiegen versehen, die auf das Plateau führen, von dem wir ebenfalls eine wunderbare Aussicht genießen können. In 43 mächtigen, bis 20 m hohen Rundbögen überquert den Talgang ein 1873 erbauter langer Aquädukt, der täglich rund 90.000 m^3 Wasser nach Wien bringt.

Baden

Die Helenenstraße führt durch ein großes Felsentor direkt nach Baden, das mit seinen rund 28.000 Einwohnern und einer Gesamtfläche von 27 km^2 zu einer der größten, aber auch schönsten Kurstädte Europas zählt. Sie liegt am Rande des pannonischen Raumes und an einer geologischen Bruchlinie. Diesem Umstand verdankt die Stadt ihr ausgeglichenes, fast mediterranes Klima und ihre heilenden Schwefelthermalquellen. Sie haben eine natürliche Temperatur bis 30 Grad Celsius. 14 muriatisch-sulfatische Thermen bilden derzeit die Grundlage der spezifischen Badener Kurbehandlung. Tag für Tag werden über sechs Millionen Liter „hochkarätiges" Schwefelwasser u. a. für alle Erkrankungen der Gelenke und Muskeln im subakuten oder chronischen Zustand genutzt. Damit wurde Baden nicht nur eine internationale Kurstadt mit einem bekannten Trabrennplatz, sondern vor allem Österreichs bedeutendstes Rheumaheilbad.

Bereits die Römer kannten den Badeort Aquae Pannonicae und benutzten im 1. Jh. n. Chr. die heilkräftigen Schwefelquellen. 869 scheint zum erstenmal der Name „Padun" auf, und 1480 erhielt der Ort das Stadtrecht und das Stadtwappen, das zwei Figuren, einen Mann und eine Frau, in einem Badezuber in rot-weiß-rotem Bindenschild zeigt. Kaiser Franz I. machte Baden 1803 zur Kaiserresidenz, und 30 Jahre verbrachte die kaiserliche Familie jeden Sommer hier. Nach dem großen Brand von 1812 wurde die Stadt von Baumeister Josef Kornhäusel, dem Repräsentanten der Biedermeier-Baukunst, in seinem Stil und Sinne neu aufgebaut.

Kaiserhaus, Beethovenhaus, Floravilla

Auf dem Hauptplatz finden wir das 1814–1815 nach Plänen von Josef Kornhäusel im Empirestil erbaute Rathaus, das Kaiserhaus, den Sommersitz Kaisers Franz I., und die barocke Dreifaltigkeitssäule, die zum Dank für die Rettung von der Pest in den Jahren 1713–1718 errichtet wurde. In der Rathausgasse steht das Beethovenhaus, wo 1823 der größte Teil der IX. Symphonie entstand. In der Frauengasse besichtigen wir die Floravilla, den Sommersitz von Maria Luise, Gemahlin Napoleons I., und des Herzogs von Reichstadt in den Jahren 1818–1834, und den Magdalenenhof, wo Beethoven 1822 und Grillparzer 1848–1850 wohnten. Hier befindet sich auch die auf das Mittelalter zurückgehende Frauenkirche, die frühere Hofkirche, mit dem gotischen Kreuzgang des ehemaligen Augustiner-Klosters und dem Doppelgrabstein der Stifter aus dem Jahre 1299. Im Mozarthof in der Renngasse 4 schrieb Wolfgang Amadeus Mozart 1791 sein unvergängliches „Ave verum".

Pfarrkirche St. Stephan

An Sakralbauten ist vor allem die Pfarrkirche St. Stephan, ein spätgotisches Bauwerk, zu nennen, in dem romanische Teile erhalten sind. Zwischen dem kurzen einschiffigen Chor und dem dreischiffigen Langhaus erhebt sich die Turmpartie, die den Nord- und Südturm sowie das dazwischenliegende rechteckige Joch aus der Spätromanik des 13. Jhs. enthält. Der gotisierende Turm mit Hauben wurde 1697 hochgeführt. Die Vorhalle zum Portal wirkt wie eine Vereinfachung der Primtor-Vorhalle am Stephansturm in Wien. Der neogotische Hochaltar, der an Stelle des einstigen spätbarocken Hochaltars von dem Tullner Bildhauer Sebastian Guerner errichtet wurde, enthält noch das alte Altarbild von Paul Troger aus dem Jahre 1745, die Steinigung des hl. Stephanus darstellend. Bemerkenswert sind noch die Epitaphe an den Pfeilern.

Pfarrkirche St. Helena

In der Pfarrkirche St. Helena im Helenental ist der sogenannte Töpferaltar aus dem Jahre 1500 sehenswert. Er wurde aus dem Wiener Stephansdom hierher verbannt, weil an der Darstellung des Hl. Geistes in Menschengestalt (ab 1745 ist nur mehr die Taube erlaubt) Anstoß genommen worden ist.

Kurpark, Undine- und Strassern-Brunnen, Blumenuhr

Baden ist auch eine Stadt der Gärten und Rosen. Der Kurpark zählt zu einer der schönsten Parkanlagen Österreichs, der sich vom Zentrum der Stadt bis in den Wienerwald erstreckt. Im Anschluß an die herrlich gepflegte Parklandschaft erschließt er auf bequemen Wanderwegen ein fast unerschöpfliches Ausflugsgebiet. Wenn wir durch das Haupttor die Anlage betreten, finden wir auf der rechten Seite den malerischen Undine-Brunnen, der vom Wiener Bildhauer Josef Kassin zur Erinnerung an die Eröffnung der Badener Wasserleitung am 1. Juni 1903 geschaffen worden ist. Er zeigt Szenen aus dem Märchen Undine von Friedrich de la Motte-Fouque. Einige Meter oberhalb stehen der Strassern-Brunnen aus dem Jahre 1880, ein Sonnen-Chronometer, das der Verschönerungsverein 1908 gewidmet hat, und das Denkmal für Kaiser Joseph II. Auf der linken Seite fasziniert jeden Besucher die künstlerisch gestaltete Blumenuhr beim neugestalteten Kongreßhaus und anschließenden Spielcasino, dem ältesten und größten Casinobetrieb in Österreich. Nunmehr wurde das Kongreßhaus in das Spielcasino eingegliedert, das damit zum größten Europas ausgebaut worden ist. Wenn wir die Hauptallee hinaufgehen, kommen wir am Musikpavillon, wo in den Sommermonaten die beliebten Kurkonzerte stattfinden, und am Grillparzer-Denkmal vorbei. Über eine Steintreppe gelangen wir zum Lanner-Strauß-Denkmal, das von prächtig gestalteten Blumenbeeten umrahmt ist. Links davon sehen wir die Städtische Arena, eine der ersten Freiluftbühnen Europas, die bei Schlechtwetter durch ein Glasdach zu schließen ist. Hier finden während des Sommers beliebte Operettenvorstellungen statt. Rechts davon liegen der Mozart- und der Beethoventempel.

Doblhoffpark, Schloß

Ein weiteres Juwel Badens ist der Doblhoffpark mit seinem Schloßteich, ein Entenparadies, und dem einzigartigen Rosarium, in dem wir rund 30.000 Rosen bewundern können. Das Schloß, früher eine Wasserburg, geht bis auf das Jahr 1233 zurück und ist heute ein gern besuchtes Seminarhotel. Im Monat Juni gibt es hier die Badener Rosentage mit der Wahl der schönsten Rose und der Rosenkönigin.

Das 1909 errichtete Jubiläumstheater mit einem ständigen Ensemble bietet überwiegend gut besetzte Operettenaufführungen, aber auch Gastspiele vor allem der Bühnen aus Wien mit Sprechstücken, Opern und Musicals. Den Theater-Platz ziert der Eratobrunnen.

Es lohnt sich, einen Theaterbesuch einzuplanen, zumal zwischen Baden und Wien eine gute Verbindung durch die Wiener Lokalbahn bis 2 Uhr früh besteht.

Kaiser Franz Josef- und Rollett-Museum

Eine Besichtigung wert sind auch die beiden Museen: das Kaiser Franz Josef-Museum für Handwerk und Volkskunst im oberen Teil des Kurparks, das eine umfangreiche Sammlung von volkskundlichen Gegenständen aus der Umgebung von Baden, Handwerkzeug, Waffen und Uniformen birgt. Im Heinrich Strecker-Stüberl, einer Gedenkstätte für den Badener Komponisten, können wir nach dem Museumsbesuch gemütlich eine Jause mit Kaffee und Badener Kipferln genießen. Am Weikersdorferplatz befindet sich das städtische Rollett-Museum mit seiner prähistorischen und archäologischen Sammlung, dem Herbarium mit 12.000 Sorten der vollständigen Flora von Baden sowie der Gall'schen Schädel- und Büstensammlung mit Totenmasken berühmter Persönlichkeiten wie die Original-Lebendmaske Napoleons I., die Totenmaske des Herzogs von Reichstadt, des Erzherzogs Karl u. a.

Gumpoldskirchen

Nach Gumpoldskirchen kommen wir auf unserer Fahrt zurück nach Wien auf der Weinbergstraße. Sie führt durch üppige Weingärten, hingelehnt an die sonnigen Hänge des Anningers. Die Geschichte dieses weltberühmten Weinortes, dessen Name nicht nur eine Ortsbezeichnung, sondern auch ein Qualitätsbegriff für den ausgezeichneten Wein ist, geht bis in die Zeit des römischen Kaisers Probus zurück, der von 276–282 regierte. Der Brunnen am Platz mit einem Trog aus einem römischen Sarkophag und eine römische Wegsäule vor dem Rathaus sind Zeugen dieser Zeit. Herzog Friedrich II. übergab 1241 Gumpoldskirchen dem Deutschen Orden. Das Schloß des Deutschen Ritterordens mit dem breiten Burggraben aus dem 18. Jh. steht am oberen Ende des Ortes. Daneben befindet sich die gotische Pfarrkirche zum hl. Michael mit einem wuchtigen quadratischen Turm aus der ersten Hälfte des 15. Jhs. Die dreischiffige Hallenkirche hat links eine barocke und rechts eine Seitenkapelle im gotischen Stil mit einem neugotischen Altar, aber alten Figuren aus dem 14. Jh. Das Renaissance-Rathaus mit breiten Lauben und einem Eckturm stammt aus dem 16. Jh.

Wer nicht selbst sein Fahrzeug lenken muß, der kann in einem der gotischen Keller, die aus dem 14. bis 16. Jh. stammen, oder

in einer gemütlichen Buschenschenke die Gastlichkeit, vor allem aber den guten Tropfen Gumpolds, wie der Ort in der Kurzform genannt wird, ausgiebig genießen. Es gibt auch ausreichend gute Autobus- und Zugsverbindungen von und nach Wien, so daß wir auch einen unbekümmerten Nachtmittagsausflug unternehmen können, der bestimmt unvergeßlich bleiben wird.

Laxenburg

Eines der beliebtesten Ausflugsziele der Wiener und der Besucher der Wienerstadt ist der weltbekannte „Goldene Markt" Laxenburg, voll von historischen Sehenswürdigkeiten. Das ehemals kaiserliche Lustschloß mit einem über 200 ha großen Schloßpark geht auf die Wasserburg der Lachsendorfer zurück. Herzog Albrecht mit dem Zopf ließ im 14. Jh. das Schloß umbauen. Der im englichen Stil zwischen 1788 und 1800 angelegte Park, der von der Schwechat durchflossen wird, birgt eine Fülle romantischer Anlagen wie Grotten, kleine Wasserfälle, Brükken und Tempel. Die durch die Besatzungsmächte stark verwüsteten Gebäude wurden in den letzten Jahren durch die Länder Wien und Niederösterreich wiederhergestellt.

Schloß, Pfarrkirche, Franzensburg

Das alte Schloß mit gotischen Mauerresten wurde bereits 1136 genannt und besteht aus zwei aneinanderstoßenden Rechtekken, die je einen kleinen Hof umschließen. Gegenüber der von Matthias Steinl zwischen 1693 und 1726 erbauten Pfarrkirche, die als erste Barockkirche im Raume Wiens gilt, liegt der Blaue Hof. Dieser von Nikolaus Pacassi geschaffene spätbarocke Bau wurde von Kaiserin Maria Theresia und 1917–1918 von der kaiserlichen Familie bewohnt. Während des Wiener Kongresses, der unter der Leitung des österreichischen Staatskanzlers Fürst Metternich vom 18. 9. 1814 bis 9. 6. 1815 stattfand und die Neuordnung Europas zum Ziele hatte, war dieser Bau Mittelpunkt des höfischen Lebens. Über eine Brücke erreichen wir die zwischen 1801 und 1836 erbaute Franzensburg. Dieses Hauptwerk der klassizistischen Romantik, umgeben von einem 20 ha großen Teich, trägt den Namen des letzten Kaisers des Heiligen Römischen Reiches Deutscher Nation bzw. des ersten Kaisers von Österreich. Es handelt sich hier um eine Nachahmung einer mittelalterlichen Burg mit Türmen, Mauerzinnen, Wehrgängen und Toren. Die Teile kommen aus ganz Österreich und jedem Jahrhundert und die Ausstattung birgt österreichische Kunstwerke ersten Ranges. Im Habsburgsaal bewundern wir Statuen von Paul und Peter Strudel, darstellend die Habsburger von Rudolf I. bis Maria Theresia. Sehenswert sind die Burgkapelle, der Speisesaal und die Capella speciosa, wo Material von der Babenbergerburg in Klosterneuburg verwendet wurde. Die berühmten Laxenburger Glasmalerarbeiten aus dem 15. Jh. stammen von Gottlieb Mohn, Anton Kothgasser und Ernst Ehrenhaus. Die kunstvollen Holzdecken im Thronsaal, in den Empfangsräumen und im Lothringersaal kamen aus einer Reihe von Stiften und Schlössern. Im Lothringersaal befindet sich eine Ahnengalerie der bedeutendsten österreichischen Maler aus der ersten Hälfte des 19. Jhs., wie Leopold Kupelwieser, Ferdinand Waldmüller, Friedrich Amerling u. a. m.

Auf der Parapluiewiese entstand auf einer 10 ha großen Fläche ein Erholungszentrum mit Restaurant, einem modernen Campingplatz, einem Schwimmbad und einer Minigolfanlage. In der Franzensfeste können wir in der Kaffee-Meierei mit Turmgemächern und einer Sitzterrasse einen gemütlichen Nachmittag verbringen, bevor wir wieder nach Wien zurückkehren.

Orth a. d. Donau

Für Kurzausflüge nördlich von Wien ist besonders das Marchfeld mit seinen geschichtsträchtigen Schlössern und den malerischen Orten an der Donau mit einer von vielen begehrten Gastronomie zu empfehlen. Unser erster Besuch gilt Orth a. d. Donau am Südrand des Marchfeldes, ein von weiten Donauauen und fruchtbaren Feldern umgebener Markt. Von der im 12. Jh. erbauten und 1529 von den Türken zerstörten Wasserburg sind nur noch Mauerteile erhalten. Das Schloß, ein Dreiflügelbau mit einem quadratischen Ehrenhof und vier mächtigen Türmen, entstand 1550 unter Graf Salm. Es dient heute als Heimatmuseum und österreichisches Fischereimuseum und zeigt interessante Fischpräparate, historische und moderne Fanggeräte, Gemälde und Diarahmen, die die Entwicklung der Fischerei veranschaulichen. Das Donaumuseum birgt interessante Exponate über die bewegte Vergangenheit der Länder entlang des Schicksalsstroms und geht besonders auf die Schiffahrt ein. Es hat vom 15. März bis 15. November Saison, geöffnet ist es Dienstag bis Freitag von 9 bis 12 Uhr und 13 bis 17 Uhr, an Samstagen, Sonn- und Feiertagen von 9 bis 17 Uhr. Interessant ist auch der Speisesaal mit Täfelungen aus dem 16. Jh. und die Schneckenstiege aus dem 15. Jh.

Die ursprünglich stätgotische Pfarrkirche wurde 1690 barock umgebaut; ihr Hochaltar stammt aus dem Jahre 1780, die Seitenaltäre entstanden um 1740 und die Kanzel um 1690. Die Prangersäule ist ein Werk aus dem 17. Jh.

Eckartsau, Stammburg

Einige Kilometer flußabwärts liegt ebenfalls in der Aulandschaft die kleine, aber gern besuchte Marktgemeinde Eckartsau. Von 1192 bis zu ihrem Erlöschen 1507 herrschten die Herren von Eckartsau auf der Stammburg als Lehensleute des Hochstiftes Regensburg. In der Folge ging sie auf die Grafen Herberstein und 1720 auf Franz Ferdinand Graf Kinsky über. Dieser ließ in den Jahren 1722–1732 das mittelalterliche Wasserschloß in ein barockes Jagdschloß mit einem imposanten

Stiegenhaus und einem zentral gelegenen Festsaal von Joseph Emanuel Fischer von Erlach und Johann Lukas von Hildebrandt umbauen. Das Deckenfresko von 1732 stammt von Daniel Gran, während die Statuengruppe Lorenzo Mattielli schuf. Sehenswert sind noch die barocke Kapelle mit Fresken von F. v. Bottiers und das „Goldkabinett" mit dekorativen Malereien und reicher Einrichtung. 1762 wurde das Schloß Habsburgerbesitz, und Erzherzog Franz Ferdinand ließ es 1898 von Grund auf renovieren. Nachdem Kaiser Karl im Schloß Schönbrunn in Wien am 11. November 1918 ein Manifest an das deutschösterreichische Volk unterschrieben hat, in dem er auf jeden Anteil an der Regierung verzichtete, zog er sich nach Schloß Eckartsau zurück, wo er zu nächtlicher Stunde eintraf. Zwei Tage später dankte er vor dem Fürst-Primas Csernoch und Fürst Esterházy auch als König Karl IV. von Ungarn ab. Nach einem entbehrungsreichen Winter ging der Kaiser von hier am 23. März 1919 mit seiner Familie in die Schweiz ins Exil.

Schloß Niederweiden

Wir wenden uns jetzt nach Norden und kommen auf der B 210 zu dem eleganten, in den letzten Jahren hervorragend renovierten Schloß Niederweiden. Rüdiger Graf Starhemberg ließ es 1694 während der zweiten Türkenbelagerung von Johann Bernhard Fischer von Erlach erbauen. Das Schloß wurde 1727 von Prinz Eugen und 1755 von Kaiserin Maria Theresia erworben, die den Bau um ein Geschoß erhöhen ließ. Faszinierend sind der Haupttrakt mit der zweiarmigen Treppe, die zu dem ovalen Repräsentationssaal führt, und die weit vorspringenden Seitenflügel, die einen Hof bilden. Hier finden alljährlich gern besuchte Veranstaltungen und Ausstellungen statt.

Schloß Schloßhof

Ähnlich wie Niederweiden wurde auch das nur wenige Minuten entfernte Schloß Schloßhof 1755 von Kaiserin Maria Theresia wesentlich erweitert, nachdem sie es von Prinz Eugens Erbin Viktoria von Savoyen erworben hatte.

Prinz Eugen ließ einen ursprünglich befestigten Vierflügelbau zwischen 1725 und 1729 von Johann Lukas von Hildebrandt umbauen. An den bestehenden Trakt wurden zwei Flügel, deren Enden kleine Pavillons mit Mansardendächern abschließen, so angebaut, daß ein Ehrenhof entstand. Die von Hildebrandt 1732 vollendete Gartenanlage wird schlicht als „schönste barocke Gartenanlage" bezeichnet. Die Bilder von Bernardo aus Venedig, der 1759–1760 in Wien als Hofmaler tätig war, zeigen das Schloß vor dem Umbau – im Hintergrund die March und die Ruine Theben. Die Kapelle, ein quadratischer Raum von vollendeter Eleganz mit Deckenfresko von Carlo Carlone und einer Kreuzabnahme von Francesco Solimena, wurde 1725 vollendet. Heute ist auch Schloßhof weitgehendst renoviert und dient ebenfalls für Veranstaltungen und Ausstellungen.

Marchegg, Schloß

Unser nächster Besuch gilt der direkt an der March gelegenen historischen Stadt Marchegg, die 1268 von König Ottokar II. von Böhmen als Grenzfeste gegen Ungarn gegründet wurde. Sie ist die östlichste Stadt Österreichs in einem Gebiet, das als Marchauer Urlandschaft zum Naturschutzgebiet erklärt worden ist. Die alte Stadtmauer mit zwei Toren ist zum großen Teil noch erhalten. Das Schloß wurde nach mehreren Umbauten um 1733 barockisiert. Nachdem die Einrichtungen 1945 stark zerstört worden sind und das Schloß dem Verfall preisgegeben war, hat es die niederösterreichische Landesregierung renoviert und 1959 zu einem Jagd- und Wildmuseum umgebaut. Wir treten durch ein reizendes zartes Rokokogitter ein, und in zehn Schauräumen gibt es einen Überblick über die heimischen Wildarten und über die Jagd in historischer und moderner Zeit. Das Museum wurde zu einem beliebten Treffpunkt in- und ausländischer Weidmänner. Darüber hinaus ergänzen abwechselnd interessante Sammlungen aus verschiedenen Gebieten in Sonderausstellungen die vorhandenen Exponate, die über die Geschichte und Kultur des Weidwerkes informieren. Das Jagdmuseum kann vom 15. März bis 30. November von Dienstag bis Sonntag von 9 bis 12 Uhr und von 13 bis 17 Uhr besucht werden.

Pfarrkirche hl. Margarete

Die gotische Pfarrkirche hl. Margarete ist seit 1268 Pfarre; ihr ältester Bauteil, der Chor mit drei Jochen, stammt aus dem Jahre 1278. Das Langhaus wurde 1790 und der Westturm zwischen 1853 und 1856 erbaut. Im Inneren sind die schmalen, hohen Fenster, die figuralen Schlußsteine und Sitznischen mit Mittelfigur zu erwähnen.

Obersiebenbrunn, Schloß

Auf unserer Rückreise nach Wien kommen wir durch den kleinen, in der Nähe von Föhrenwäldern gelegenen Markt Obersiebenbrunn. Das Schloß der Siebenbrunner aus dem 12. Jh. erwarb 1725 Kaiser Karl VI., der es mit anderen Gütern Prinz Eugen schenkte. Dieser ließ es zu einem Vierflügelbau mit Portalturm umbauen. Im 18. Jh. wurde ein großartiger Garten angelegt, in dessen Mittelpunkt 1729 von Lukas von Hildebrandt ein Gartenpavillon als Querovalbau mit einem originellen Schindeldach errichtet wurde. Im Inneren finden wir reizende Groteskenmalereien von Jonas Drentwett aus Augsburg, die die Jahreszeiten als Thematik haben und die Freuden des Landlebens darstellen. Sie zeigen Götter, Tierkreiszeichen und Monatsbilder, begleitet von vier Entführungsszenen: Paris-Helena, Nessos-Deianira, Diana-Endymion und Pluto-Proserpina. Im Inneren der danebenliegenden Pfarrkirche Mariä Himmelfahrt, erbaut 1724, bewundern wir einen Hochaltar von 1730, eine Rokokokanzel und Kreuzwegbilder um 1760.

Im Marchfeld gibt es zahlreiche gutgeführte Restaurants, und wir wollen daher die herrliche Schlösser-Tour mit einem Abendessen mit den beliebten Marchfelder Spezialitäten beenden.

Nach einer kleinen Ruhepause geht unsere Fahrt von Wien aus am rechten Ufer weiter bis an die Grenze zur Slowakei.

Fischamend

Über Schwechat, den bekannten internationalen Flughafen, gelangen wir zur 4 km flußabwärts gelegenen Marktgemeinde Fischamend, die alte römische Militärstation Aequinoctio – eine wichtige Verbindung zwischen Vindobona und Carnuntum. Eine Besichtigung wert ist vor allem die klassizistisch eingerichtete Pfarrkirche St. Michael aus dem 18. Jh. mit einem Abendmahlbild aus dem Jahre 1765 von Franz Anton Maulpertsch, dem größten österreichischen Freskomaler. Im alten Marktturm mit einem Fisch als Krönung befindet sich das Heimatmuseum.

Von Fischamend, wo wir uns dem Fischfang in der Donau widmen können, gibt es erholsame und lehrreiche Spaziergänge in die Donauauen. Da in den letzten Jahren immer wieder Wünsche laut wurden, in diesem Augebiet Kraftwerke zu bauen und damit rund 3000 verschiedenen Tierarten den Lebensraum zu nehmen, hat der World Wildlife Found (abgek.: WWF) im Jahre 1989 die Aktion „Natur freikaufen" begonnen. 411 ha Land in der Regelsbrunner Au sollten für einen Nationalpark vor dem Zugriff der Kraftwerksbauer und Betonierer gerettet werden. Innerhalb eines Jahres konnte durch die Mitwirkung zahlreicher Künstler, vieler Privater und Firmen das nötige Geld aufgebracht werden, um die teilweise Rettung der Aulandschaft zu verwirklichen.

Maria Ellend, Wallfahrtskirche

Bei unserer Weiterfahrt kommen wir nach Maria Ellend, das eine Wallfahrtskirche aus dem Jahre 1770 mit schönem Fassadenmosaik von 1910 besitzt.

Petronell, Carnuntum

Unser nächster Besuch gilt einem der geschichtsträchtigsten Orte Österreichs: Petronell. Bereits kurz nach Christi Geburt errichteten die Römer an der Bernsteinstraße im Osten des Ortes Carnuntum ein Legionslager, das bis 400 n. Chr. als Garnisonsstadt und Stützpunkt der römischen Donauflotte diente. Von dem rund 475 m langen und bis 400 m breiten Militärlager sind in den letzten Jahren umfangreiche Ausgrabungen durchgeführt worden. Die zivile Stadt zeigt eine hohe Wohnkultur mit Heizungskanälen und Wasserleitungen; die Böden sind mit Mosaiks ausgelegt. Diese einstige römische Handelsmetropole dürfte in der Blütezeit rund 40.000 Einwohner gezählt haben, während das 20 km westlich gelegene Vindobona – unsere jetzige Hauptstadt Wien – noch ein kleines Fischerdorf war. Neben dem Lager entstand um 180 n. Chr. das erste Amphitheater mit einer geräumigen Arena für 8000 Zuschauer, einem Tierzwinger und der Nemesiskapelle. Commodus, der Sohn Marc Aurels, errichtete um 200 n. Chr. das zweite Amphitheater, eine 152 m mal 68 m große Arena, die 13.000 Besuchern Platz bot. Hier fanden Gladiatorenkämpfe mit Orgelmusik statt. Am Rande der Zivilstadt finden wir die Ruinen des 14 m hohen Heidentores, ein Pfeilerbau mit einem Tonnengewölbe. Es wird vermutet, daß es sich um einen für Constantius II. um 350 entstandenen Triumphbogen oder um einen Grabbau handelt. Die gesamte ehemalige Römerstadt Carnuntum, oftmals auch als „Pompeji vor den Toren Wiens" bezeichnet, mit einem Ausmaß von rund 10 Quadratkilometern, soll bis zum Jahr 2010 durch das Land Niederösterreich als „Archäologiepark" zur Gänze aufgeschlossen werden. Bereits heute kann im ganzjährig geöffneten Ausstellungsgelände die Rekonstruktion des Diana-Tempels als ein „Prunkstück" besichtigt werden.

Abensperg-Traunsches Schloß

Das Graf Abensperg-Traunsche Schloß, ursprünglich ein Wasserschloß, wurde im 17. Jh. von den Brüdern Carlone als Vierflügelbau umgestaltet. 1977 hat hier das niederösterreichische Landesmuseum das Donaumuseum als eine ihrer Außenstellen eingerichtet. Es versucht, dem Besucher einen Überblick über die Geologie, Naturgeschichte, Volkskunde und Kunst im Donauraum zu vermitteln, wobei unter den musealen Schauobjekten der „Petronellische Willkhumbecher", um 1560, und ein Puppenhaus, Anfang 17. Jh., aus der Sammlung Figdor mit 400 Einzelstücken besonders sehenswert sind.

Über eine 60 m lange Steinbrücke erreichen wir das Schloß, dessen dreigeschossige Außenfronten von achteckigen Ecktürmen mit Kegeldach flankiert sind. Die Fassaden des Innenhofes zeigen Kaiserbüsten über den Fenstern. Die prunkvolle Freitreppe mit Säulenbaldachin führt in die sala terrena mit Illusionsmalereien vom Ende des 17. Jhs. Außerdem weist das Schloß eine barocke Schloßkapelle aus dem Jahre 1762 und einen großen Rittersaal mit herrlichen Deckenfresken von Giovanni Pietro Tencala auf. Dieser war kaiserlicher Baumeister und Bildhauer im Barock, der in den Jahren 1658–1692 nachweislich in Wien in den Palais Lobkowitz und Esterhàzy tätig war.

Rundkapelle hl. Johannes d. Täufer

Die romanische Rundkapelle hl. Johannes der Täufer aus dem 12. Jh. dient heute als Abensperg-Traunsche Gruft und stellt einen der wertvollsten romanischen Rundbauten Österreichs dar. Beachtenswert sind der Treppengang und die Galerie aus dem 16. Jh. sowie die Wehrkapelle.

Der Grundriß der Kirche hl. Petronilla sind zwei sich schneidende Kreise, eine einmalige Verbindung zweier romanischer Kapellen. Im Bogenfeld des Trichterportals sehen wir den knabenhaften Christus, der von Johannes getauft wird. Die Wappengrabsteine stammen aus dem 16. und 17. Jh.

Rohrau, Geburtshaus von Joseph Haydn

Von Petronell machen wir einen Abstecher in den 5 km südlich gelegenen Markt Rohrau, wo wir das Geburtshaus von Joseph Haydn, Haus Nr. 60, mit zahlreichen Erinnerungsstücken besuchen. Sein Leben und das seines Bruders Michael sowie beider Werke sind hier ausführlich dokumentiert. Das Geburtszimmer, die Rauchkuchl und die Wohnstube zeigen, wie die Haydns im 18. Jh. gewohnt und gelebt haben. Das Haydn-Geburtshaus ist ganzjährig von Dienstag bis Sonntag von 10 bis 17 Uhr zugänglich. Der Grabstein Haydns ist in der Bergkirche in Eisenstadt zu finden. Haydn hatte bereits zu Lebzeiten große Erfolge, und besonders seine Sinfonien sind durchwegs auf Bestellung geschrieben worden.

Schloß Harrach

Eine weitere Sehenswürdigkeit ist das Schloß Harrach. Dieses mehrfach umgebaute Wasserschloß befindet sich seit 1524 im Besitz der Grafen Harrach, die in Österreichs Geschichte eine bedeutende Rolle spielen. Aufgrund ihrer europaweiten Mission für Österreich hatten sie hier Gelegenheiten, Bilder aus ganz Europa zu sammeln. Heute birgt das Schloß Österreichs größte Privatgalerie. Den Grundstein legten Ferdinand Bonaventura I. Graf von Harrach, 1636–1706, und dessen Sohn Aloys Thomas Raymund, Vizekönig von Neapel (1728–1733). In mit kostbarem Mobiliar ausgestatteten Räumen kann man Werke italienischer, spanischer, französischer und niederländischer Meister wie Ruisdael, Valckenburg, Jordaens, van Dyck, Rubens, Breughel, Rigaud u. a. bewundern. Neben den Bildern sind besonders Handzeichnungen und Kupferstiche zu erwähnen.

Bad Deutsch-Altenburg, Museum Carnuntinum

Bad Deutsch-Altenburg ist ein bereits den Römern bekanntes Jod-Schwefel-Heilbad. Das Museum Carnuntinum, das 1904–1905 durch Friedrich Ohmann und August Kirstein erbaut wurde, beherbergt einen Großteil der Funde aus den Grabungen im Lager Carnuntum und dessen Umgebung. Wir finden hier u. a. ein Mithrasheiligtum mit dem Kultbild einer Stiertötung und Weihegeschenken, Statuen, Altäre aus Heiligtümern, Waffen und Schmuck. Es wurde zwischen 1987 und1991 auf neuen Glanz gebracht, vollkommen neu aufgestellt und zeigt sich heute als das schönste und modernste archäologische Museum Österreichs. Im Erdgeschoß finden wir eine Repräsentation der alten Kulte, vor allem den in Carnuntum sehr starken Mithras-Kult. Auf der Galerie wird die römische Provinz überwiegend anhand von Münzen dargestellt, während der Nordflügel dem römischen Militär gewidmet ist. Die Darstellung der Entwicklung aller römischen Waffengattungen ist einzigartig in Europa. Der Südflügel informiert über das Alltagsleben in Carnuntum, wobei sich der Bogen von der Wirtschaft und dem Weinbau bis zu Schmuck und Mode spannt.

Wasserschloß Ludwigstorff

Im ehemaligen vierflügeligen Wasserschloß Ludwigstorff aus dem 17. Jh. wurde das erste österreichische Afrikamuseum eingerichtet, das unter anderem die umfangreiche Trophäensammlung des bekannten Großwildjägers Ernst Zwilling zeigt. Eine besondere Attraktion stellen die Tierpräparate dar. Die völkerkundlichen Exponate sind weit über die Landesgrenzen hinaus berühmt. Der Besuch des Museums ist vom 1. April bis 11. November, Dienstag bis Sonntag von 9 bis 12 und von 12.30 bis 17 Uhr möglich. Im Schloßhof befindet sich ein alter Ziehbrunnen mit einem schmiedeeisernen Gitter aus dem 17. Jh.

Pfarrkirche Mariae Empfängnis

Die Pfarrkirche Mariae Empfängnis zählt zu den ältesten Kirchen Niederösterreichs, soweit es den ältesten Teil des Gotteshauses betrifft. Sie befindet sich auf einer Bergkuppe im Nordosten des Ortes und hat eine dreischiffige Pfeilerbasilika mit romanischem Langhaus. Der Legende nach gilt der Ungarnkönig Stephan der Heilige als Gründer, wobei als Gründungsursachen mehrere Versionen angeführt werden und im Pfarrgedenkbuch 1028 als Gründungsjahr aufscheint. Im Jahre 1213 bauten die Brüder Johann und Alban von Dörr, Gutsherren zu Wildungsmauer und Deutsch-Altenburg, die Kirche im romanischen Stil um. Sie ließen unter dem Hauptschiff ihre Familiengruft ausbauen. Der achteckige Kirchturm auf quadratischem Fundament wurde in der zweiten Hälfte des 14. Jhs. errichtet. Der aus Quadern gefügte Helm ist von steilen Giebeln umsäumt, deren Spitzen musizierende Figuren tragen. Die Kirche wurde im Zweiten Weltkrieg stark zerstört. Der neue Altarbau stammt von Architekt Dr. Hans Petermair und die beiden holzgeschnitzten vergoldeten Engelfiguren vom Tiroler Bildhauer Albin Moroder aus Mayrhofen im Zillertal. Der Bronzetabernakel und das Altarkreuz sind ein Werk des Wiener Bildhauers Viktor Hammer.

Karner

Den spätromanischen Karner aus der ersten Hälfte des 13. Jhs. betreten wir durch ein schönes Stufenportal mit reich verzierten Kapitellen. Da er einst als Totenkapelle erbaut worden war, ist das Gewölbe unterhalb mit Gebeinen angefüllt, zumal im Friedhof die Toten von acht Ortschaften bestattet werden müssen. Der Bau hat im Laufe der Zeit durch Witterungseinflüsse stark gelitten und wurde daher 1953 neu eingedeckt. Die Fresken im Inneren konnten nicht mehr vollständig restauriert werden und traten nur bruchstücksweise zu Tage, so daß ihre Deutung nicht einwandfrei erfolgen kann. Der einfache Steinaltar stammt aus der Johanniskapelle der Pfarrkirche. Er wurde als Ersatz für einen barocken Leonhardsaltar aufgestellt, der zum romanischen Stil der Rundkapelle nicht paßte.

Hainburg

Den Abschluß unserer Donau-Tour durch Österreich bildet die in Terrassen gegen den Schloßberg ansteigende und von bewaldeten Bergen halbkreisförmig umschlossene Stadt Hainburg. Die einst östliche Grenzfestung des Heiligen Römischen Reiches Deutscher Nation ist bereits 1043 urkundlich erwähnt und erhielt nach einer planmäßigen Entwicklung 1244 das Stadtrecht.

Steinburg

Von der mächtigen Anlage der Steinburg auf der Spitze des Schloßberges sind nur mehr die Reste des Palas und der Pankraziuskapelle aus dem 12. Jh. sowie der Wehrtürme aus dem 13. Jh. vorhanden. In der Burgkapelle heiratete am 8. April 1252 die 47jährige Witwe König Heinrichs VII., die Babenbergerin Margarete, den um 24 Jahre jüngeren Böhmenkönig Ottokar II. und übergab ihm Österreich.

Mit dem Lösegeld, das die Angelsachsen für den von Leopold V. gefangengesetzten Richard Löwenherz zahlten, wurde u. a. 1240 die Stadtbefestigung erbaut, eine 15türmige Mauer

mit drei Stadttoren, die sich von der Burg bis zur Donau erstreckt. Das über 20 m hohe Wiener Tor an der westlichen Stadteinfahrt aus dem 13. und 15. Jh. ist eines der künstlerisch wertvollsten Stadttore der Gotik im deutschen Raum. Zwischen zwei Rundtürmen bietet ein Spitzbogentor mit Fallgitter den Durchgang ins Freie. Heute befindet sich in diesem Bau ein Heimatmuseum. Die beiden Figuren am Tor werden Etzel und Kriemhilde genannt, da sie dem Nibelungenlied nach hier übernachtet haben sollen. Das Ungar Tor ermöglicht den Zutritt in die Stadt von Osten her, während das Fischer Tor, das um 1300 entstand, die Stadt zur Donau öffnet.

Pfarrkirche hll. Philipp und Jakob

Die Pfarrkirche hll. Philipp und Jakob mit Ostturm wurde 1756 von Matthias Gerl, Hof- und Direktorialbaumeister, errichtet und barock ausgestattet. Interessant ist im Inneren ein gotischer Taufstein aus rotem Marmor, entstanden um 1500.

Mariensäule, Renaissancebrunnen

Sehenswert sind auch der aus dem 13. Jh. stammende romanische Karner und die danebenstehende Lichtsäule, eine reizvolle gotische Totenleuchte. Auf dem Hauptplatz steht eine wundervolle Mariensäule mit reichem, figürlichem Schmuck, geschaffen von Martin Vögerl im Jahre 1749. Sie gilt als eine der schönsten Rokokosäulen in Niederösterreich. Hier finden wir auch einen 1932 errichteten Renaissancebrunnen zur Erinnerung an Josef Haydn, der in Hainburg in den Jahren 1737–1740 zur Schule ging.

Von Hainburg führt eine Straße auf den 346 m hohen Braunsberg mit der Ruine Rottenstein. Von hier haben wir einen umfassenden Rundblick nach Ungarn, in die Slowakei und über das Donautal.

Slowakei

Bei der Stromenge zwischen dem Leithagebirge und den Kleinen Karpaten, der alten Völkerscheide Ungarische Pforte (Porta Hungarica), durchfließt die Donau die österreichische Grenze. Sie wird hier am Zusammenfluß von March (Morava) und Donau (Dunaj) von der malerisch auf einem hohen Felsen gelegenen Burgruine Theben (Devin) bewacht. Diese einst mächtige Grenzfestung stammt aus dem 9. Jh. und war damals der Fürstensitz des Großmährischen Reiches. Sie wurde im 13. Jh. weiter ausgebaut, 1809 von den Franzosen zerstört und in der Folge nur mehr teilweise restauriert. Im Monat Juli werden hier Folklore-Festspiele der Slowaken veranstaltet. Vom Burghügel bietet sich ein prachtvoller Blick auf das Donautal.

Wir fahren mit dem Auto über die Grenzstation Berg (Petržalka), die seit 1989 die vorher strengen Einreiseformalitäten vergessen hat, in einen Nachfolgestaat der österreichisch-ungarischen Monarchie: die Slowakei.

Bereits 400 v. Chr. wurde das Gebiet der heutigen Slowakei von den keltischen Böhmen (Bojer) besiedelt, und Sano gründete um 624 den ersten Staat als Abwehr gegen den Ansturm der Awaren. Im 9. Jh. versuchten die Slowaken unter Mojmír I. und seinen Nachfolgern ein Großmährisches Reich auf-

zubauen, bis 906 die Ungarn die Slowakei in ihren Machtbereich brachten. Ab dem 10. Jh. wird Böhmen vom Geschlecht der Přzemysliden und der von Frankreich beeinflußten Dynastie der Luxenburger beherrscht, bis 1526 der tschechische Adel den österreichischen Fürsten Ferdinand von Habsburg zum König von Böhmen wählte. Der Erste Weltkrieg führte 1918 zum Zusammenbruch der Habsburger Monarchie, und am 28. Oktober wurde die Tschechoslowakische Republik ausgerufen. Ihr erster Präsident war Thomáš Masaryk (1850–1937), dem 1935 Eduard Beneš folgte.

Nach dem Münchner Abkommen aus dem Jahre 1938, das zwischen Hitler, Mussolini, Chamberlain und Daladier abgeschlossen wurde, mußte die Tschechoslowakei die überwiegend von Deutschen bewohnten Gebiete im Norden und Westen (Sudetenland) an Deutschland abtreten, ein Teil der Slowakei kam zu Ungarn und das Gebiet um Teschen (Tešin) zu Polen. Beneš trat im Oktober darauf zurück.

1939 rief der Führer der Slowakischen Volkspartei, Josef Tiso, auf Bestreben von Adolf Hitler einen unabhängigen slowakischen Staat aus, dem er bis 1945 als Staatspräsident unter deutscher Oberherrschaft vorstand. Das Rumpfgebiet von Böhmen und Mähren wurde von deutschen Truppen besetzt und zum deutschen Protektorat erklärt; gleichzeitig nahmen die Ungarn die karpato-ukrainischen Gebiete in Besitz. Aber bereits im August 1944 kam es in der Slowakei und im Mai 1945 in Prag zum offenen Aufstand, Beneš kehrte aus seinem Exil in England zurück, und in Kaschau (Košice) konstituierte sich im April 1945 eine Regierung, die sich überwiegend aus Sozialdemokraten und Kommunisten zusammensetzte. In den darauffolgenden Jahren wurde der Staat unter dem Einfluß Rußlands zu einer Volksdemokratie umgestaltet.

1968 versuchte der neue Staatspräsident Ludvík Svoboda und der Parteisekretär Alexander Dubček durch Liberalisierungsmaßnahmen eine Vergrößerung des individuellen Freiheitsraums, bekannt unter dem „Prager Frühling", zu erreichen. Da diese Entwicklung von Rußland als Gefährdung des Herrschaftssystems in anderen kommunistischen Staaten angesehen wurde, befahlen die Russen am 21. August 1968 den Truppen des Warschauer Paktes den Einmarsch in die Tschechoslowakei, um den „Sozialismus mit menschlichen Zügen" brutal zu unterdrücken. Ein Jahr später wird die ČSSR zu einem Bundesstaat, bestehend aus der Tschechischen Sozialistischen Republik (ČSR) und der Slowakischen Sozialistischen Republik (SSR), umgestaltet. Erst 1989 gelingt es der Bevölkerung durch massive Demonstrationen und Streiks eine Regierungsumbildung zu erzwingen, die die Kommunisten in die Minderheit drückt. Nach der November-Revolution 1989 wird der nunmehr rehabilitierte Dubček Parlamentspräsident und der Schriftsteller Václav Havel neuer Staatspräsident – seit 1948 der erste nichtkommunistische Präsident. Im Juni 1990 gab es dann freie geheime Wahlen, nach denen das Einkammerparlament durch die Bundesversammlung abgelöst wurde. Sie umfaßt die Volkskammer mit 200 Abgeordneten und die Nationalitätenkammer mit je 75 tschechischen und slowakischen Abgeordneten. Die beiden gleichberechtigten nationalen Republiken haben ihre Bezeichnung auf Tschechische Republik (ČR) und Slowakische Republik (SR) umbenannt. Für die Angelegenheiten jeder Republik ist der jeweilige Nationalrat zuständig. Der Gesamtstaat trägt die Bezeichnung Česko-Slovenská Federativná Republika (ČSFR).

1992 war das Schicksalsjahr des neu formierten Staates, der in den Wahlen am 5. und 6. Juni nach dem Willen der Bevölkerung in zwei selbständige Republiken getrennt werden sollte. Ab 1. 1. 1993 gibt es Tschechien (Česka Republica) mit Ministerpräsident Václav Klaus und Staatspräsident Václav Havel an der Spitze und die Slowakei (Slovenská Republica), die von Ministerpräsident Vladimir Mečiar und dem neugewählten Staatspräsidenten Mihal Kovač regiert wird. Beide Staaten sind durch eine Handels- und Zollunion, die ständigen Veränderungen unterliegt, verbunden, haben jedoch eigene Währungen mit einer derzeitigen Relation von 1000 zu 800. Der grenzüberschreitende Verkehr für die Bürger beider Republiken ist nur mit einem Reisepaß möglich. Die Hauptstädte der beiden Staaten sind Prag (Praha) für die ČR und Preßburg (Bratislava) für die SR. Am 11. 3. 1994 wurde der slowakische Ministerpräsident Vladimir Mečiar nach einem Mißtrauensvotum im Preßburger Parlament abgesetzt. An seine Stelle trat der frühere Außenminister Josef Moravčik.

Preßburg (Bratislava)

Preßburg (Bratislava) liegt am linken Donauufer an den südlichen Ausläufern der Kleinen Karpaten (Malé Karpaty). Die Besiedlung dieses Gebietes reicht bis ins Neolithikum zurück. Es gibt Funde von Ansiedlungen der Kelten und von römischen Militärlagern. Die Entstehung der altslawischen Staaten ging ebenfalls von hier aus, wo sich bereits im 5. Jh. die Slawen niederließen. Anfang des 10. Jhs. wurde Preßburg erstmals erwähnt, und um 1200 erfolgte die Stadtgründung. Im Mittelalter gehörte die Stadt zu Ungarn und trug den Namen Pozsony. Die Ungarn gründeten hier 1467 ihre erste Universität und machten nach der Schlacht bei Mohács, wo sie 1526 von den Türken vernichtend geschlagen worden sind, und nach der Eroberung von Budapest im Jahre 1541 Preßburg bis 1784 zu ihrer Hauptstadt.

Unter den Habsburgern, die die Nachfolge der ungarischen Könige angetreten hatten, konnte sich die kulturelle Eigenart der Slowaken stark entwickeln. In dem 1803 gegründeten Gymnasium wurde Slowakisch als Unterrichtssprache eingeführt und zu einer eigenen Schrift- und Literatursprache geformt. Ihre Verfeinerung erfuhr sie vor allem durch den slowakischen Schriftsteller Ludovít Štúr, der in diesem Gymnasium als Lehrer wirkte. Die Universität der elf Völker umfassenden österreich-ungarischen Monarchie formte auch die Bevölkerung, so daß wir hier eine Mischung aus altösterreichisch, ungarisch, slowakisch, kommunistisch, aber auch aus altmodisch und modern antreffen.

Die slowakische Hauptstadt war bereits im Altertum aufgrund ihrer günstigen Lage ein wichtiges europäisches Handelszen-

trum. Durch eine starke Industrialisierung hat sie einen kontinuierlichen wirtschaftlichen Aufschwung erlebt. Stark ausgebaut wurden vor allem am rechten Donauufer in Berg (Petržalka) die Erdölraffinerien sowie die anorganischen und petrochemischen Industrien.

Aufgrund des Bevölkerungszuwachses – die Einwohnerzahl hat sich seit 1938 verdoppelt und beträgt derzeit rund 445.000 – wurden in den letzten Jahren hier und im Osten sowie Nordosten moderne Wohnviertel angelegt. Für den anspruchsvollen Touristen ist die Stadt durch ihre zahlreichen historischen Denkmäler ebenso wie durch die Naturschönheiten ihrer nahen Umgebung attraktiv. Es empfiehlt sich daher, hier einige Tage zu verbringen.

Brücke des slowakischen nationalen Aufstandes

Nach der Zollstation kommen wir über die Brücke des slowakischen nationalen Aufstandes, die Berg (Petržalka) mit dem Fischplatz (Rybné námestie) verbindet, in die Altstadt. Die Konstrukteure dieser mächtigen Brücke mit ihrem hohen Aussichtsturm sind die Professoren Alpád Tesár und Josef Lacko. Sie wird überragt von der in einer Höhe von mehr als 80 m über der Donau gelegenen Burg. Von hier genießen wir einen herrlichen Blick über den malerischen Stadtkern mit seiner

Wirrnis von in vielen Jahrhunderten gestalteten Dächern bis hinein zu den Ausläufern der Kleinen Karpaten, an deren Hänge sich ausgedehnte Wein- und Obstgärten schmiegen.

Burg (Hrad Bratislava), Korviner-Tor (Korvinova Brána)

Das im Jahr 1440 erbaute Korviner-Tor stellt einen Teil der selbständigen, von der Stadtbefestigung unabhängigen Burgbefestigung dar. Über ausgetretene Steinstiegen erreichen wir von der Altstadt aus durch einen romantischen Aufgang das Burgareal. Die Burg wurde erstmals unter der Bezeichnung „Brezalauspurch" in den Salzburger Annalen am Anfang des 10. Jhs. erwähnt. Vor allem im 17. und 18. Jh. wurde ein Teil der Burg

umgebaut, jedoch immer auf dem Prinzip einer Terrassenbebauung. Der Kubus der Burg, dessen Charakteristikum die vier wuchtigen, aus dem 15. und 18. Jh. stammenden Ecktürme sind, heben sich von den historischen Kleinbauten der Vorburg ab. Im Jahre 1811 wurde sie durch einen Brand teilweise zerstört und erst in jüngster Zeit restauriert. Sie dient heute als Museum. Auf dem nördlichen Burghof wurde 1948 ein Freilichttheater für 7000 Zuschauer errichtet. Der Burghof wurde 1245 nach dem Einfall der Tataren durch ein Steintor gesichert. Er erhielt seine rechteckige Form erst durch die Umbauten im 15.–17. Jh., die der Burgkommandant Paul Pálffy abschloß. Die Außenmauer der Burg auf der Westseite weist eine Stärke von 7,5 m auf. Das Innere der Burg, vor allem aber die Repräsentationsräume, wurden zum Teil rekonstruiert, zum Teil modern ausgestaltet. Diese Räumlichkeiten sind über das theresianische Stiegenhaus im Westflügel zu erreichen und für die Öffentlichkeit zugänglich.

Nachdem Archäologen am östlichen Rand des Burghügels Reste einer altslawischen Basilika aus den Zeiten des Großmährischen Reiches (9. Jh.) entdeckten, finden gegenwärtig umfangreiche Ausgrabungen um die Burg statt, sodaß man derzeit mit Absperrungen und wegen Renovierungsarbeiten teilweise mit einer Schließung der Burg rechnen muß.

Unterhalb der Burghöhe finden wir das Haus „Zum grünen Hirten" (Dom „U Dobrého pastiera"), ein kleines dreistöckiges Bürgerhaus aus der zweiten Hälfte des 18. Jhs. Es liegt am Scheitelpunkt der Nikolaus- (Mikulášska ulice) und der Judengasse (Židovska ulice), die im einstigen städtischen Wassergraben angelegt worden sind. Nach dem teilweisen Ab- und Zusammenbruch der Gebäude in der Judengasse wirkt dieses alleinstehende malerische Häuschen, das auch die Bezeichnung „Beim guten Hirten" trägt, mit seiner reichen Rokokoverzierung beinahe wie ein Symbol des alten Preßburg. Es zählt zu den bemerkenswertesten Rokokobauten in Mitteleuropa.

Martinsdom

Hinter dem Fischplatz (Rybné námestie) ragt der Martinsdom (Dóm Sv. Martina) mit seinem 85 m hohen Turm empor, auf dessen Spitze sich eine vergoldete Krone auf einem metallenen Kissen befindet. Diese gotische Hallenkirche wurde auf dem Platz der ursprünglich romanischen Kirche errichtet. Der nach dem Jahre 1221 begonnene Bau ist im Verlaufe des 14. und 15. Jhs. fertiggestellt worden. Im 19. Jh. erfolgte eine gründliche Restaurierung. Die Kirche steht nicht wie üblich auf dem Hauptplatz, sondern wurde als ein direkter Bestandteil der Stadtbefestigung in diese einbezogen. Das Tympanon über dem Portal einer der ehemaligen Kircheneingänge zeigt ein vielfarbiges Relief eines unbekannten Meisters, der das Thema der Heiligen Dreifaltigkeit bearbeitet hat. Im Inneren ist vor allem die vom Wiener Bildhauer Georg Raphael Donner 1723 aus Blei gegossene Statue des heiligen Martin erwähnenswert. Sie befindet sich in einem Seitenaltar und zeigt einen Offizier in einer ungarischen Magnatentracht, der hingebungsvoll seinen Mantel mit einem nackten Bettler teilt. Zwischen den Jahren 1563 und 1830 war der Martinsdom die Krönungskirche der ungarischen Könige. Es wurden hier elf Könige und sechs Königinnen gekrönt; der erste König war der Habsburger Maximilian II., deutscher Kaiser von 1564–1576, die berühmteste Königin Maria Theresia, die Regentin der habsburgischen Erblande von 1740–1780.

Klarissinnenkirche

Zur Klarissinnenkirche (Klariský kostol) kommen wir durch die Kapitul-Gasse (Kapitulská ulica). Sie zählt zu den ältesten und malerischsten Gassen der Altstadt. Ihre Baulichkeiten standen im Hinblick auf die Nähe zum Dom überwiegend im Besitz der Dompröpste. Der gotische Bau der Klarissinnenkirche stammt aus dem 13. Jh. und stand ursprünglich im Besitz der Zisterzienserinnen, die das Kloster bereits im Jahre 1132 gegründet hatten. Imposant ist die Konstruktion des fünfseitigen Turmes aus dem Jahre 1360, der auch heute noch gut erhalten ist.

Michaelertor

Die Bastei-Gasse (Baštová ulica) zählt ebenfalls zu den alten sehenswerten Gassen der Stadt und wurde gleichzeitig mit dem nördlichen Teil der Stadtbefestigung aufgebaut. Sie verbindet den westlichen historischen Stadtkern mit dem Raum um das Michaelertor (Michalská brána). Dieses Tor ist als einziges von den ehemaligen drei Stadttoren und als letzter Rest der alten Stadtbefestigung erhalten geblieben. Der gotische Turm wurde im 14. Jh. errichtet und erhielt im 18. Jh. einen barocken Aufbau. Um das Haupttor vor dem direkten Beschuß durch den

Feind zu schützen, wurde ein Vortor mit einer gekröpften Disposition, der Barbakane (Barbakan Michalskej brány), errichtet.

Kapuzinerkirche

Hinter dem Michaelertor, an der Westseite des Oktober-Platzes (Októbrove námestie), liegt die Kapuzinerkirche (Kapucínsky kostol) mit dem ehemaligen Kloster aus dem Anfang des 18. Jhs. Die Pestsäule davor mit der Plastik der Jungfrau Maria wurde 1713 als Erinnerung an die Pesttoten errichtet. Im Hintergrund sehen wir den nordöstlichen Turm der Burg und die „Luginslandische Bastei" der Burgbefestigung.

Wir gehen durch das Michaelertor in die Michaeler-Gasse (Michalská ulica) und in die Venturska-Gasse (Venturska ulica). Hier befindet sich das Gebäude der ersten ungarischen Universität aus dem 15. Jh., die unter dem Namen „Academia Istropolitana" bekannt ist. Außerdem finden wir eine Reihe kleiner, aber lieblicher Paläste, die in der Barock- und Rokokozeit sowie in der Wende vom 18. zum 19. Jh. entstanden sind. So steht bei der schmalen Grünen Gasse (Zelenej ulicke) das aus dem Jahre 1747 stammende ehemalige Pálffy-Palais (Palfyho palác) (jetzt das Zentrum der Parteiöffentlichkeit gegen Gewalt), in dem der junge Mozart mit Erfolg konzertierte. Aber auch andere große europäische Musiker, wie Haydn, Beethoven und Liszt haben das bewegte Musikleben in Preßburg bereichert.

Franziskanerkirche
Kapelle des hl. Johannes

Die älteste Kirche der Stadt ist die einschiffige Franziskanerkirche (Františkánsky kostol) am Franziskaner-Platz (Františkánske námestie). Der ursprüngliche Bau erfolgte in den Jahren 1278–1297. Die Kirche wurde in den folgenden Jahren mehrmals umgebaut und mit Zubauten ergänzt. Sie gehörte zum ehemaligen Franziskanerkloster (Kláštor Františkanov), das bereits im Jahre 1240 erwähnt und durch Brände und Kriegseinwirkungen, vor allem aber durch das Erdbeben im Jahre 1590 schwer beschädigt worden ist. Der Turm der Kirche legt Zeugnis ab von der Geschicklichkeit und dem künstlerischen Geschmack der Baumeister und Steinmetze von Preßburg. Der gotische Turmkopf wurde im 19. Jh. restauriert und erhielt damals seine heutige Form. Ein Meisterwerk gotischen Kirchenbaus ist die im 13. Jh. errichtete zweistöckige Kapelle des hl. Johannes (Kaplnka sv. Jána), deren unterer Teil in der Art eines Karners in die Erde eingelassen wurde.

Der Franziskaner-Platz (Františkánske námestie) ist mit dem Hauptplatz verbunden und von einer Reihe interessanter Bürgerhäuser, die rekonstruiert worden sind, eingesäumt. In ihrem Inneren existieren noch die Verbindungen zu den ursprünglich gewölbten Kellerräumen, die heute als attraktiver Weinkeller und Restaurant „Bei den großen Franziskanern" dienen. Der wohl interessanteste Bau ist das Mirbach-Palais (Mirbachov palác), das der Bierbrauer Michael Spech in den Jahren 1768–1770 erbauen ließ.

Primatialpalais

In der Rathausstraße (Radnicna ulica) steht das Erzbischöfliche Palais, auch Primatialpalais (Primaciálny palác) genannt. Dieser im klassizistischen Stil in den Jahren 1778–1781 errichtete Bau ist ein Werk des österreichischen Architekten Melchior Hefele aus Tirol, von dem auch der Dom von Steinamanger (Szombathely) stammt. Die Hauptfront, deren Kennzeichen ein Kardinalshut über dem Dach ist, weist keinerlei Barockunruhe oder Rokokoverzierung auf und wirkt nüchtern, ruhig und würdevoll. Die Räumlichkeiten des Palais sind um einen regelmäßigen Hof angeordnet; die Repräsentationssäle zieren eine künstlerisch wirkende Stukkatur sowie zahlreiche Kachelöfen im Empirestil und bewundernswerte Barockmöbel.

Städtische Gemäldegalerie

Im Palast ist die Städtische Gemäldegalerie untergebracht, deren kostbarstes Werk sechs Renaissancegobelins sind. Sie wurden im Jahre 1632 in der englischen königlichen Weberei in Mortlake bei London unter der Aufsicht Philip de Maecht nach Kartonvorschlägen des Malers und Stechers Francisco Cleyn aus Rostock aus seidenwollenem Material hergestellt. Die ausgezeichnete Erhaltung der Farbtönung ist auf die Verwendung von Pflanzenfarben zurückzuführen. Der Einfluß der italienischen Schule auf Cleyn ist hauptsächlich in den Ornamentmotiven der Bordüre zu erkennen, während das englische königliche Wappen – das Georgskreuz – als Hinweis auf das Entstehungsland in den Rand der Gobelins eingewebt wurde.

Das Thema der Gobelins ist die griechische Sage von der Liebe Heros und Leanders. Sie zeigen die erste Begegnung des Jünglings Leander aus Abydos mit der Priesterin der Göttin Aphrodite, die das ewige Feuer im Tempel Sestos an der thrakischen Küste des Hellespont bewachte; wie er trotz der warnenden Worte seiner Schwester Hermion Nacht für Nacht die Meerenge durchschwimmt, um die Geliebte zu besuchen; wie er eines Nachts, als das Licht, das Hero im Turm richtungsweisend angezündet hat, durch ein Gewitter erlosch, auf einen Felsen aufschlug und ertrank; und im letzten Bild sehen wir den trauernden Eros, nachdem sich Hero aus Leid vom Turm stürzte. Die Gobelins in Preßburg sind die einzige vollständige Serie dieser Art. Nach Preßburg kamen sie vermutlich durch den Kölner Kaufmann Jabach, von dem sie der damalige Erzbischof von Esztergom Batthyányi, der erste Eigentümer des Primatialpalais, erwarb. 1903 kaufte die Stadt das Palais. Im Vorzimmer des Spiegelsaales fand man bei Renovierungsarbeiten diese Kostbarkeiten unter Tapeten, wo man sie vor den Soldaten Napoleons versteckt hatte. Seit 1959 sind sie Eigentum der Städtischen Galerie.

Nach der Niederlage der österreichisch-russischen Armee durch Napoleon I. bei Austerlitz – der Dreikaiserschlacht, bei der noch Kaiser Franz I. von Österreich und Zar Alexander von Rußland anwesend waren – schlossen am 26. Dezember 1805 im reichverzierten Spiegelsaal des Palais österreichische Diplomaten und Napoleon I. den Frieden von Preßburg, der den dritten Koalitionskrieg beendete. Österreich mußte dabei einen 1000 Quadratmeilen großen Gebietsverlust mit drei Millionen Einwohnern in einer 24 Artikel umfassenden Verpflichtungserklärung hinnehmen. So wurde u. a. Venetien, Istrien und Dalmatien an das Königreich Italien, Tirol, die Bistümer Brixen und Trient, ganz Vorarlberg und die Gebiete von Tettnang, Argen und Lindau sowie Burgau, Eichstätt und der Rest von Passau an Bayern, das Napoleon I. zum Königreich erhoben hatte, abgetreten.

Altes Rathaus

Hinter dem Primatialpalais am Hauptplatz, der bereits im 11. Jh. als Marktplatz Bedeutung hatte, steht das alte Rathaus (Stará Radnica). Der ursprünglich gotische Bau entstand in den Jahren 1326–1373 und wurde 1558 im Renaissancestil umgestaltet. Den Turm hatte man, nachdem er durch ein Erdbeben zerstört worden war, 1732 im Barockstil mit einer zwiebelförmigen Haube neu errichtet. An der Ecke der Kirchengasse (Kostolna ulica) finden wir eine Statue der Jungfrau Maria, die Meister Laurinz Püro im Jahre 1676 schuf. Ihr gegenüber steht die Säule der Immaculata, die ein Jahr vorher zur Erinnerung an die Siege über die Türken erbaut wurde und als eine der ersten in Europa gilt. Der rechte Teil des Rathausgebäudes dient heute als Stadtarchiv und Museum (Mastské Múzeum). Besonders hervorzuheben sind das umfangreiche Weinbaumuseum und die Exponate der städtischen Kerker, die von den Hoheitsrechten des damaligen städtischen Gerichtes zeugen. Das Archiv, über das es bereits 1541 Berichte gibt, zählt zu den ältesten Europas. Von der Innenausstattung sind vor allem die schönen Kassettendecken im Rathaussaal sowie der barocke Stuck und die Fresken im Gerichtssaal sehenswert. Die Einrichtungsstücke zeugen vom künstlerischen Geschmack und der Handfertigkeit der damaligen Bewohner bzw. Handwerker und Künstler. Im alten Rathaus residiert seit 1434 die Stadtverwaltung von Preßburg.

Nationaltheater, Ganymed-Brunnen

Wenn es die Zeit erlaubt, dann sollte man unbedingt eine Aufführung des Slowakischen Nationaltheaters (Slovenske národné divadlo) am Hviezdoslav-Platz (Hviezdoslavovo nám.) besuchen. Das Opern- und Schauspielensemble genießt heute in ganz Europa den besten Ruf, wobei insbesondere der deutsch-

sprachige Raum immer wieder die Spitzenkräfte anzieht. Die Anfänge dieses Theaters reichen bis in das 15. Jh. zurück, wo primär Passionsspiele und sonstige kirchliche Feierlichkeiten stattfanden. An der Stelle der heutigen Oper stand bis zum Jahre 1886 das Ständetheater. Den Platz vor dem Theater beherrscht der Ganymed-Brunnen (Ganymedova fontána), der vom Preßburger Bildhauer Viktor Tilgner im Jahre 1888 geschaffen worden ist.

Nationalgalerie

Wir gehen an der Redoute in der Palacky Straße (Palackého ulica), wo das Slowakische Philharmonische Orchester seine Heimat hat, vorbei zur Slowakischen Nationalgalerie (Slovenská národná galéria), die in einem in den Jahren 1759–1763 erbauten Gebäude, der einst sogenannten Wasserburg, seit 1948 aufgrund eines separaten Gesetzes untergebracht ist. Nach umfangreichen Instandsetzungsarbeiten wurde sie im Jahre 1955 der Öffentlichkeit zugänglich gemacht. Sie besitzt heute bereits eine sehenswerte Sammlung aus dem Gebiet der bildenden Kunst von slowakischen Künstlern des 19. und 20. Jhs.

Nach diesem interessanten, aber auch anstrengenden Rundgang durch die Altstadt von Preßburg ruhen wir uns im Restaurant am Hafen aus. Von hier haben wir einen herrlichen Blick auf die Donau und können das emsige Treiben der Fracht- und Passagierschiffe beobachten. Die seit Jahrhunderten wirtschaftliche Bedeutung dieses Hafens wird noch wesentlich erhöht, wenn der im Bau befindliche Donau-Schwarzmeer-Kanal fertiggestellt sein wird.

Nationalmuseum

An der Vajansky Uferstraße (Vajanského nábr.), nahe bei der Hafenpromenade, befindet sich das Slowakische Nationalmuseum (Slovenské národné múzeum), in dem im wesentlichen Exponate zu sehen sind, die die Geschichte und Naturgeschichte der Slowakei repräsentieren. Gegenüber dem Museum liegt die Komenský-Universität. Im kleinen Park vor der Universität bewundern wir den Entenbrunnen (Kačicia fontána) auf dem Safari-Platz (Šafárikovo námestie), der vom Bildhauer Robert Kühmayer aus dem Jahre 1914 stammt.

Einen guten Ruf hat auch die Slowakische Technische Hochschule (Slovenská vysoká šola technická), eine der fünf Hochschulen der Slowakei. Heute studieren mehr als 20.000 Hörer auf der Comenius Universität, der Slowakischen Technischen Hochschule, der Ökonomischen Hochschule, der Hochschule der bildenden Künste und der Hochschule der musischen Künste. Großen Wert legt man auf die Forschung, die in den wissenschaftlichen Instituten der Slowakischen Akademie der Wissenschaften betrieben wird, die sich größtenteils auf der Dúbravká Straße (Dúbravská cesta) befinden.

Grassalkowitsch-Palais

Im Grassalkowitsch-Palais (Grassalkovichov palás) residierten die jeweiligen Preßburger Haushabsburger. Das Palais wurde vom Favoriten Maria Theresias Fürst Grassalkowitsch im Jahre 1760 vor den Außenbasteien der Stadt, den sogenannten Palisaden, erbaut. Dieses gelbe Barockpalais war der Sitz des von Hitler im März 1939 eingesetzten Präsidenten, dem ehemaligen Ministerpräsidenten und katholischen Prälaten Josef Tiso, der 1947 am Strang endete. Gegen ihn kämpften als Partisanen Alexander Dubček und Gustaf Husák, die Vorkämpfer für einen souveränen slowakischen Staat.

Einen herrlichen Blick auf die östlichen Stadtteile genießen wir vom Slavín, einem Ausläufer der Kleinen Karpaten. Hier wurde im Jahre 1960 ein Denkmal zu Ehren der sowjetischen Soldaten, die bei der Befreiung von Preßburg gefallen sind, der Öffentlichkeit übergeben. Das von Ján Sevetlík geschaffene Denkmal trägt auf der Spitze eine vom akademischen Bildhauer Alexander Trizuljak aus Bronze gegossene Figur, einen Sowjetarmisten, der über die blumengeschmückten Gräber seiner gefallenen Kampfgenossen wacht.

Dreifaltigkeitskirche

Einen Besuch wert ist noch die Dreifaltigkeitskirche (Trojičný kostol), die zu den wertvollsten Barockbauten von Preßburg zählt, und die ursprünglich als trinitarische Kirche in den Jahren 1717–1727 erbaut worden ist. Die illusionistischen Fresken im ovalen Zentralschiff stammen von Galli Bibiena, einem Sproß aus der italienischen Künstlerfamilie des 17. und 18. Jhs., der vor allem auf dem Gebiet der hoch- und spätbarokken Theaterarchitektur tätig war.

Preßburg bietet nicht nur im Stadtbereich, sondern auch in der näheren Umgebung Sehenswürdigkeiten, die wir uns nicht entgehen lassen wollen. So kommen wir auf der E 16 in östlicher Richtung fahrend, vorbei an Bernolákovo, dem ehemaligen Čeklís, wo wir ein gut erhaltenes Barockschloß besichtigen, in das 24 km entfernte Wartberg (Senec). Dieser gern besuchte Ferienort besitzt einen künstlichen, grün schimmernden See, an dem wir einen herrlichen Nachmittag genießen und dem Fischfang huldigen können. Südlich davon liegt nur 9 km von Preßburg entfernt Bischdorf (Podunajské biskupice), in dessen Nähe sich ein großes Jagdforschungsrevier erstreckt.

Die Große Schütt (Sihoť) ist die größte Flußinsel Europas. Sie wird begrenzt durch die Donau und einen kleinen Seitenarm im Norden, der von ihr nach Preßburg abzweigt. Sie bietet nicht nur Badegästen Erholung, sondern wurde auch ein Vogelschutzgebiet der Slowakei, in dem zahlreiche Vogelarten, darunter u. a. über 1000 Kormorane, ihre Nistplätze haben. Die Ufer der Donau, ihrer toten Arme und der Seen bei Preßburg werden gern von Anglern, Jägern und ruhebedürftigen Touristen aufgesucht.

Eine weitere äußerst interessante Tour führt uns rund um die Kleinen Karpaten (Malé Karpaty), den westlichen Teil der Karpaten in der Slowakei zwischen Preßburg und der Miava-Senke (Myjava-Senke).

Stampfen, Römisches Lager, Töpfermuseum, Renaissanceschloß

Sie sind die geologische Fortsetzung des österreichischen Leithagebirges aus Granit und Kristallinschiefern und erreichen mit dem Záruby ihre höchste Erhebung von 768 m. Wir verlassen Preßburg nach Norden auf der Straße Nr. 2 und erreichen nach 18 km unsere erste Station, die 8000 Einwohner zählende Stadt Stampfen (Stupava). Bei Ausgrabungsarbeiten außerhalb des Ortes wurden die Fundamente eines römischen Lagers aus dem 1. Jh. n. Chr. freigelegt. Weitere archäologische Funde lassen darauf schließen, daß Stampfen später die älteste slawische Siedlung in der Slowakei war. Heute bewundern wir in einem englischen Park ein prachtvolles Renaissanceschloß, das jetzt als Altersheim dient. Besichtigungswert ist auch das Töpfermuseum, das in der Werkstatt des in der Slowakei gut bekannten Künstlers F. Kostka untergebracht ist. Im wunderschönen Karstgebiet, 5 km östlich der Stadt, finden wir die Reste der aus dem 13. Jh. stammenden Burg Pajštún, die 1810 von den Franzosen zerstört worden ist.

Malacky, Burg, Schloß

Im 20 km entfernten Malacky sind das im Jahre 1642 in einem großen Park erbaute Barockschloß sowie das ehemalige Franziskanerkloster aus dem 17. Jh. beachtenswert. Von hier führt unsere Route in östlicher Richtung nach Trstín, von wo wir über einen der wenigen gut befahrbaren Übergänge über den Karpatenkamm nach Schmolnitz (Smolenice) kommen. Die am Anfang des 20. Jhs. umgebaute Schmolnitz Burg dieser Stadt steht im Besitz der „Slowakischen Akademie der Wissenschaften". Diese hält hier ihre Sitzungen und internationalen Tagungen ab. Im nahe gelegenen Unteren Krupá (Dolná Krupá) steht neben dem von einem schönen Park umgebenen klassizistischen Schloß ein Häuschen, in dem Ludwig van Beethoven des öfteren gewohnt hat.

Burg Rotstein

Wir fahren über die Straßen Nr. 504 und 502, die durch eine Reihe von kleinen, aber historisch und kunsthistorisch interessanten Orten führen, weiter und biegen dann zum Dorf Častá ab. Von hier aus steigen wir zur künstlerisch und historisch bedeutenden Burg Rotstein (Červený Kameń) auf, um den herrlichen Ausblick auf eine weitere fruchtbare Talniederung in den Kleinen Karpaten und ein Meer von Wäldern zu genießen und die Burg zu besichtigen. Der Name der Burg ist auf den Roten Felsen, auf dem sie steht, zurückzuführen. Es wird aber auch die Meinung vertreten, daß der Name auf einen der Eigentümer der Burg, den Comes Abraham Rufus (dem Roten) zurückgeht.

Biebersburg

Die Biebersburg (auch: Bibersburg), der deutsche Name der Červený Kameń ab Beginn des 15. Jhs., ist eine der wenigen Burgen, die trotz der zahlreichen Feindeinfälle erhalten blieb. Den Angaben des tschechischen Geschichtsschreibers Pulkawa aus Radenin zufolge gilt als Erbauerin der Burg die tschechische Königin Konstanzia, die Gemahlin Ottokars I. Přzemysl und Tochter des ungarischen Königs Béla III. Sie wird auch als Gründerin der Stadt Tyrnau (Trnava) in deren Gründungsurkunde aus dem Jahre 1238 erwähnt. Die Paßübergänge über die Kleinen Karpaten hatten schon zur Zeit der slawischen Besiedlung Mitteleuropas, dann während des Großmährischen Reiches und vor allem zur Zeit der Besetzung der Slowakei durch ungarische Volksstämme stets große strategische Bedeutung. Es ist daher verständlich, daß an der Verbindung zwischen Dolany und Malacky auf einer kleinen Hochebene der Bau entstand. Seine Aufgabe war nicht nur, den Paßübergang zu schützen, sondern auch alle Bewegungen auf dem Wege nach Preßburg zu kontrollieren.

In den folgenden drei Jahrhunderten wechselte die Burg mehrmals ihre Eigentümer, die aus finanziellen Schwierigkeiten immer wieder gezwungen waren, sie zu verpfänden. Die große Wende der Geschichte der Burg trat ein, als Maria, die Gemahlin König Ludwigs aus der polnischen Dynastie der Jagiellonen, sie 1523 samt dem dazugehörigen Landbesitz den Brüdern Alexius und Johann Thurzo, den Finanzleuten und Gläubigern des Königs, schenkte. Durch die Bemühungen Alexius Thurzos, die Finanzlage des 1526 vom tschechischen Adel zum König von Böhmen gewählten österreichischen Fürsten Ferdinand von Habsburg zu festigen, büßte er sein ganzes Vermögen ein. So war er gezwungen, bereits 1535 Burg und Besitz seinen Verwandten, den Augsburger Fuggers, um 105.401 Florin zu verkaufen. Die Fugger betrieben seit geraumer Zeit gemeinsam mit der Familie Thurzo den Kupferbergbau in der Gegend von Neusohl (Banská Bystrica). Sie lieferten einen Großteil der Förderung nach Sachsen und Kärnten, wo sie in ihren Hochöfen Kupfer und Silber schieden. Um die Wagenkolonnen auch auf der Rückfahrt auszulasten, brachten sie für die Bergbauregion Lebensmittel und alle Art von Gebrauchsgegenständen mit. Die Biebersburg diente dabei als Umladeplatz, war aber auch für die Sicherheit des Unternehmens gedacht.

Es kam mit den Ungarn wieder zu Differenzen. So ließ König Ludwig II. unter dem Druck der kleinadeligen Opposition das Kupferunternehmen der Fugger und Thurzos konfiszieren. Ein gewisser Argwohn gegen die herrschenden ungarischen Schichten wuchs bei den Fuggers. Obwohl sie 1526 nach der Niederlage Ludwigs II. in der Schlacht bei Mohács durch die Türken ihr Unternehmen zurückerhielten, beschlossen sie, einen ausreichend befestigten Zufluchtsort zu errichten. Als Projektanten für einen derartigen Bau konnten sie keinen Geringeren als den Nürnberger Künstler Albrecht Dürer gewinnen. Dieser hatte schon vorher eine Studie über die moderne Festigungstechnik in Anlehnung an die damals hochentwickelte italienische Fortifikation herausgegeben. Der Bau wurde im wesentlichen in den Jahren 1536–1537 errichtet. Bei der Ausführung standen ihm erfahrene italienische Ingenieure zur Seite, so daß der Neubau den damaligen Anforderungen einer modernen Verteidigung voll entsprach. Die symmetrische Anlage mit den vier kreisförmigen Basteien gewährt eine gute Verteidigung gegen Angriffe von allen Seiten. Die Basteien weisen in den beiden höchsten Stockwerken Schießscharten auf und werden mit Terrassen für die Aufstellung von Geschützen abgeschlossen. Auch die unteren Räume sind als Kasematten, die untereinander verbunden wurden, für die Artillerie ausgestattet. Die Burg war mit einem tiefen Graben umgeben. Der einzige Eingang war nur über eine Zugbrücke möglich. Diesen hatte man mit einer breiten Vorburg mit Türmchen und Gräben und weiteren Kanonen abgesichert.

Die Türken drangen weiter in den ungarischen Raum vor und eroberten im Jahre 1541 die Hauptstadt Ofen. Dies veranlaßte die Fugger, ihre Kupferbergwerke in der Mittelslowakei aufzugeben. Sie konzentrierten sich auf die Sanierung ihrer sonstigen Besitzungen, die aus drei Städten und 17 Dörfern bestanden. Sie erneuerten Weingärten, legten Teiche an und kolonisierten das verwüstete Land. Damit konnten sie in 50 Jahren die Anzahl der in ihrem Gebiet lebenden Familien von 300 auf 888 erhöhen. Nach einer Einheirat in die Familie Fugger ging 1583 der gesamte Besitz in das Eigentum des Gespans Nikolaus

Pálffy aus Preßburg über. Der Kaufpreis war allerdings erst fünf Jahre später voll ausbezahlt. Nikolaus Pálffy gehörte zu den erfolgreichsten Generälen des fünfzehnjährigen Türkenkrieges. Er stammt aus einem Geschlecht, das zum habsburgtreuen höheren Adel zählte und das beim Militär und auch in der Politik die höchsten Ränge erhielt.

Seine gesellschaftliche Stellung veranlaßte ihn, die Burg in ein Schloß umzubauen. Im Hof ließ er zwei einstöckige Flügel an die Befestigung und an die Nordseite einen weiteren ebenerdigen Wohnflügel anbauen. Außerdem sind der Aufbau eines neuen Stiegenhauses, der Einbau von Kaminen und vor allem die Ausstattung der Repräsentationssäle mit ihren Renaissancewölbungen mit wertvollen Einrichtungen hervorzuheben. Nach einer teilweisen Zerstörung durch einen Brand in der zweiten Hälfte des 17. Jhs. baute Nikolaus Pálffy IV., der Gemahl Eleonore Harrachs, das Schloß unter Beibehaltung der architektonischen Grundkonzeption in Angleichung an die modernen Anforderungen wieder auf. Das neue Eingangstor hat eine Steineinfassung an den Seiten, eine Rustika und oben die Familienwappen der Pálffys und Harrachs. Es stammt ebenfalls aus dieser Zeit des großzügigen Umbaus, der 1678 abgeschlossen wurde. Aber bereits 100 Jahre später beschädigte ein Brand den Bau und die Inneneinrichtung abermals schwer. 1758 konnten die Innenräume allerdings im Stile des Spätbarocks wieder restauriert werden, und im Vorderteil der Burg baute man neue Wirtschaftsräume an. Mit Ausnahme kleinerer Veränderungen blieb diese Architektur bis heute erhalten.

Die Familie Pálffy, die bis 1918 zu den ergebensten Anhängern der Habsburger zählte, konnte bis 1945 ihre wirtschaftliche Macht und auch die Biebersburg bewahren. Erst durch die Dekrete über die Verstaatlichung wurde sie entmachtet; die letzten Familienmitglieder sind vor den vordringenden Sowjetarmeen in den Westen geflohen.

Die Biebersburg, die nach 1945 zu einem Museum umgestaltet worden ist, kann man in den Sommermonaten täglich von 13 bis 17 Uhr besichtigen. Wir beginnen unseren Rundgang in der Salla terrena im Erdgeschoß des Südflügels, die Carpoforo Tencala im Jahre 1660 unter dem Einfluß der italienischen antikisierenden Ära schuf. Die künstlerische Absicht war, eine überrealistische Illusion, die die Natur besonders betont, hervorzurufen; daher sind alle Motive sehr lebendig und dekorativ dargestellt. Im östlichen Wohnflügel wurde die Hauskapelle auf einem viereckigen Grundriß errichtet, den regelmäßig verteilte Nischen und Heiligenstatuen umrahmen. Der ganze Raum ist reich geschmückt mit Wandmalereien, Statuen und Stuckreliefen. Das älteste Stück der Inneneinrichtung, ein gotisches

Kreuz, befindet sich auf dem aus dem 18. Jh. stammenden Barockaltar. Das Familienwappen der Pálffys weist die Jahreszahl 1678 auf, was ebenfalls darauf schließen läßt, daß in diesem Jahr die Fertigstellung des Umbaus erfolgt ist. Im Rokokosalon finden wir das Bild Marie Antoinettes. Wahrscheinlich wurde es anläßlich der Krönung Kaiserin Maria Theresias im Auftrag des Grafen Pálffy von einem einheimischen Künstler geschaffen – ebenso wie die Bilder von Maria Theresia und Franz von Lothringen. Beachtenswert sind die barocken Möbelgarnituren und die aus der ursprünglichen Einrichtung erhalten gebliebenen Rokokomöbel sowie die dem Stil angepaßten Keramiköfen und ergänzenden Einrichtungsgegenstände. Der damaligen Mode entspricht auch ein am Ende des 19. Jhs. eingerichteter chinesischer Salon mit chinesischen Möbeln, ergänzt durch buntes Porzellan, Teppiche, Tiere und aromatische Pflanzen. Der Schwerpunkt des Museums besteht jedoch im Aufbau einer möglichst geschlossenen Sammlung slowakischer Möbel, deren derzeitiger wertvollster Teil die Möbel aus dem 16.–19.

Jh. darstellen. Sie stammen aus den Werkstätten einheimischer, aber auch fremder Meister.

Nach diesem Rückblick in die Vergangenheit setzen wir unsere Fahrt nach Preßburg über Modern (Modra) fort. Diese rund 8000 Einwohner zählende Stadt mit ihrer 800 Jahre alten Tradition der slowakischen Volkskeramik besitzt auch eine Fachschule und ein Forschungsinstitut für Weinbau. Auf dem Marktplatz steht das Denkmal des Begründers der slowakischen Schriftsprache Ľudovít Stúr, der hier von 1815–1856 lebte.

Wir befinden uns hier an der „slowakischen Weinbergstraße", die sich ca. 60 km entlang den Südhängen der Kleinen Karpaten von Theben (Devín) bis Schmolnitz (Smolenice) erstreckt. In dieser Gegend, die sich durch ein trockenes und warmes Klima auszeichnet, wird bereits seit zwei Jahrtausenden der Weinbau betrieben. Die Weine sind leicht und haben die richtige Blume, sie sind geschmackvoll, würzig und duftend; so gedeihen hier der Grüne Veltliner, der Müller Thurgau, die Burgunder Weißweine und der Traminer als Weißweine, während von den Rotweinen vor allem der Blaue Portugieser, der Blaue Burgunder und der Frankova zu erwähnen sind. Neben Modra zählen St. Georgen (Svätý Jur pri Bratislava) mit der gotischen Georgskirche und Bösing (Pezinok) mit einer gotischen Pfarrkirche und einem Renaissanceschloß zu den bekanntesten Weinbauorten, wo in netten Weinstuben bei Volksmusik slowakische Spezialitäten und die besten Weinsorten verabreicht werden. Zu beachten ist jedoch, daß in der Slowakei absolutes Alkoholverbot für Fahrzeuglenker gilt! Nach einer kleinen Stärkung treten wir die Heimfahrt an.

Abschließend sei noch darauf hingewiesen, daß sich ca. 37 km nordöstlich von Preßburg einer der bekanntesten und vielbesuchten Kurorte der Slowakei befindet: Pistyan (Piešt'any). Gegen Rheuma, Ischias und Nervenleiden haben sich die schwefelhaltigen, radioaktiven Thermalquellen, darunter die 67 Grad heiße Trajansquelle, und der schwefelhaltige Thermalschlamm seit Jahrhunderten bewährt. Der Ort hat durch seine geschützte Lage zwischen zwei Bergrücken, Kleine Karpaten (Malé Karpaty) und Povazšký Inovec, einen frühen Frühlingsbeginn und milde Herbsttage mit viel Sonnenschein. Das Waagtal (Váh-Tal) bietet zahlreiche Möglichkeiten zu schönen Spaziergängen. Außerdem gibt es in der näheren und weiteren Umgebung noch viele Burgruinen, Schlösser und Kirchen, die einen Besuch wert sind.

Wir verlassen nunmehr das gastfreundliche Preßburg, um dem Nachbarland Ungarn einen Besuch abzustatten.

Ungarn

Über die Straße E 15 oder Nr. 452 (früher Nr. 2) kommen wir am rechten Ufer der Donau in das „Dreiländereck". Es ist dies das einzige Gebiet der Tschechoslowakei südlich der Donau, das aus strategischen Gründen nach 1918 als Vorfeld zu Österreich und Ungarn ihr zugesprochen worden ist. Wir überqueren vor der Stadt Rajka die Grenze nach Ungarn (Magyarország), ein Land, das durch Jahrhunderte eng mit Österreich verbunden war. Seit rund 1100 Jahren ringen die Ungarn (Magyaren) um den Bestand ihres Landes. Die Landnahme erfolgte in den Jahren 895–907, als sie aus dem Gebiet zwischen Don und Dnjepr von den Petschenegen vertrieben wurden und sich unter ihrem Stammesfürsten Árpád an der Theiß und der mittleren Donau niederließen. Die Árpáden führten das Nomadenvolk bis nach Mittel- und Südeuropa und sogar nach Byzanz. Erst als Kaiser Otto I. die Ungarn am Lechfeld 955 schwer schlug, begannen sie unter Géza, einem Urenkel Árpáds, endgültig seßhaft zu werden und das Christentum anzunehmen. Stephan (István) I. der Heilige (997–1038) gründete den ungarischen Staat und erhielt um 1000 von Papst Silvester II. die Königskrone („Stephanskrone"). Seinen Nachfolgern gelang es, die Königsmacht im Inneren und nach außen zu festigen und angrenzende Landteile, wie Kroatien, die Slowakei und in der Folge Dalmatien und Bosnien an Ungarn zu binden. Unter Béla IV. (1235–1270) wurden zahlreiche Schutzburgen errichtet, nachdem die Mongolen 1241 das Land verwüstet hatten. Unter der Herrschaft der Árpáden entwickelte sich Ungarn zu einem der mächtigsten Staaten Europas. Die Landwirtschaft und der Bergbau gediehen rasch, und die Handelswege konnten durch den Bau der Burgen durch den Staat geschützt und kontrolliert werden.

Nach dem Tod des letzten Árpáden, Andreas III. (1290–1301) folgte eine Zeit der Anarchie. Ab dem Jahre 1308 wurde Ungarn bis 1918, abgesehen von Matthias I. Corvinus, von ausländischen Herrschern regiert. Karl (Károly) I., ein Anjou (1308–1342), bestieg mit Hilfe des Papstes den ungarischen Thron, nachdem er sich gegen die Adelsmagnaten durchgesetzt hatte. Er ließ den Goldforint prägen, der fünf Jahrhunderte lang die sicherste Währung der ganzen Welt war. Unter seinem Sohn Ludwig (Lajos) I. der Große (1342–1382), der als Sohn von Elisabeth von Polen 1370 auch polnischer König wurde, reichten die Besitztümer der ungarischen Krone von der Ostsee bis zum Schwarzen Meer. Nach einer kurzen Regierungszeit seines Nachfolgers Karl II. starb jedoch die Dynastie in männlicher Linie aus.

Es folgten anschließend Könige aus den Häusern Luxemburg, Habsburg und Jagellos, bis die Hunyadis, eine adelige Familie russischer Abstammung, zur Macht kamen. In der Schlacht bei

Belgrad (damals Nándorfehérvár) im Jahre 1456 gelang es dem Reichsverweser János Hunyadi, den Vorstoß der Türken aufzuhalten, die ganz Europa zu verwüsten drohten. Zur Erinnerung an diese Schlacht ließ damals Papst Kalixtus II. zur Mittagszeit in ganz Europa die Glocken läuten, ein Brauch, der heute noch in Ungarn gepflegt wird.

Einer der bedeutendsten Herrscher Ungarns war Hunyadis Sohn Matthias (Mátyás), der als Matthias I. Corvinus, so genannt nach dem schwarzen Raben in seinem Wappen, in die Geschichte einging. Er, der mit 15 Jahren auf dem Eise der Donau zum König ausgerufen worden war, regierte von 1458 bis 1490. Neben seinen Erfolgen gegen die Polen und Türken konnte er auch 1485 Wien erobern, das er zur Hauptstadt seines Reiches machte. Er gründete in der Königsburg von Ofen (Buda) die Corvina, eine Bibliothek mit prachtvoll illustrierten Handschriften in kostbaren Einbänden. Diese wurden von den Türken in alle Welt zerstreut. Von den wertvollsten Beständen, den sogenannten Corvinen, sind heute noch rund 170 nachweisbar. Nach seinem Tode zerfiel das Reich, in dem u. a. auch Niederösterreich und Kärnten integriert waren.

Es folgten wieder die Jagellonen auf den Thron, die gegen die immer stärker andrängenden Türken zu kämpfen hatten. König Ludwig II. (1516–1526) fiel in der für die Ungarn vernichtenden Schlacht bei Mohács im Jahre 1526. Ungarn verlor seine Unabhängigkeit, und das Land wurde aufgeteilt.

1526 wurde Ferdinand von Österreich zum König gewählt, und damit begann der ständige, Jahrhunderte dauernde Zwist zwischen dem Hause Habsburg und den Ungarn, aber auch der gemeinsame Kampf gegen die Türken. Sie sind im „Großen Türkenkrieg" 1683 vor den Toren Wiens durch das Entsatzheer entscheidend geschlagen worden. Das Heer bestand aus der kaiserlichen Feldarmee unter Herzog Karl V. von Lothringen, an dessen Seite Markgraf Ludwig Wilhelm von Bayern (der spätere „Türkenlouis") und der erst 19jährige Prinz Eugen von Savoyen standen, den Sachsen unter Kurfürst Johann Georg III., den Bayern unter Kurfürst Max Emanuel, den Reichstruppen des fränkischen und schwäbischen Kreises unter Feldmarschall Georg Friedrich Fürst von Waldeck und den Polen unter König Johann III. Sobieski. Im August 1687 gelang es Herzog Karl V. von Lothringen in der Schlacht an der Donaubrücke bei Mohács, die Türken abermals zu besiegen und den größten Teil Ungarns von der osmanischen Herrschaft zu befreien. Nach der Schlacht bei Zenta (südlich von Szegedin) am 11. 9. 1697, in der Prinz Eugen die Türken endgültig vernichtete, kommt es zum Frieden von Karlowitz, in dem die Türken ganz Ungarn abtreten mußten.

Obwohl bereits 1697 der ungarische Adel im Reichstag von Preßburg (Pozsony) das Erbfolgerecht der Habsburger in männlicher Linie als Könige von Ungarn endgültig anerkannt hatte, erhob sich 1703 der Fürst von Siebenbürgen, Ferenc II. Rákóczi, gegen die habsburgische Regierung. Der Aufstand, bekannt als „Kuruzenaufstand", konnte erst nach harten Kämpfen, bei denen sich vor allem Graf Heister und General Johann Graf Pállfy auszeichneten, durch den Friedensschluß von Szatmár am 29. April 1711 beendet werden. Der Reichstag stimmte anschließend der Pragmatischen Sanktion zu, die von Kaiser Karl VI. 1713 erlassen worden ist, um auch weiblichen Nachfolgern die Regentschaft zu sichern. Doch der Widerstand gegen die Habsburger ging weiter. Erst durch den „Ausgleich mit Ungarn" am 15. März 1867 kam es zu einer Einigung zwischen Ungarn und dem Hause Habsburg unter Kaiser Franz Josef I. Es entstand die österreichisch-ungarische Monarchie, vertreten durch die Person des österreichischen Kaisers, der gleichzeitig der apostolische König von Ungarn war. Damit war diese Doppelmonarchie nach Rußland der zweitgrößte Staat Europas. Durch österreichische Investoren entwickelte er sich zu einem modernen Industriestaat und durch den Reichtum an Bodenschätzen und die günstigen Verkehrswege zu einer wirtschaftlichen Großmacht. Der erste Ministerpräsident Ungarns war der österreichisch-ungarische Staatsmann Julius (Gyula) d. Ä. Graf Andrássy. Er war von 1871–1879 für die Außenpolitik Österreich-Ungarns verantwortlich und trug wesentlich zum Abschluß des „Drei-Kaiser-Vertrages" mit Rußland und dem Deutschen Reich am 18. 6. 1881 bei. In diesem Vertrag vereinbarte man eine wohlwollende Neutralität im Falle eines Konfliktes eines Partners mit einer anderen Macht.

Nach der militärischen Niederlage der k. u. k. Armee im Ersten Weltkrieg hat am 1. November 1918 Kaiser Karl I. als apostolischer König von Ungarn die ungarische Regierung ihres Treueeides entbunden, Julius Graf Andrássy d. J. trat als k. u. k. Außenminister zurück, und am 16. November wurde die Republik ausgerufen.

Von 1919–1944 war Ungarn wieder ein Königreich, an dessen Spitze als Reichsverweser Miklós Horthy stand, der sich eng an Hitlerdeutschland anschloß, aber nach seinem Versuch, die Verbindungen zu lösen, von den Deutschen abgesetzt wurde. 1944–1945 besetzten sowjetische Truppen das Land, machten es zur Republik mit den Grenzen von 1938 und erklärten es im Friedensvertrag von Paris 1947 für reparationspflichtig. Die Freiheitsbestrebungen der Ungarn in der Konterrevolution von 1956 schlugen sowjetische Truppen brutal nieder. Erst 1989 gelang es ihnen, nach einer Konsolidierung durch János Kádár, eine echte Demokratie unter der Ungarischen Sozialistischen

Partei zu errichten. Im Jahre 1991 war der Abzug der russischen Truppen abgeschlossen.

Das heutige Ungarn, aufgeteilt in 19 Komitate (Magyék) und 5 Städte mit Komitatsrecht, hat eine Fläche von rund 93.000 km² und eine Einwohnerzahl von rund 10,8 Mio. Es ist bestrebt, aus der einstigen Planökonomie ein an den Westen orientiertes marktwirtschaftliches Verhältnis zu gestalten. Die seit 1980 legalisierte Privatwirtschaft bringt zwar viele Vorteile, doch führt die wachsende Kluft zwischen Arm und Reich zu einer Zunahme der Verschuldung und zu einer Entwertung der Ersparnisse durch eine dauernd steigende Inflation. Die Abhängigkeit von ausländischen Geldquellen wird immer größer und bedingt eine Erhöhung der nationalen Verschuldung. Das derzeitige ungarische Staatsvermögen von rund 2,5 Mrd. Forint wird zur Hälfte von Banken und staatlichen Unternehmen gehalten. Es wurde zwar der gesamte COMECON-Handel auf Weltmarktpreise umgestellt, doch das mangelnde Verständnis der Vertragspartner hat eine große Anzahl der Exportfirmen in arge finanzielle Schwierigkeiten gebracht, zumal auch die Garantie des Staates eingestellt wird. Es ergibt sich daher im nächsten Jahrzehnt die Notwendigkeit, daß die Partnerstaaten auf diese Entwicklung Rücksicht nehmen und vor allem versuchen, das Management des Landes durch intensive Schulungen europareif zu machen.

Diese Einführung soll zeigen, wie schwer es Ungarn hatte, ein eigener Staat zu werden, aber auch, warum gerade deshalb die Einwohner so freundlich zu ihren Gästen sind.

Mosonmagyaróvár

Wir fahren nun auf der Straße Nr. 15 (E 15) nach Mosonmagyaróvár, einer rund 30.000 Einwohner zählenden Stadt, wo schon die Römer eine Wachstation einrichteten. In der Burg aus dem 15. Jh., die wir über die Leitha-(Lajita-)Brücke vom Stadtzentrum aus erreichen, wurde 1818 eine Hochschule für Agrarwissenschaft eingerichtet, an der auch Nikolaus Lenau studierte. Er wurde 1802 in Csatád als Nikolaus Franz Niembsch, Edler von Strehlenau, geboren und zählt zu den schwermütigsten Lyrikern Österreichs.

Lébény

Auf unserer Weiterfahrt machen wir einen kurzen Abstecher nach Lébény, um die aus dem Jahre 1208 stammende dreischiffige romanische Kirche mit ihren zwei Türmen zu besichtigen.

Raab (Győr)

Wir überqueren die Raab (Rába) und machen in der Hauptstadt des nordwestungarischen Komitats Győr-Sopron Raab (Győr) Station. Sie zählt mit ihren über 125.000 Einwohnern zu den größten Industriestädten Ungarns und hat vor allem als Knotenpunkt von sieben wichtigen Straßen für den Fremdenverkehr eine eminente Bedeutung. Győr ist Bischofssitz von Nordtransdanubien und war bereits in der Römerzeit als Arrabona bekannt. Die Stadt wird durch die Raab (Rába), die Rábca und einen Donauarm in vier Teile gegliedert. Aufgrund der zahlreichen Industrieansiedlungen gilt Győr nach Budapest und Miskolc als drittes Industriezentrum.

Bischofsburg, Kathedrale

Die erste Befestigung der Stadt finden wir auf dem Domkapitel-Hügel (Káptalan-domb), wo von der Bischofsburg noch der aus dem 14. Jh. stammende Wehrturm erhalten ist. Gegenüber dem Turm erhebt sich die von König Stephan I. 1033 gegründete Kathedrale. Sie wurde nach mehrfachen Zerstörungen durch Mongolen und Türken in den Jahren 1635–1650 neben den erhalten gebliebenen gotischen Teilen im Renaissancestil erneuert. Die Fresken im Mittelschiff und die Altarbilder stammen von dem namhaften österreichischen Meister Franz Anton Maulpertsch. Daneben ließ Bischof János Hédervány am Anfang des 15. Jhs. eine gotische Kapelle errichten. Hier ist heute der Reliquienschrein des ungarischen Königs Ladislaus I. (des Heiligen), ein Kleinod der Schmiedekunst, aufbewahrt, der als der berühmteste Schatz von Győr angesehen werden kann.

Karmeliter- u. Benediktinerkirche, Sforza-Bastei

Das Stadtbild Győrs prägt vor allem das in U-Form erbaute Rathaus auf dem Szabadság Platz (Szabadság tér) mit seinem 58 m hohen Turm. Auf dem Platz der Republik (Köztársaság tér), dem schönsten Platz der Stadt, steht die barocke Karmeliterkirche. Ihr gegenüber befindet sich die Sforza-Bastei, von der man einen herrlichen Blick auf die stimmungsvollen Promenaden am Ufer der Raab hat. Am Hauptplatz (Széchenyi tér) stehen in der Mitte eine zur Erinnerung an die Befreiung von Buda im Jahre 1686 errichtete Säule, die doppeltürmige Benediktinerkirche aus der Mitte des 17. Jhs., das Ordenshaus von 1667 und das Gymnasium von 1627. Im ehemaligen Abthaus, Haus Nr. 5, aus dem 17. Jh. ist heute ein Museum eingerichtet. Besonders erwähnenswert ist das János-Xantus-Museum mit seinen rokokoverzierten geschlossenen Balkonen, dem halbrunden Bogentor und dem mit Fresken und Stukkaturen reichlich geschmückten Prunksaal. Außerdem finden wir in der Stadt noch zahlreiche Gebäude aus dem 17. und 18. Jh. sowie alte Bürgerhäuser, die bis in das 16. Jh. zurückreichen.

Pannonhalma, Benediktiner-Abtei

Bevor wir zur Donau zurückkehren, besuchen wir noch die auf dem 280 m hohen Martinsberg errichtete Benediktiner-Abtei der Stadt Pannonhalma. Das Fundament für diese riesige Klosterkirche stammt von Fürst Géza aus dem Jahre 996, also unmittelbar aus der Zeit nach der Landnahme der Ungarn, als die von ihm angesiedelten Benediktiner hier Fuß faßten. Aber sowohl dieser Kirchenteil als auch die von Karl dem Großen nach dem Sieg über die Awaren auf demselben Platz errichtete Kir-

che sind fast spurlos verschwunden. Lediglich einige Säulen und Bruchstücke sind von einer um 1135 erbauten Kirche erhalten geblieben. Die heutige Abteikirche, eine frühgotische Pfeilerbasilika, wurde im Jahre 1225 geweiht. Die Kirche erhielt nach mehreren Umbauten 1833 einen klassizistischen Vorbau und den Westturm. Im Inneren finden wir noch im Hauptschiff ein gotisches Deckengewölbe, figurale Grabsteine und an den Säulensockeln hervorragende Steinmetzarbeiten. Die teils romanische, teils gotische Unterkirche unter dem Chor zählt zu den ältesten architektonischen Epochen Ungarns. Von der Kirche aus betreten wir durch ein aus dem Jahre 1137 stammendes Prachttor aus rotem Marmor die Porta Speciosa, den gotischen Kreuzgang des Klosters aus dem Jahre 1486. An der Kirche befindet sich die einzige gotische Sonnenuhr Ungarns. Besonders hervorzuheben ist die im Empirestil 1824–1833 eingerichtete Bibliothek, die mit ihren 300.000 Bänden zur fünftgrößten des Landes zählt. Den Grundstein dazu legte Ladislaus der Heilige bereits im 11. Jh. Das Archiv besitzt wertvolle Urkunden aus der ungarischen Geschichte, wie den Privilegienbrief Stephans I. von 1001, der das erste ungarische Sprachdenkmal darstellt, und die Gründungsurkunde von Tihany aus 1055.

Komárom

Jetzt führt unser Weg wieder an die Donau, die wir auf gut ausgebauten Nebenstraßen in kurzer Zeit erreichen. Unser nächstes Ziel ist Komárom, eine rund 20.000 Einwohner zählende Stadt. Die nördliche Hälfte befindet sich in der Slowakei und trägt den slowakischen Namen Komárno. Die Stadt wurde nach dem Ersten Weltkrieg geteilt. Beide Teile werden mit einer Eisenbahn- und einer Straßenbrücke verbunden. Hier befindet sich der für die Slowakei wichtigste Donauhafen, der vor allem ein bedeutender Umschlaghafen für Kohle und Erdöl ist. In der Donaumonarchie diente der einst als Festung ausgebaute Platz so wie in der Vergangenheit als wirksame Donausperre. Aus Komárom stammt Franz Lehár, der hier 1870 geboren wurde. Er zählt zu den bedeutendsten Operettenkomponisten der Welt und hat daneben auch zahlreiche Lieder, Märsche und Walzer geschrieben. An den stürmischen Verlauf der Geschichte dieser Stadt erinnern die Erdburg, die 1241 dem Ansturm der Mongolen widerstand, und die Igmánder Festung, in der heute ein Museum für Steinmetzarbeiten aus der Römerzeit eingerichtet ist.

Tata, Kirche, Esterházy-Schloß

Von Komárom fahren wir weiter nach Bábolna. In diesem seit 1789 bestehenden weltberühmten Gestüt erinnert ein Denkmal unter einem Akazienbaum an den „Stammvater", den Araberhengst Obajan. Dann erreichen wir Tata. Dieses reizvolle Städtchen bietet neben den warmen Quellen im Alten See (Öreg-tó), die in einem 40 ha großen staatlichen Sporttrainingslager liegen, bedeutende Bauten. Sie dienten schon im 15. Jh. vor allem dem Hofe Sigismunds und Matthias Corvinus für wichtige Beratungen und prunkvolle Zerstreuungen. Die Alte Burg (Öreg vár) aus dem 14. und 15. Jh. ist hier an erster Stelle zu nennen, die von den Türken fast gänzlich vernichtet und von den österreichischen Truppen anschließend niedergebrannt wurde. Sie wurde soweit wieder restauriert, daß in ihren Sälen das Kuny-Domokos-Museum mit einer berühmten Keramik-Sammlung untergebracht werden konnte. Sehenswert sind noch die zwischen 1751 und 1785 im Zopfstil erbaute zweitürmige Kirche auf dem Kossuth Platz (Kossuth tér) und das 1769 erbaute Esterházy-Schloß, das heute als Krankenhaus dient.

Gran (Esztergom)

So verlockend das Binnenland Ungarns für uns auch sein mag, kehren wir trotzdem wieder von Tata an die Donau zurück. Unser nächster Besuch gilt der Bischofsstadt Gran (Esztergom), die zur Zeit Karls des Großen die östliche Festung des Frankenreiches bildete. Sie ging aber auch als erste ungarische Hauptstadt und Residenz der ungarischen Könige in die Geschichte ein: Hier herrschten Fürst Géza und dessen Sohn Vajk, der nach der Taufe den Namen Stephan (István) annahm, und im Jahre 1000 zum ersten König Ungarns gekrönt wurde. Im 12.

Jh. errichtete Béla III. eine luxuriöse königliche Burg im frühgotisch-provenzalischen Stil, die 1542 von den Türken zerstört wurde. Durch umfangreiche Ausgrabungen wurden interessante Reste der Burg freigelegt. Heute ist darin das Burgmuseum eingerichtet. Gut erhalten blieb der königliche Empfangssaal, den am Ende des 15. Jhs., als die Burg im Besitz des Erzbischofes János Vitéz stand, ein Florentiner Meister mit den „Fresken der Kardinalstugenden" verzierte. Sie stellen die Klugheit, Mäßigkeit, Stärke und Gerechtigkeit dar. Der wohl schönste Teil der Burg ist die königliche Kapelle, während wir im Lapidarium der alten Kathedrale noch Reste mittelalterlicher Plastiken aus dem 11. und 13. Jh. bewundern können. Die Burg, im Nibelungenlied als Schloß Gran erwähnt, soll auch dem Hunnenkönig Etzel (Attila) als Residenz gedient haben. Bis zur Invasion der Tataren im Jahre 1241 war das Árpáden-Schloß der Sitz der Könige; danach wurde Buda die neue Hauptstadt Ungarns. Gran erhielt bereits 1708 den Status einer Freistadt.

Basilika, Bakócz-Kapelle

Wenn wir auf der Straße Nr. 10 über Dorog durchs Gebirge nach Gran fahren, erblicken wir von weitem die auf dem 66 m hoch über der Donau liegenden Burgberg erbaute klassizistische Basilika, das religiöse Wahrzeichen Ungarns. Sie wurde in den Jahren 1822–1856 unter der Herrschaft von vier Erzbischöfen um etwa 2 Mio. Gulden auf den Ruinen einer alten Kirche nach dem Vorbild der römischen Peterskirche erbaut. Es gibt wenige Kirchen, die mit ihr konkurrieren können. Ihre 22 m hohe Säulenhalle vor dem Portal wird von korinthischen Säulen getragen; sie hat eine Länge von 118 m und ist bis zum Kreuz der Kuppel – mit einem Durchmesser von 34 m – 100 m hoch. Das 13 mal 6,5 m große Altarbild, das zu den größten der Welt zählt, stammt vom Venezianer Michelangelo Grigoletti und stellt eine variierte Kopie von Tizians venezianischer Himmelfahrt Mariä dar. Besonders sehenswert sind die aus weißem Carrara-Marmor hergestellten Skulpturen sowie ein aus Holz geschnitztes Heiliges Grab aus dem 15. Jh. In der Krypta finden wir Grabmäler aus der Renaissancezeit und in der Sakristei den wertvollen Kirchenschatz. Dazu zählen vor

allem ein seltener ovaler Bergkristall mit einem eingeschliffenen Kreuz aus dem 9. Jh., ein aus Urochsenhörnern gefertigter Pokal zur Aufbewahrung des geweihten Öles und ein gotischer Kelch. Dieses Meisterwerk der Goldschmiedekunst, das Benedikt Suky 1440 anfertigen ließ, besitzt einen ungewöhnlichen historischen Wert. Eine Besonderheit stellt auch der aus rund sechs Kilogramm purem Gold im 15. Jh. gefertigte, mit Edelsteinen, Perlen und Emaileinlagen verzierte sogenannte Kalvarienberg des Königs Matthias dar. Die in die Basilika integrierte, zwischen 1506 und 1511 erbaute Bakócz-Kapelle kann als Hauptwerk der ungarischen Renaissance betrachtet werden. Der Fürstprimas Tamás Bakócz ließ diese seine Grabkapelle links vom Eingang 1507 durch italienische Künstler aus rotem Marmor errichten, ein Bau, der sogar die Türkenstürme überdauerte. Als man 1822 mit dem Bau der neuen Kathedrale begann, wurde die Kapelle nach Plänen des Kismartoner Architekten János Pach in 1600 numerierte Einzelstücke zerlegt und einige Meter vom alten Standort in die neue Kirche miteinbezogen. Zur Einweihung der neuen Basilika schrieb Franz Liszt die „Graner Messe".

Christliches Museum (Keresztény-Museum)

Fürstprimas János Simor, der auch Franz Josef und Elisabeth gekrönt hat, gründete das im Palais untergebrachte „Christliche Museum" (Keresztény-Museum). Es besitzt neben dem Budapester Museum der Bildenden Künste Ungarns zweitgrößte Sammlung wertvoller Gemälde. Hier befinden sich vor allem interessante Werke aus Italien und Ungarn, wie der gemalte Kalvarien-Flügelaltar von Tamás Kolozsvári aus dem Jahre 1427, die vier Passions-Tafelbilder des geheimnisvollen Meisters M. S. aus 1506 sowie Kollektionen der italienischen Meister Bernardo Daddi, Taddeo Gaddi und Duccio di Bouninsegna. Von den westeuropäischen Meistern gibt es ebenfalls wertvolle Werke, u. a. vom Niederländer Hans Memling (berühmt durch sein in der Staatsgalerie von Stuttgart befindliches Gemälde „Bathseba im Bade"), von Lucas Cranach d. Ä., Jusepe de Ribera, Hans Baldung Grien u. a. m.

Rathaus

In der Stadt sind noch das frühbarocke Rathaus mit einem spätbarocken Oberstock auf dem Széchenyi Platz (Széchenyi tér) und die herrlichen Häuser im Barock- und Zopfstil in der Bottyán Straße (Bottyán utca), besonders das Komitatshaus auf Nr. 3 sowie einige Kirchen sehenswert. Zu erwähnen sind noch die entlang der Donau am Fuße des Burghügels verlaufende Stadtmauer und das hier aufgestellte Standbild des ungarischen Dichters Bálint Balassi. Seine Soldaten- und Liebeslieder sowie religiösen Gedichte zählen zu den besten Schöpfungen der ungarischen Spätrenaissance. Er wurde 1554 in Zólyom geboren und ist hier im Kampf gegen die Türken am 30. 5. 1594 gefallen.

Gran war einige Jahrhunderte lang die Hochburg des ungarischen Katholizismus, und der Erzbischof dieser Stadt ist heute noch Primas von Ungarn. Der bekannteste Primas in den letzten Jahrzehnten war Kardinal Jósef Mindszenty (1945–1975), ein leidenschaftlicher Gegner der Kommunisten, die ihn 1949 zu lebenslänglichem Gefängnis verurteilten. Nach der Volkserhebung im Jahre 1956 erlangte er wieder die Freiheit und zog sich anschließend in die amerikanische Botschaft als Asylant zurück. 1971 ging er nach Wien, wo er 1975 starb. Seine Grabstätte befand sich in der Wallfahrtskirche in Mariazell, von wo er Anfang Mai 1991 nach einigen Unstimmigkeiten bei seinen Anhängern nach Gran heimkehrte.

Visegrád, Wehrburg, Salomonturm

Unser Weg führt nun die Donau entlang, deren linkes Ufer ab der Einmündung der Eipel (Ipoly) zu Ungarn gehört. Wir kommen nach 12 km in das knapp 2500 Einwohner große, aber sehr geschichtsträchtige Städtchen Visegrád. Die verkehrsgünstige Lage zwischen der Donau und dem Pilisgebirge (Visegrádi-hegység) hat bereits im 4. Jh. die Römer veranlaßt, ein Kastell zum Schutz der Donaugrenze zu errichten, das in der Folge auch die sich niedergelassenen Slawen nutzten. Gleich nach

der Landnahme durch die Ungarn im Jahre 968 wurde in Visegrád ein Kloster gegründet, das nach dem Einfall der Mongolen Béla IV. ab 1250 zu einer Wehrburg mit Mauern bis zum Donauufer ausbaute. Er errichtete zunächst nahe der Donau einen Wohnturm, den 31 m hohen und durchschnittlich 3,5 m starken Salomonturm (Salomon torany), und anschließend die Hochburg in Form eines unregelmäßigen Dreiecks mit drei Wohnbauten, die von einer dreifachen Mauer geschützt wurden. König Karl Robert von Anjou, der 1320 seine Residenz hierher verlegte, ließ am Fuße des Berges, direkt am Donauufer die untere Burg erbauen, einen prachtvollen spätgotischen Palast, den er zehn Jahre später bezog. In der Hochburg wurde die königliche Schatzkammer eingerichtet, in der man die Stephanskrone und die Krönungsinsignien, unter Ludwig I. auch die polnische Krone, aufbewahrte. Der von Matthias Corvinus im 15. Jh. im Renaissancestil prunkvoll erweiterte Bau, der eine Länge von 600 m und eine Breite von 300 m erreichte, verfiel in der Türkenzeit, und die benachbarten Bewohner benutzten ihn als Steinbruch.

Herkules- u. Löwenbrunnen

1934 begann man mit der Freilegung der Ruinen, jedoch der Abschluß der Restaurierungsarbeiten wird noch einige Zeit in Anspruch nehmen. Heute erreichen wir den königlichen Palast, der 350 Zimmer, hängende Gärten, einige Brunnenanlagen und Dampfbäder besaß, durch das Haus Fő utca 27. Im Prunkhof finden wir eine Nachbildung des rotmarmornen Herkulesbrunnens, dessen Original sich im Museum im Salomonturm befindet. Der zweite Brunnen, wegen seiner Löwenfüße Löwenbrunnen genannt, steht auf der dritten Schloßterrasse und stammt aus der Mitte des 15. Jhs. Im Inneren des Turmes können wir die Sammlung der zahlreichen Funde aus der Römerzeit besichtigen. Sie wurde unter der Bezeichnung „Die Visegráder Steinmetzwerke des Königs Matthias" in der zweiten Hälfte des 15. Jhs. zusammengestellt. Außerdem gibt es noch eine Übersicht über die Fauna und Flora der Umgebung von Visegrád.

Von der Schiffsanlagestelle kommen wir auf einer herrlichen Panoramastraße zu den Ruinen der ehemaligen Zitadelle. Vom Wehrgang des Salomonturms, der den Zugang zur Zitadelle einst zu bewachen hatte, ergibt sich ein weiter Rundblick auf die umliegenden Berge.

Nachdem die Donau das Bergland zwischen dem Pilis- und Börzsöny-Gebirge durchbrochen hat, ändert sich nach einer großen Schleife von Zebegény bis Kismaros ihre Richtung und fließt nun südwärts. Hier im sogenannten Donauknie (Dunakanyar) wird sie wieder ein breites, ruhiges Band, das sich teilt und zwischen zwei Armen die große Szentendre-Insel (Szentendrei sziget) einschließt. Sie zieht sich 35 km lang bis vor Budapest hin und hat viele kleine Nebeninseln und drei Dörfer mit einem Campingplatz.

Waitzen (Vác), Kathedrale, Rathaus

Von der Insel bringt uns eine Fähre auf das linke Donauufer, wo wir der Bischofsstadt Waitzen (Vác) einen Besuch abstatten. Ihr bedeutendstes Bauwerk, die Kathedrale, ist im klassizistischen Stil ab 1760 auf den Überresten einer viel älteren Kirche errichtet worden, von der Teile, wie der Chor mit einem Renaissance-Steingeländer, einbezogen wurden. Besonders zu erwähnen ist die Schatzkammer in der Krypta, die bemerkenswerte Goldschmiedearbeiten birgt. Zu den schönsten Hauptplätzen Ungarns zählt der stimmungsvolle 15. März Platz (Március 15. tér),

dessen gepflegten Park überwiegend feinskizzierte barocke Gebäude umgeben, deren Details einer intensiven Betrachtung bedürfen. Sehenswert sind hier aber auch das mächtige Rathaus, die Oberstädtische Pfarrkirche, das Ordenshaus der Barmherzigen Brüder und das Taubstummeninstitut, das als eines der ersten in Europa in dieser Stadt gegründet worden ist. Zu einem besonderen Wahrzeichen von Waitzen zählt das direkt an der Donau gelegene Zuchthaus, vergleichbar mit dem von Straubing in Deutschland und Stein in Österreich.

Szentendre

Wir kehren wieder über die Szentendre-Insel (Szentendrei-sziget) auf das rechte Ufer des Flusses zum südlichen Tor des Donauknies, der Stadt Szentendre, zurück. Die bereits 1146 urkundlich aufscheinende Stadt entstand aus einem römischen Kastell. Nach dem Abzug der Türken ließen sich hier gegen Ende des 17. Jhs. Serben und Dalmatiner nieder, die sich mit den durchziehenden griechischen Kaufleuten vermischten.

Orthodoxe Kirche, Gedenkkreuz

1752 entstanden auf dem heutigen Marx-Platz (Marx tér) die Orthodoxe Kirche mit einem Barockturm und anschließend ein Museum sowie mehrere Barock- und Rokokobauten. Auf dem Hauptplatz errichteten serbische Kaufleute, die seinerzeit der Pest entkommen waren, ein Rokoko-Gedenkkreuz. Vom Marx tér erreichen wir auf einem schmalen Steg den 100 m hohen Burghügel. Auf diesem steht eine aus dem 15. Jh. stammende römisch-katholische Pfarrkirche mit einer barocken Fassade aus dem Jahre 1710. Von hier eröffnet sich dem Besucher eine herrliche Aussicht auf das Donautal. Die vielen ansteigenden, verschlungenen Gassen mit ihren kleinen, bunten Häusern haben seit Jahrzehnten zahlreiche bekannte Maler angezogen, die hier diese zauberhafte Atmosphäre, diese Vielfalt von Form und Farbe in ihren Bildern festhalten. Aber auch museenbegeisterte und nostalgisch gestimmte Besucher kommen immer wieder in dieses reizende mediterran anmutende Städtchen. Das kulturelle Interesse an dieser Stadt belebt auch das Wirtschaftsleben; es entstanden privat geführte Gaststätten- und Geschäftsbetriebe, die vielfach serbische Spezialitäten anbieten.

Ausstellungen, Dorfmuseum

Szentendre besitzt eine Reihe von interessanten Ausstellungen, die zahlreiche Künstler in den einzelnen kleinen Museen, in Barockgebäuden und Zopfstil-Häusern zusammenstellten. So sind die Werke des Malers Károly Ferenczy und seiner beiden Kinder, des Bildhauers und Graphikers Béni Ferenczy und der Malerin und Gobelinkünstlerin Noémi Ferenczy im Ferenczy-Museum, die Gemälde von Béla Czóbel im Museum am Kirchenplatz und die Keramikwerke der Künstlerin Margit Kovács in einem um 1750 erbauten Barockgebäude zu sehen. Das Serbische Museum für Kirchengeschichte befindet sich in der

Engels Straße (Engels utca 6). Im Sommer finden auf dem Marx tér Freilichtaufführungen unter dem Motto „Sommer in Szentendre“ statt, an denen zahlreiche Besucher teilnehmen. Im Freilicht-Dorfmuseum (Skanzen) am Rande der Stadt wird die Volksbaukunst verschiedener Landesgegenden präsentiert.

Die Landschaft im Verlauf der Donau von Esztergom bis Szentendre bezeichnen die Einheimischen als Ungarische Wachau, ein Pendant zum Flußabschnitt zwischen Melk und Krems in Österreich. Sie wird aber auch gerne mit dem Rheintal verglichen. Diese drei Landschaften haben viel Ähnlichkeit miteinander: die lieblichen sanften Hügel mit den gepflegten Weingärten, die kleinen Dörfer und Städte, in denen Weinkeller und nette Restaurants zu einem Imbiß und einem guten Schluck Wein einladen; dann wieder spitze Berggipfel, von denen Burgruinen herabblicken, die von kriegerischen Auseinandersetzungen, aber auch prunkvollen Festen vergangener Zeiten erzählen. Besonders reizvoll sind die Tagesausflüge mit einem Schiff von Budapest aus. Sie zeigen uns die Städte und historischen Stätten an den Ufern aus einer anderen Perspektive und bescheren uns einen wohlverdienten „Ruhetag“ während unserer Budapest-Besichtigung.

Vor den Toren der Hauptstadt Ungarns liegt die alte Römerstadt Aquincum, die einst zusammen mit Althofen (Óbuda) rund 30.000 Einwohner besaß. Sie zählt zu den ersten Siedlungen der Römer an der Donau und galt als Zentrum der Provinz Pannonia inferior in der Zeit vom 2. bis zum 4. Jh. Das „Budapester Carnuntum", wie die Römersiedlung auch genannt wird, war die größte Garnisonsstadt in diesem Bereich. Während die Bürgersiedlung hier lag, befand sich das Militärlager der II. Hilfslegion im südlich davon gelegenen Althofen, wo es auch ein dem Militär vorbehaltenes Amphitheater (Amfiteátrum) gab, das bei einem Außmaß von 89×66 m rund 13.000 Besuchern Platz bot. Funde, die in jüngster Zeit bei Bauarbeiten zu Tage gefördert wurden, können wir heute in einer Ausstellung mit dem Titel „Römisches Leben in Aquincum" im fünf Räume umfassenden Ruinen-Museum in der Korvin Ottó utca 63 besichtigen. Neben anderen wichtigen Funden sind die Reste einer Wasserorgel besonders erwähnenswert. Es ist dies ein altrömisches Instrument, das aus 52 Pfeifen (2 chromatischen Oktaven, d. h. eine Folge von 12 Halbtonschritten) besteht. Die auf dieser Orgel gespielten Kunstwerke wurden auf Schallplatten aufgenommen, die wir am Eingang des Museums erwerben können.

Althofen (Óbuda), Römerstadt Aquincum

In Aquincum erhob der römische Kaiser Gratian, der die Nachfolge seines Vaters, des Kaisers Flavius Valentinianus I. antrat, seinen Halbbruder Flavius Valentinianus II. im Jahre 375 zum Augustus. Beide regierten zusammen den Westen des Römischen Reiches, bis der in den Diensten des Kaisers Gratian gestandene fränkische Heerführer Arbogast, der auch als Berater Valentinianus II. galt, diesen im Jahre 392 ermorden ließ. In den anschließenden Jahrzehnten drangen germanische Volksstämme in den Donauraum ein und verdrängten die Römer.

Budapest

Wir kommen nun auf der Straße M 11 nach Budapest, der „Perle der Donau". Die Stadt entstand 1873 aus der Vereinigung von drei Stadtteilen, nämlich Buda, Óbuda am rechten und Pest am linken Donauufer und hat heute ein Ausmaß von rund 525 km² mit einer Einwohnerzahl von über 2 Mio. Budapest ist eine Stadt, die im Gegensatz zu Wien wirklich an der Donau liegt, die man aber sehr schwer beschreiben kann, die man sehen und erleben muß – eine Mischung aus Altem und Neuem, aus Charme und Lieblichkeit, eine Mischung aus Kunst und Kitsch; eine Stadt, die man in vieler Hinsicht nur mit Paris vergleichen kann. Budapest ist eigentlich die einzige Stadt Ungarns, denn alles andere ist Provinz, eine Provinz, in der man als Gast geachtet wird, in der man das Leben genießen kann und in der man mit Zigeunermusik, herzhafter Paprikaküche und ausgezeichnetem Wein verwöhnt wird.

Obwohl das Land geschichtlich betrachtet jung ist, lebten hier in den Kalksteinhöhlen von Budapest bereits vor rund 400.000 Jahren im Paläolithikum Urmenschen; und in den Zeiten vor Christi Geburt bevölkerten keltische Weinbauern, die Erawisker, die Hänge der Budaer Berge. Die Römer, die 10 n. Chr. westlich und südlich der Donau die Provinz Pannonien aufbauten, wichen im 4. Jh. vor den Kelten zurück, und während der Völkerwanderungszeit zerfiel die Provinz. Erst nach der Landnahme der Ungarn im 9. Jh. blühte das alte Buda Óbuda auf, verödete aber wieder durch die von den Mongolen verursachten Verwüstungen. Nach einem erneuten Aufbau im 14. und 15. Jh. hielten die Türken die Stadt in den Jahren 1541–1686 besetzt und ließen sie verfallen. Unter Maria Theresia begann ab 1740 die kontinuierliche Entwicklung, und die drei Stadtteile blühten auf. Es kam, wie bereits eingangs erwähnt, zur Vereinigung. Die Bevölkerung wuchs auf das Fünffache, und 1849 wurden die selbständigen Städte Buda und Pest durch die Kettenbrücke verbunden.

Lukas-, Kaiser-, Königs- u. Rudasbad

Von Aquincum kommend bleiben wir am rechten Donauufer in Buda und versuchen, von den Schönheiten dieses Stadtteiles so viel wie möglich zu erhaschen. Man kann einiges zu Fuß, die höher gelegenen Sehenswürdigkeiten aber auch mit dem Auto erreichen. Darüber hinaus besteht die Möglichkeit, größere Entfernungen mit den stets bereitstehenden und billigen Taxis zu überbrücken. Sollte jemand müde werden, dann kann er sich in einem der zahlreichen Thermalbäder erholen, die am Ufer liegen und die von 123 Thermalquellen gespeist werden. Bereits gegenüber der Südspitze der Margareteninsel riecht man es: Hier entspringen die Schwefelquellen mit einer Temperatur von 25–67 Grad, die auch die Römer und Türken schon als Bäder benutzten. Das Lukasbad (Lukács fürdő) bietet in zwei Kurhotels Behandlungen gegen Rheuma, Nervenentzündungen, Gicht und Lähmungserscheinungen an. Aus den selben Quellen wird das sich unmittelbar anschließende Kaiserbad (Császár fürdő) gespeist, das ebenfalls aus der Türkenzeit stammt. Flußabwärts beim Bem József tér finden wir das Königsbad (Király fürdő), das Mustafa Szokoli, ein zum Islam übergetretener Ungar 1570 erbauen ließ. Eine türkische In-

schrift erinnert daran, daß es auch zu jenen drei Bädern zählt, in denen die Türken ihre strapazierten Körper wieder regenerierten. Der im 18. Jh. erweiterte Bau erhielt 1826 eine klassizistische Fassade und wurde 1959 rekonstruiert. Das unterhalb der Elisabethbrücke (Erzsébet hid) am Fuße des Gellért-Berges (Gellérthegy) gelegene Rudasbad (Rudas fürdő) speisen 22 Brom- und Radium-Quellen, die noch zahlreiche weitere Bäder und Badehotels versorgen. Das Hauptbassin befindet sich am Dőbrentei tér 9 und stammt ebenfalls aus der türkischen Zeit. Der auf acht Säulen ruhende Kuppelbau wurde 1566 errichtet und im 18. und 19. Jh. erweitert. In der Hadnagy út 8–10 finden wir das Rácbad (Rác fürdő) mit einem türkischen Becken, das so wie die übrigen radiumhaltigen Quellen besonders bei Alterserscheinungen und Nervenleiden hilft.

Schloß Kiscell

Aber zum Ausruhen haben wir noch Zeit! Gleich bei der Einfahrt steht im Westen von Óbuda am Ende der Kiscelli utca das

Schloß Kiscell, das in den Jahren 1744–1760 als Kloster erbaut worden ist. In das neu eingerichtete Klein-Zeller (Kiscelli)-Museum kamen 1941 zahlreiche stadthistorische Exponate, die ursprünglich im Stadtwäldchen ausgestellt waren und die man um 1890 zu sammeln begann. Es untersteht heute dem Budapester Historischen Museum, das hier in wechselnden Ausstellungen Sammlungen als thematische und nach Kunstgattungen getroffene Auswahlen vorstellt.

Gül Baba-Grabkapelle

Neben den Bädern finden wir in der Mecset utca 14 ein weiteres Baudenkmal aus der Türkenzeit: die Gül Baba-Grabkapelle (Gül Baba türbéje). Diesen achteckigen Kuppelbau ließ der Pascha von Buda, der Derwisch Kahler Vater (Kel Baba), wie Gül Baba eigentlich hieß, in den Jahren 1543–1545 erbauen. Der in Buda verstorbene Gül Baba wurde von den Moslimen als Heiliger verehrt. Er erhielt diesen Beinamen, der soviel wie „Vater der Rosen" bedeutet, weil er auf dem Rosenhügel (Rózsadomb) ausgedehnte Rosengärten anlegen ließ. Heute stehen hier noch schöne alte Villen in großen, gutgepflegten Gartenanlagen.

St. Anna-Kirche

Auf dem Weg zum Burgberg kommen wir an der sehenswerten, in den Jahren 1740–1765 errichteten St. Anna-Kirche (Szent Anna templom) am Battyány tér vorbei, deren Barockfassade zu den schönsten in Ungarn zählt. Die um 1772 entstandenen Statuen am Hauptaltar stammen von Károly Bebo, während die Bilder der Wiener Franz Wagner schuf.

Burgberg, Burg

Den Burgberg (Vár-Hegy) erreichen wir entweder auf drei Auffahrten oder zahlreichen Fußwegen, aber auch vom Burgtunnel bei der Kettenbrücke aus mit einer Drahtseilbahn. Wir finden hier die interessantesten und wichtigsten Sehenswürdigkeiten der Stadt und genießen einen prachtvollen Ausblick auf die Donau und auf Pest. Der dominierende Bau ist die Burg, der hoch über dem Budaer-Donauufer gelegene, von Mauern umgebene mittelalterliche Stadtteil. Seit der Herrschaft der Anjou im 14. Jh. entwickelte sich im südlichen Teil der Anlage die Residenz der Könige, während im Norden die Bürgerstadt aufgebaut wurde. In dem Gewirr von Gassen können wir zahlreiche, meist auf den mittelalterlichen Fundamenten errichtete bunte Barock- und Zopfstilhäuser bewundern. Viele Toreingänge haben gotische Gewölbe und Sitznischen. Von den stimmungsvollen Hinterhöfen mit teilweise schönen Renaissance-Arkaden kommen wir zu den Kellern, die untereinander verbunden sind und den Teil eines mittelalterlichen unterirdischen Labyrinths bilden. Die Türken zerstörten den von König Sigismund von Luxemburg erschaffenen und von Matthias Corvinus großzügig ausgebauten Renaissance-Palast, der in den folgenden Jahrzehnten verfiel. Erst Maria Theresia ließ an

derselben Stelle ein barockes Schloß erbauen. Es brannte 1848 nieder, und die Reste wurden abgerissen, um einem neobarokken Palast Platz zu machen. Dieser wurde von 1894–1906 großzügig erweitert. Am Ende des Zweiten Weltkrieges haben sich die in Budapest eingekreisten deutschen Truppen im Burgviertel verschanzt und es völlig zerstört. Der heutige, rekonstruierte Komplex hat die seinerzeitige Schönheit wieder aufleben lassen und wurde 1987 von der UNESCO zum „Weltdenkmal" erklärt.

Bei einem Rundgang sehen wir unterhalb der Westseite der Burg die alten Wehranlagen mit Bastionen und Rondellen, an der Basteipromenade die Blutwiese (Vérmező) und den mittelalterlichen Turnierplatz, auf dem man 1795 den Revolutionär Martinovic hingerichtet hat. Unterhalb des Schlosses sind noch als interessante Bautenreste das mächtige Südrondell, der Zwinger, der Torturm König Sigismunds aus dem 14. Jh. und der gotische Keulenturm zu nennen.

Historisches Museum

Die Burg war vom Zeitpunkt des Ausgleiches mit Österreich in den Jahren 1867–1945 noch Sitz der von Zeit zu Zeit von Wien nach Budapest gekommenen Kaiser und Könige sowie Residenz des habsburgischen Palatins bzw. des Reichsverwesers. Heute beherbergt sie einige interessante Museen und Ausstellungen. Im Südflügel des ehemaligen Königsschlosses befindet sich das Budapester Historische Museum, dessen Aufgabe darin besteht, all die historischen und kulturhistorischen Denkmäler, die sich auf die Hauptstadt Budapest und die Völker, die einst hier lebten, beziehen, zu sammeln und wissenschaftlich aufzuarbeiten. Als Ergänzung dazu zeigt das Museum im 1. Stock auf rund 1000 m^2 die ständige Ausstellung „Zwei Jahrtausende von Budapest". Dargestellt werden die baulichen Tätigkeiten der Römer, die Aquincum zur Hauptstadt Pannoniens machten, sowie die neuen archäologischen Funde, nach denen die Struktur der Militärstadt in Óbuda rekonstruiert werden kann.

Die Lebensweise der Völker, die zur Zeit der Völkerwanderung zu Beginn des 10. Jhs. auf dem Gebiet des heutigen Groß-Budapests siedelten, wird anschließend durch zahlreiche Originalfunde dem Besucher veranschaulicht. Interessant ist die im nächsten Abschnitt behandelte Zeit der 145jährigen Türkenbesetzung, in der eine wesentliche Veränderung des Stadtgefüges folgte. Es kommen dann die Darstellungen von der Befreiung Budas von der Türkenherrschaft, der Verwüstung der Städte Pest, Buda und Óbuda, ihren Wiederaufbau bis zur Vereinigung der drei Städte zu Budapest im Jahre 1873, der darauffolgenden Revolution und der Aufgaben Budapests als Hauptstadt der Ungarischen Räterepublik von 1919. Die Ausstellung schließt mit Bildern vom Ende des Zweiten Weltkrieges, von der Befreiung und vom Wiederaufbau. Über die Entwicklungsgeschichte der Hauptstadt können wir alle vier Stunden ein Videoprogramm mit Farb- und Schwarzweißfilmen im Ausstellungstrakt sehen.

Eine weitere Dauerausstellung des Museums unter dem Titel „Der Königspalast und die gotischen Statuen des mittelalterlichen Buda" befindet sich im Kellergeschoß und in den Höfen des Burgpalastes. 1974 konnte man bei weiteren Ausgrabungen in der Burg im nördlichen Vorhof des Palastes gotische Statuen und Torsi von hohem kunsthistorischen Wert bergen. Durch diese Funde zählt die mittelalterliche Sammlung des Budapester Historischen Museums zu einer der bedeutendsten gotischen Galerien Europas. Die Weiße Madonna aus der Mitte des 15. Jhs. stellt eines der interessantesten Exponate dieser Ausstellung dar. Diese 89 cm hohe, aus Kalkstein gestaltete Plastik strahlt eine Innigkeit aus, die sie zu den schönsten Werken der ehemaligen Bildhauerwerkstätte von Buda macht. Erwähnenswert sind auch der fein gemeißelte Kopf des Ritters mit Capuccio aus dem Neuen Palast des Königs Sigismund

und der besonders plastische Kopf des Propheten mit Kapuze. Beide bestehen aus Kalkstein und stammen aus der Mitte des 15. Jhs. Das Matthias-Wappen aus rotem Marmor schmückte den Budaer Burgpalast und stellt jenen Wappentyp dar, den man auch häufig auf den Münzen des Königs Matthias findet. Das Herzschild zeigt das Familienwappen: den Raben. Zu den Meisterwerken der ungarischen spätgotischen Steinmetzkunst gehört das Grabmal des Eremiten St. Paulus aus Budaszentlőrine. Dieses Werk schuf der Pauliner Steinmetz Dionys (Dénes) aus rotem Marmor im Jahre 1486. Das ausgestellte Grabmalfragment fand man unter den Bauresten des 1300 in Budaszentlőrine errichteten Hauptklosters der Pauliner. Das erhalten gebliebene Fragment zeigt Teile von zwei durch eine gotische Kreuzrose getrennten Szenen: Auf dem linken, unversehrten Teil tragen zwei Engel die Seele des heiligen Ordensgründers in den Himmel.

Die an Samstagen und Sonntagen in den Räumen des Museums abgehaltenen musikalischen und literarischen Veranstaltungen nehmen auf die Ausstellungen Bezug.

Nationalgalerie

Im östlichen, neobarocken Teil des Palastes befindet sich die Ungarische Nationalgalerie, die hier nach einigen Zwischenstationen 1974–1975 ihre endgültige Heimstätte fand. Ihre Aufgabe besteht darin, alle auf Ungarn bezogenen Schöpfungen der bildenden Künste darin zu sammeln und aufzubewahren – beginnend von den gemeißelten Steinplastiken des Mittelalters bis herauf zu den immer schwerer definierbaren Kunstwerken der Gegenwart. Heute finden wir diese Werke der ungarischen Kunst in drei Geschossen des Königspalastes in einer Flucht von Sälen und Gängen ausgestellt. Im Thronsaal befinden sich die Flügelaltäre und in den Sälen des Erdgeschosses die mittelalterlichen Tafelbilder und Plastiken. Die Barockausstellung, der sich nahtlos die ungarische Malerei des 19. Jhs. anschließt, ist im ersten Stock untergebracht. Die großformatigen Werke der Historienmalerei des 19. Jhs. hängen im Ballsaal, während wir die Bilder von Mihály Munkácsy und László Paál in vollklimatisierten Vitrinen bewundern können. Im zweiten und dritten Stock kommen wir zu den Werken ungarischer Maler der Schule von Nagybánya und zu den Sammlungen des 20. Jhs. bis zur Gegenwart. Im dritten Geschoß hat man einen Saal für die Gegenwartskünstler und die Graphische Abteilung für periodische Ausstellungen vorgesehen. Die Plastiken stehen in den großen Sälen und Gängen, wo sich einige organisch in den Bestand der Gemäldeausstellung einfügen.

Landesbibliothek

In der königlichen Burg hat man im Westflügel noch die vom Hochadel gegründete Széchényi-Landesbibliothek, eine umfangreiche Handschriften- und Büchersammlung, und das Museum der Ungarischen Arbeiterbewegung, das einen Überblick über neuzeitliche ungarische Geschichte gibt, untergebracht.

Dreifaltigkeitssäule, Matthiaskirche, Marientor

Den Mittelpunkt des Burgviertels bildet der Szentháromság tér mit der aus dem Jahre 1713 stammenden Dreifaltigkeitssäule, dem ehemaligen Budaer Rathaus und der mächtigen, alles überragenden Matthiaskirche (Mátyás templom), der eigentlichen Liebfrauenkirche. Bereits im 13. Jh. entstand hier unter Béla IV. ein erster Bau, der im 14. und 15. Jh. mehrfach verändert wurde. Von König Matthias Corvinus erhielt die Kirche durch den Bau des hohen Südwestturmes die heutige Form. Ab 1309 war sie Krönungskirche, bis sie von den Türken 1536 in Brand gesteckt, aber anschließend von ihnen bis 1686 als

Hauptmoschee verwendet worden ist. Von 1873–1896 wurde sie zum Teil abgerissen und neu aufgebaut. Sie erhielt ihre ursprüngliche gotische Form; in der schönen Südfassade blieb das Marientor aus dem 14. Jh. erhalten. Das Innere ist in drei Schiffe geteilt, geschmückt mit Fresken von Bertalan Székely aus dem 19. Jh. Die Wandmalereien und die Bleiglasfenster lassen Szenen aus der ungarischen Geschichte lebendig werden. Sehenswert sind noch der mittelalterliche Flügelaltar und in der Lorettokapelle ein Marienbild aus der Werkstatt Lukas Cranachs.

Dreifaltigkeitskapelle, Kirchenmuseum

In der Dreifaltigkeitskapelle stehen die Marmorsarkophage König Bélas III. und seiner Gemahlin aus dem Jahre 1874. Den aus Stuhlweißenburg (Székesfehérvár) hierher überführten Originalsarkophag aus dem 12. Jh. brachte man in die Krypta, in der wir auch Gebeine anderer Könige aus dem Geschlecht der Árpáden und den Kirchenschatz finden. Im kleinen Kirchenmuseum sind im Erdgeschoß Reliquiare aus dem 9.–11. Jh. und Holzplastiken aus dem 13.–16. Jh. ausgestellt. Im ersten Stock kann man die Krönungsgewänder von Maria Theresia aus dem Jahre 1740 und Franz Josef I. aus dem Jahre 1867 bewundern. Im selben Jahr erklang hier zum ersten Mal die Krönungsmesse von Franz Liszt und 1936 das Budavárer Te Deum von Zoltán Kodály.

Vor der Ostfront der Matthiaskirche thront das von vier Löwen flankierte prachtvolle Reiterstandbild des großen ungarischen Königs Stephan I., das 1906 Alajos Stróbl schuf.

Fischerbastei

Hinter der Kirche erstreckt sich die Fischerbastei (Halászbástya), die 1901 nach Plänen von Frigyes Schulek an der Stelle entstand, an der einst die Fischergilde die alten Burgmauern zu verteidigen hatte – daher auch ihr Name! Im Mittelalter war die steile, der Donau zugewandte Ostseite der Burg stark befestigt und als wichtiger Schutz für die gesamte Anlage vorgesehen. Die Bastei birgt heute mit ihren weißen Türmen und Türmchen sehr viel Romantik in sich; und von dem nett eingerichteten Restaurant haben wir einen imposanten Panoramablick auf den ganzen Bereich von Pest, besonders aber auf das faszinierende Parlamentsgebäude und die riesigen Brücken – ein Bild, das vor allem in der Nacht bei strahlender Beleuchtung einen unvergeßlichen Eindruck hinterläßt.

Kriegshistorisches Museum

Am Hess András tér, links neben der Matthiaskirche, stehen die Ruinen des aus dem 13. Jh. stammenden Dominikanerklosters und des Turms der in der Zeit zwischen dem 13. und 15. Jh. erbauten Nikolauskirche. Diese Überreste wurden in den modernen Bau des Hotels „Budapest-Hilton" mit einbezogen. In der Táncsics Mihály utca 7 befindet sich der Palast des Gra-

fen Erdődy, in dem Ludwig van Beethoven im Jahre 1800 wohnte. Im Haus Nr. 9 wurden Lajos Kossuth und der Publizist Mihály Táncsics gefangen gehalten. Von der Basteipromenade (Tóth Árpád sétány), von der wir einen umfassenden Blick auf die Budaer Burg werfen können, kommen wir in das Kriegshistorische Museum, in dem Waffen, Fahnen und Dokumente aus dem 18.–20. Jh. zu sehen sind.

Das sich in der Szentháromság utca 5 befindliche Fremdenverkehrsbüro stellt uns einen Plan über das gesamte Burgviertel zur Verfügung und macht uns gleichzeitig darauf aufmerksam, daß nebenan die kleine, aber sehenswerte, im Biedermeierstil eingerichtete „Konditorei Ruszwurm" ungarische Leckerbissen anbietet, die kein Besucher versäumen soll. Wir beschließen auf jeden Fall den Tag in einer der beliebten Restaurants oder in einer Taverne am Burgberg, um uns bei Zigeunermusik mit ungarischen Köstlichkeiten für unsere weitere Tour zu stärken. Wenn wir ohne Auto sind, dann lassen wir uns mit dem Taxi oder Fiaker in unser Hotel fahren!

Gellért-Hügel, Zitadelle

Den nächsten Tag beginnen wir mit einer Fahrt auf den Gellért-Hügel (Gellért-hegy) zur Zitadelle (Citadella), die 1851 von den

Habsburgern nach der Unterdrückung des Freiheitskampfes zur besseren Überwachung der Stadt errichtet wurde. Wie oben angeführt, bot dieser Hügel schon im Paläolithikum in den Kalksteinhöhlen Urmenschen Unterkunft. In der Zeit vor Christi Geburt lebten hier die Erawisker, die auch während der Besetzung durch die Römer ihre eigenständige Lebensweise bewahren konnten. Ihr Haupttempel befand sich auf dem Gipfel des Berges, an dessen Abhang das Denkmal des später heilig gesprochenen Missionars und Bischofs Gellért steht. Von diesem Berg wurde er Anfang des 11. Jh. von jenen heidnischen Ungarn, die sich seinem Bekehrungsversuch widersetzten, in die Donau gestoßen. Heute finden wir in den Bogengängen des inneren Hofes der Zitadelle Bildtafeln, die von der Geschichte der Stadt berichten, u. a. auch davon, daß Gellért hier als Märtyrer gestorben sein soll. Von der Terrasse des 235 m hoch gelegenen Restaurants bietet sich ein einzigartiger Ausblick auf das Donautal, auf Pest und auf die Burg. In den kühlen Backsteingewölben der ehemaligen Kasematten serviert uns der Wirt neben ausgezeichneten Weinen auch delikate ungarische Spezialitäten wie den „Räuberspieß", ein über dem Holzkohlenfeuer gebratener Spieß mit einem saftigen Lungenbraten, mit Zwiebeln, Schwammerln, Leber und Erdäpfelscheiben. Vor den Mauern erhebt sich das riesige Freiheitsdenkmal. Es wurde zur Erinnerung an die Befreiung der Stadt von deutscher Besetzung im Jahre 1947 von Szsigmond Kifaludi Stróbl geschaffen. Am Fuße des Berges liegt das altberühmte Hotel Gellért aus dem Jahre 1918 mit einem Heilbad aus radioaktivem Kalkwasser von 40–45 Grad, einem Hallenbad und einem öffentlich zugänglichen Freibad mit Wellenbad.

Árpád-Brücke, Margareteninsel

Vom Gellértberg genießen wir noch einmal den einmaligen Blick auf die Donau und ihre Brücken, die wir näher betrachten wollen, bevor wir nach Pest hinüberfahren. Jede der Brücken hat ihre eigene Geschichte, jede wurde am Ende des Zweiten Weltkrieges zerstört und den Vorbildern entsprechend rekonstruiert. Die Árpád-Brücke (Árpád hid) stützt sich auf dem Nordzipfel der Margareteninsel (Margit sziget) ab und verbindet seit 1950 diese mit dem Festland. Bei den Aushubarbeiten wurden hier wertvolle Funde aus der Römerzeit gemacht, die in Aquincum ausgestellt sind. Die Margareteninsel zählt zu den beliebtesten Ausflugszielen der Budapester und bietet zahlreiche Sportanlagen, gute Restaurants und gepflegte Parks und damit viele Möglichkeiten zur Erholung für den Städter. Bereits die Römer besaßen hier in den schattigen Gärten ihre Villen; und der aus der französischen Provence stammende Troubadour Pierre Vidal besang am Hofe der ungarischen Könige die prunkvolle Inselresidenz des Ungarnkönigs Imre. Im Mittelalter errichtete der Johanniterorden hier ein Kloster, von dem heute noch Ruinen zeugen. König Béla IV. stiftete auf der

„Haseninsel", wie sie damals genannt wurde, ein Dominikanerkloster. Hier ließ er seine Tochter Margit, die später heilig gesprochen worden ist, erziehen. Nach ihr wurde auch die Insel benannt. Während der Türkenzeit zerfielen die meisten Anlagen, die dann in den Privatbesitz der Habsburger übergingen, die sie 1840 für das Publikum öffneten. Heute finden wir auf der Westseite der Insel die Nationale Schwimmhalle (Nemzeti Sportuszoda) und das große Palatinus Strandbad (Palatinus strand fürdő). Im Norden liegt der sehenswerte Rosengarten und vor dem Wasserturm die Sommerbühne der Staatsoper. Daneben stehen die rekonstruierte St. Michaels-Kapelle (Szent Mihály kápolna) mit der ältesten Kirchenglocke Ungarns aus dem 15. Jh. und der Rest des ehemaligen Prämonstratenserklosters aus dem 12. Jh.

Im Süden der Margareteninsel ermöglicht uns die Margareten-Brücke (Margit hid) den Zutritt zur Insel.

Kettenbrücke

Die älteste Brücke Budapests, die an beiden Ufern von Löwen bewachte Kettenbrücke (Széchenyi lánchid), bietet die direkteste Verbindung zwischen der von einem Tunnel unterlaufenen Burg und der Innenstadt. Ihr Initiator war der Sohn des Gründers der Nationalbibliothek Ference Graf Széchenyi, István, der damit einen großen Aufruhr unter dem Adel verursachte, da er dessen Vorrechte für die hier eingeführten allgemeinen Brückenzölle verletzte. Diese Brücke war eine der ersten stählernen Hängebrücken der Welt. Der Schotte Adam Clark, der im Zuge der Bauarbeiten zum Ungarn geworden ist, stellte sie nach den Plänen des englischen Ingenieurs William Clark Thierney in einer Bauzeit von 10 Jahren 1849 fertig. Die Fortsetzung bildete der Tunnel (Alagút) unter dem Burgberg, womit der Weg nach dem Westen frei war. Der ungarische Dichter Gyula Illyés hat in einem Gedicht den Eindruck dieses Brückenbaues treffend beschrieben.

Elisabeth-Brücke

Die wunderschöne Elisabeth-Brücke (Erzsébeth hid) hatte einst als Zwillingsschwester der Ketten-Brücke die größte Bogenspannung der Welt und war ebenfalls auf Ketten aufgehängt. Sie wurde leider auch im Zweiten Weltkrieg gesprengt und anschließend von den Ungarn als moderne Kabelbrücke wieder erbaut. Ihr Name erinnert an die habsburgische Kaiserin Elisabeth, die viele Ungarn auch heute noch unter dem Kosenamen „Sisi" verehren. In einem kleinen Park auf der Budaer Seite steht jetzt wieder ein Denkmal von ihr.

Freiheitsbrücke

Rund 600 m flußabwärts spannt sich die Freiheits-Brücke (Szabadság hid) über die Donau, deren Pfeiler hoch oben Turulvögel zieren, die bei den Urungarn als Totems galten.

Nachdem wir Buda ausgiebig kennengelernt und auch genossen haben, wechseln wir über die im Jahre 1964 wieder geöffnete Elisabeth-Brücke auf die Pester Seite. Die Stadt erhielt bereits 1784 unter Maria Theresia eine Universität. Durch den Zusammenschluß mit Buda und Óbuda erreichte sie im 19. Jh. einen wirtschaftlichen und gesellschaftlichen Aufschwung, der der Hauptstadt eine enorme Zunahme der Bevölkerungszahl brachte.

Innerstädtische Pfarrkirche

Das älteste Bauwerk Pests, die Innerstädtische Pfarrkirche, entstand im 12. Jh. auf den Fundamenten eines römischen Forts im romanischen Stil. Nach der Zerstörung durch die Mongolen wurde sie im gotischen Stile erneuert und zwischen 1725 und 1741 mit einem barocken Vorbau versehen. Besondere Beachtung im Inneren verdienen die 19 Sitznischen beim Chor, die Reste gotischer Fresken sowie die Seitenkapellen mit ihrem schönen Renaissance-Tabernakel. Die auf der rechten Seite stammen aus dem Jahr 1507, die auf der linken Seite aus 1510. In dieser Kirche heiratete 1211 symbolisch die fünfjährige ungarische Königstochter und spätere Nationalheilige Elisabeth den Landgrafen von Thüringen. Franz Liszt hat die Kirche besonders in sein Herz geschlossen. Er dirigierte hier zwischen 1867 und 1875 zahlreiche Messen und spielte selbst meisterhaft die Barockorgel.

Unterirdisches Museum, Orthodoxe Kirche

Vom Március 15.tér führen Stufen zum Unterirdischen Museum (Földalatti Múzeum) hinab. Hier finden wir noch Reste des von Diokletian 294 errichteten Castrum Contra-Aquincum, einem einst stark befestigten Brückenkopf im feindlichen Barbaricum am linken Donauufer. Anschließend machen wir einen Bummel durch die Váci utca, das heute bekannteste Einkaufszentrum der Hauptstadt. In der zur Fußgängerzone erklärten Straße finden wir alle die Geschäfte, die den Ungarnbesucher interessieren, wie Modesalons, Parfümerien, Buchhandlungen, Delikatessengeschäfte, Cafés und Volkskunstläden. Wer nach der Besichtigung der gleißenden Schaufenster und nach dem Lärm der Straßenmusik Sehnsucht nach Ruhe verspürt, der besuche die Orthodoxe Kirche auf dem nahegelegenen Petőfi tér mit dem Petőfi-Denkmal, wo prächtige Ikonen und die herrliche Kanzel den Betrachter in ihren Bann ziehen. Am Ende der Straße auf dem Vörösmarty tér, benannt nach dem großen ungarischen Dichter, können wir der Einladung der berühmtesten Konditorei Pests nicht widerstehen, zumal uns eine kleine Ruhepause bei Gerbeaud gut tut.

Ungarische Akademie

In der Nähe der Konditorei befindet sich die Ungarische Akademie der Wissenschaften (Magyar Tudományos Akadémia), die Graf István Széchenyi 1825 gründete, und der dafür ein Jahresgehalt zur Verfügung stellte. Sie wurde von 1860–1864 nach

Plänen des Berliner Architekten Friedrich August Stüler im Stile der Neurenaissance erbaut.

Reiterstandbild Ferenc II., Parlament

Wir setzen unseren Weg über den Roosevelt tér mit dem Deák- und Széchenyi-Denkmal fort und gelangen durch die Akadémia utca zum Kossuth Lajos tér. Hier thronen das aus dem Jahre 1935 stammende Reiterstandbild Ferenc II. Rákóczi und das Denkmal für den Staatsmann Lajos Kossuth aus dem Jahre 1952. Direkt an der Donau steht als alles beherrschendes Bauwerk das Parlament (Országház), wörtlich übersetzt: das Landhaus, dessen Bau zwischen 1880 und 1904 nach Plänen von Imre Steindl in neugotischem Stil erfolgte. Dieses 268 m lange, bis zu 123 m breite und bis zum roten Turm fast 100 m hohe Gebäude gleicht einem Märchenschloß, dessen Erbauer sich zum Gedenken an den 1000. Jahrestag der Landnahme durch das Londoner House of Parliaments beeinflussen ließ. Es birgt in seinem Inneren 10 Höfe, 27 Tore, 29 Treppenaufgänge und 115 prunkvoll ausgestattete Säle. Seit 1904 befindet sich hier der Sitz der ungarischen Legislative. Es stellt heute das Symbol der ungarischen Hauptstadt dar. Zwischen den neugotischen

Zinnen und Säulen der Außenfront finden wir 90 Skulpturen großer Persönlichkeiten der ungarischen Geschichte. Zur Ausgestaltung der prächtigen Aufgänge und Räumlichkeiten verbrauchte man mehr als 40 kg Gold. Vom Haupteingang führt ein schönes Treppenhaus mit Wandmalereien von Károly Lotz zum Kuppelsaal. Die von ungarischen Künstlern geschaffenen Statuen, Fresken und Wandmalereien in den Sälen und Aufgängen erzählen die Geschichte des Landes von den legendären Anfängen bis zur Krönung Franz Josefs I. nach dem Ausgleich von 1867. Die Fresken im Sitzungssaal des Abgeordnetenhauses stammen von Vajda. Sie stellen den „Reichstag von 1848" und die „Krönung von Franz Josef I." dar. Von der Rückseite des Parlaments führen breite Treppen zur Donau hinunter, die einen herrlichen Blick auf das gegenüberliegende Buda bieten. Führungen durch das Parlament sind nur gegen vorherige Anmeldung in einem der Reisebüros und nur in Gruppen möglich.

Ethnographisches Museum

Auf der Ostseite des Kossuth Lajos tér liegt das zwischen 1885 und 1887 errichtete Landwirtschaftsministerium und das Ethnographische Museum (Ethnokrafikus Múzeum), das aus dem Ungarischen Nationalmuseum hervorging. Alajos Hauszmann schuf dieses ursprünglich als Justizpalast gedachte Gebäude, das durch sein prachtvolles Treppenhaus mit dem Deckenfresko „Apotheose der Gerechtigkeit" von Károly Lotz Beachtung findet. Die Sammeltätigkeit dieses Museums erstreckt sich im wesentlichen auf Kulturobjekte sämtlicher Völker der Erde. Die erste zwar kleine, aber wissenschaftlich wertvolle Sammlung von Antal Reguly konnte der Entomologe Lajos Bíró, der sich sechs Jahre in Neuguinea aufhielt, um rund 3500 Objekte erweitern. Die Forscher Samuel Fenichels und Rudolf Festetics brachten von ihren ozeanischen Studienreisen ebenfalls zahlreiche wertvolle Exponate mit. Die bedeutenden Sammlungen aus Ostafrika stammen von Emil Torday, Sámuel Teleky und Rudolf Fuszek, während Géza Róheim einen beachtenswerten Beitrag von der eingeborenen Urbevölkerung Australiens beisteuerte. Neben den Kulturdokumenten des Auslandes wurde aber auch durch die Gründung der Ungarischen Ethnographischen Gesellschaft 1889 immer mehr einheimisches Kulturgut gesammelt und in der Zeitschrift „Ethnographia" dem breiten Publikum präsentiert. 1947 wurde das Ethnographische Museum zu einem selbständigen Landesmuseum erklärt, das dann eine spezifische Verwaltung aufbauen und sich so zu einem der größten ethnographischen Museen Europas entwickeln konnte.

St. Stefan Basilika

Wir gehen durch die Október 6. utca und die Zrinyi utca zurück zur St. Stefan Basilika (Szent István bazilika). Diese größte Kirche von Budapest mit ihrer prachtvollen Kuppel wurde 1851 im Stile der italienischen Renaissance nach Plänen von József Hild begonnen. Nach dem Einsturz der 96 m hohen Kuppel im Jahre 1868 wurde sie von Miklós Ybl in den Jahren 1873–1905 wieder aufgebaut. Josef Kauser führte nach dem Tode von Ybl unter Heranziehung der berühmtesten Künstler der damaligen Zeit den Innenausbau aus.

Opernhaus

Nach der Besichtigung der Kirche machen wir einen Spaziergang durch die Pracht- und Prunkstraße von Budapest, die Straße der Volksrepublik (Népkőztársaság útja). Hier wohnten einst die erfolgreichsten Künstler und Fabrikanten in den um die Mitte des vorigen Jahrhunderts von namhaften Architekten geschaffenen Häusern, die dem Geschmack der damaligen Zeit entsprachen. Wir finden hier freskengeschmückte Treppenaufgänge, Balustraden und Innenhöfe mit schönen Statuen oder Brunnen. Zierde des 2,5 km langen Boulevards ist die pompöse Staatsoper (Állami Operaház), die in den Jahren 1875–1884 nach Plänen des vielbeschäftigten Architekten Miklós Ybl entstand und in den Jahren 1984–1986 renoviert wurde. Viele Ungarn behaupten, daß ihr Opernhaus das der Wiener und Pariser an Schönheit übertreffe. Die herrlichen Fresken im Inneren stellen Meisterwerke der ungarischen Maler des 19. Jhs. dar. Das Deckenbild im Zuschauerraum von Károly Lotz symbolisiert den Olymp.

Da das ungarische Musikleben mangels Tradition einen eher provinziellen Charakter aufwies, nahmen die Ungarn mit viel Begeisterung europäische Musik auf. War es einerseits Zoltán Kodály, der fortschrittliche französische Musik – vor allem Claude Debussy – in die moderne ungarische Musik einbezog, so brachte Béla Bartók die Werke der deutschen Meister in das Land.

In seiner Jugend beeinflußte ihn Richard Strauss und später Arnold Schönberg; dann faszinierte ihn Franz Liszt und schließlich Igor Strawinsky. Mit ihren Werken hat er die ungarische Musik stark befruchtet, so daß sie sich allmählich in die gesamteuropäische Musikkultur eingliedern konnte.

Milleniumsdenkmal, Kunsthalle

Ab dem November 7. tér, dem Oktogan, wie ihn die Budapester nennen, beginnt der schönste Teil der Népköztársaság útja, kurz „Nep“: Eine Promenadenallee mit Grünstreifen, die durch das alte Kunstviertel führt und beim Rundplatz (Kodály köröND) endet. Der anschließende Straßenabschnitt bringt uns in das Diplomatenviertel mit zahlreichen Botschaftsgebäuden und endet am Heldenplatz (Hősök tere). Wem dieser Fußmarsch zu beschwerlich ist, der kann die unter dem Boulevard fahrende Untergrundbahn benützen. Sie ist die seinerzeit erste „Unterpflasterbahn“ des Kontinents, deren ältere Schwester in

Europa in London verkehrt. Den Heldenplatz beherrscht das Milleniumsdenkmal (Milleniumi emlékmű), das anläßlich der Tausendjahrfeier der Landnahme 1896 errichtet wurde. Oben auf der 30 m hohen Säule thront der Landespatron Erzengel Gabriel. Zu dessen Füßen wachen die ungarischen Stammesfürsten der Magyaren, Árpád mit seinen Stammeshäuptern. Davor befindet sich das Grabmal des Unbekannten Soldaten. Im Säulenhalbrund stehen große Gestalten der ungarischen Geschichte, von König Stephan dem Heiligen bis zum Freiheitskämpfer Kossuth Lajos, der 1848 bei der Freiheitsbewegung gegen die Habsburger Herrscher an der Spitze stand. Hier am Heldenplatz stehen auch zwei neoklassizistische Gebäude: In einem befindet sich die Kunsthalle (Műcsarnok) mit ständig wechselnden Ausstellungen von Werken zeitgenössischer Künstler und im anderen das Museum der Bildenden Künste (Szépművészeti Múseum), das nach Plänen von Albert Schickedanz und Fülöp Herzog 1906 erbaut wurde.

Museum der Bildenden Künste

Das Museum ging aus dem 1802 von Ferenc Graf Széchényi gegründeten Ungarischen Nationalmuseum hervor. Das Kernstück der Sammlung bildete der Gemäldebestand und die graphische Sammlung des Nationalmuseums sowie die interemistisch in der Ungarischen Akademie der Wissenschaften untergebrachte „Esterházy-Gemäldesammlung". Der ursprünglich bescheidene Bestand konnte sowohl durch Ankäufe als auch durch Schenkungen bereichert werden. Um 1830 wurden die

Bilder der Sammlung des Historikers Miklós Jankovich erworben. Großzügige Schenkungen waren vor allem die aus 190 Werken bestehende Sammlung des Erzbischofs Johann Ladislaus Pyrker von Eger (Erlau) und der Nachlaß des Bischofs Arnold Ipolyi von Beszterecebánya (Banská Býstrica, ehemals Neusohl, ČR). Das Erdgeschoß beherbergt die von Fülöp Back zum Teil finanzierten ägyptischen Ausgrabungen und die umfangreiche griechisch-römische Sammlung sowie die ungarische Malerei und Plastik des Mittelalters und die Exponate moderner Skulpturen von Rodin, Meunier, Maillol und anderen. Außerdem werden hier in wechselnden Ausstellungen bis zu 100.000 Blätter einer graphischen Sammlung von Leonardo da Vinci, Rembrandt, Dürer und nahezu allen anderen berühmten europäischen Künstlern gezeigt. Im ersten Stock wird uns ein lückenloser Überblick über die Malerei vom 13. bis zum 19. Jh. geboten. Hier bewundern wir besonders die reizvolle „Madonna Esterházy" von Raffaello Santi um 1508, das „Bildnis Kaiser Karls V." von Bernaert von Orley, die sieben Gemälde von El Greco und die fünf von Francisco Goya sowie das Jan Vermeer van Delft von A. Bredius 1888 zugeschriebene hochwertige Porträt „Bildnis einer Dame" aus den Jahren 1655–1660. Beachtung verdienen die drei Werke von Rembrandt, Albrecht Dürer mit seinem Porträt „Bildnis eines Mannes", Hans Baldung Grien und Lukas Cranach, der mit zahlreichen Bildern vertreten ist. Unter den modernen Werken finden sich solche von Eugéne Delacroix, Claude Monet, Édouard Manet, Pierre-Auguste Renoir, Pablo Picasso, Paul Gauguin, Oskar Kokoschka u. a. m. Die Sammlung im zweiten Stock besteht aus alten ausländischen Skulpturen, vor allem deutschen und französischen Plastiken des Mittelalters.

Stadtwäldchen, Vajdahunyad-Burg

Hinter dem Heldenplatz liegt das von den Ungarn am Wochenende gern besuchte Stadtwäldchen (Városliget) mit einem künstlichen Teich und einem grünen Inselchen, auf dem sich ein anläßlich der Tausendjahrfeier entstandenes Gebäude, die Vajdahunyad-Burg (Vajdahunyad vára), versteckt. Sie stellt mit einer romanischen Kapelle, einem gotischen Wehrgang, einem Renaissancetrakt und einem barocken Flügel einen Abriß der ungarischen Stilgeschichte dar. Die Vorderfront ähnelt mit ihrem Stilgemenge jener der siebenbürgischen Königsburg Vadjahunyad im heutigen rumänischen Hunedoara. Aufmerksamkeit verdient auch das im Nordflügel untergebrachte landwirtschaftliche Museum (Magyar Mezőgazdasági Múzeum), das sich aufgrund seiner vielen Exponate durchaus sehen lassen kann. Für die Budapester ist aber der Vidám Park das Ziel für einen Wochenendausflug. Mit dem Riesenrad, den Karussells, den Schaubuden und vor allem dem angrenzenden Zoo ist er vergleichbar mit einem permanenten Oktoberfest. Im Nordwesten des Parkgeländes lädt uns das große Széchenyi-

Heil- und Freibad mit Quellen bis zu 76 Grad dazu ein, nach einer ausgedehnten Besichtigungstour unsere müden Glieder zu regenerieren.

Den Abend wollen wir in einem netten Restaurant, wie z.B. im „Gundel" im Stadtwäldchen, mit einer ungarischen Spezialität beschließen. Zu empfehlen wäre u. a. ein Kesselgulasch (Bográcsgulyás), ein Kalbs- oder Rinderpörkölt (Borjú- oder Marhapörkölt), ein Rindertokány (Borsos marhatokány), ein geschichtetes Kraut (Rakott káposzta), eine Fischsuppe (Halászlé), eine Hühnersuppe (Újházi-tyúkleves) oder etwas Süßes wie ein Strudel (Rétes), ein hauchdünn ausgerollter Teig mit süßer Fülle, oder Gundel-Palatschinken, das sind dünne Eierkuchen mit verschiedenen süßen Füllungen. Dazu gibt es als Weißwein einen Tokajer, einen Badocsonyer oder Villányer und als Rotwein einen Erlauer oder Szekszárder. Als Aperitif oder zur Förderung der Verdauung trinken wir einen kräftigen Schluck Marillenschnaps (Kecskeméter Barackpálinka). Wer am rechten Donauufer wohnt und sich nach einem deftigen Jagdessen sehnt, der findet die Erfüllung seiner Wünsche im

Wildspezialitäten-Restaurant Goldener Hirsch (Avanyszarvar) am Szarvas tér. In dieser stimmungsvollen historischen Gaststätte, die sich eng an den Burghügel anschmiegt, deckt man die Tische mit rotkarierten rustikalen Tüchern und serviert als Spezialität „Hirsch nach Jägerart", ein Hirschzungenfilet mit Speck und Zwiebeln gewürzt, in mit rotem Paprika vermengten Mehl gewendet und am Rost gebraten. Als Beilage gibt es knusprig gebratene Kartoffelkroketten – wer kann da noch widerstehen? Der größte Teil der Restaurants bietet zum Essen und Trinken Zigeunermusik, und was die Musikanten ihren Geigen und Zimbals entlocken, ist schier unerschöpflich.

Volksstadion, Nationale Sporthalle

Die Sportfreunde, vor allem die fußballbegeisterten, beginnen den Tag mit einem Besuch des in der Nähe der Dózsa György út gelegenen Volksstadions (Népstadion). Dieses riesige Oval macht auf jeden einen gewaltigen Eindruck, und man kann sich vorstellen, daß bei einem rassigen Fußballspiel Fanatiker alles andere um sich herum vergessen können. Diese in den Jahren 1948–1953 geschaffene Anlage bietet rund 100.000 Personen Platz und ist mit den modernsten technischen Einrichtungen ausgestattet. An das Volksstadion schließen sich die Nationale Sporthalle (Nemzeti Sportcsarnok) und das Kleinstadion (Kisstadion) an.

Ungarisches Nationalmuseum

Die Kunstbegeisterten stellen den Besuch des in einem parkähnlichen Garten am Kálvin tér gelegenen Ungarischen Nationalmuseums (Nemzeti Múzeum) an die oberste Stelle der Tagestour. Die Gründung dieses für ganz Europa bedeutenden Museums verdanken wir Ference Graf Széchényi im Jahre 1802. Der Bau entstand auf Betreiben des königlichen Palatins Erzherzog Joseph zwischen 1837 und 1847 und gleicht einem griechischen Tempel. Er wurde nach den Plänen Mihály Pallacks im klassizistischen Stil errichtet. Die Fassade weist eine Länge von 109 m und der auf acht Säulen ruhende Portikus, den man vom Múzeum körút aus betritt, eine Breite von 34,7 m auf. Im Inneren finden wir Fresken mit historischen Themen, geschaffen von den beiden Künstlern Karóly Lotz und Mór Than. Die Skulpturengruppe im Tympanon der Säulenhalle stammt vom Münchner Bildhauer Raffael Moni. Sie zeigt in der Mitte die Frauenfigur der Pannonia, ihr zu beiden Seiten die allegorischen Figuren der Wissenschaft und der Kunst bzw. der Geschichte und des Ruhmes.

Den Grundstock des heutigen Bestandes des Nationalmuseums und der angegliederten Nationalbibliothek bilden die Familienbibliothek und die Münzen-, Medaillen- und Antiquitätensammlung des ungarischen Aristokraten Ference Széchényi. In seinem Stiftungsbrief vom 25. November 1802 schenkte er seine Sammlung der Nation unter der Bedingung, daß die

Bibliothek nach seiner Familie „Bibliotheca Hungarica Familiae Comitum Széchényi Patriae sacrata" benannt werde, wie der offizielle Name der ungarischen Nationalbibliothek heute noch lautet. Zum Zeitpunkt der Signierung der Stiftungsurkunde belief sie sich auf 11.884 Druckwerke, 1150 Handschriften, 142 Bände Landkarten und Kupferstiche sowie 2019 Wappen. Dazu kamen noch 2675 Münzen und Antiquitäten sowie einige Bilder. Die gesamte Schenkung ging 1807 in das Eigentum der Nation über. An den ersten Stifter erinnert eine Statue im Garten des Ungarischen Nationalmuseums.

Derzeit beherbergt das Museum die archäologische Abteilung, die über 570.000 ungarische Exponate aufweist; die mittelalterliche Abteilung, die zu ihrem Sammelgebiet Zeugnisse aus der Zeit vom 10. Jh. bis zum Ende des 16. Jhs. zählt; die neuzeitliche Abteilung, die den anschließenden Sammelbereich bis in die Gegenwart umfaßt; eine Münzensammlung mit fast 290.000 Stücken und die historische Bildergalerie mit einer Sammlung von rund 60.000 Werken. Das Jahr 1978 bildete den Höhepunkt des Nationalmuseums, als die Ungarische Königskrone mit den zugehörigen Krönungsinsignien nach Ungarn zurückkam. Sie kann nunmehr im Kuppelsaal, in dem einst die Nationalversammlung tagte, besichtigt werden. Ihre Höhe beträgt 19 cm, der Außenumfang 68,5 cm, ihr Gewicht 2050 g. Sie besteht aus Gold von unterschiedlicher Farbe und wahrscheinlich auch von unterschiedlichem Feingehalt. Die Krone setzt sich aus zwei Teilen zusammen, einem unteren Kronreif, der nach den historischen Persönlichkeiten mit griechischen Inschriften Corona graeca und einem oberen Teil mit den Kreuzbügeln, der nach den lateinischen Inschriften mit den Namen der dargestellten Apostel Corona latina benannt ist. Die obere, grob durchbrochene Christusplatte ziert ein mit einem Schraubennagel befestigtes Goldkreuz, ein lateinisches Kreuz mit Kugelenden, das innen hohl ist. Magda von Bárány-Oberschall, die sich sehr intensiv mit der Königskrone und den übrigen Reichsinsignien befaßt hat, vertritt die Meinung, daß sich das Kreuz infolge eines Schlages oder Falles nach links geneigt habe.

Weitere sehenswerte Schaustücke sind: die goldene Krone des byzantinischen Kaisers Monomachos, das Zepter aus dem 10. Jh. (vermutlich Béla III.), der Reichsapfel aus vergoldetem Kupfer aus der ersten Hälfte des 14. Jh. sowie das wahrscheinlich in Venedig Anfang des 16. Jhs. angefertigte Schwert und der Krönungsmantel. Laut Inschrift wurde dieser im Jahre 1031 für die Marienkirche von Stuhlweißenburg (Székesfehérvár) mit einer Länge von 132 cm und einer Breite von 262 cm ursprünglich als Meßgewand gemacht. Später zur Zeit König Bélas II. wurde er zum Krönungsmantel umgearbeitet. Die sogenannte „Goldkammer" bietet weitere interessante Exponate und neben vielen Kostbarkeiten auch einige Kuriositäten. Erwähnt werden muß noch, daß hier vom Museumsgebäude aus die bürgerliche Revolution von 1848 ihren Ausgang nahm. Heute versammelt sich die Jugend am 15. März im Museumsgarten, um ihres großen Freiheitsdichters Sándor Petőfi und des Anführers der Revolution, Lajos Kossuth, zu gedenken.

Museum für Kunstgewerbe

In der Üllői út Nr. 33–37, unweit des Nationalmuseums, befindet sich das Budapester Museum für Kunstgewerbe (Iparművészeti Múzeum) in einem lieblichen Jugendstilbau aus den Jahren 1893–1896, für den Ödön Lechner und Gyula Pártos die Pläne schufen. Das Museum wurde von König Franz Josef I. anläßlich der Milleniumsfestlichkeiten eröffnet. Die Gründungszeit fällt in das Jahr 1872, und somit zählt das Museum neben ähnlichen englischen, österreichischen und deutschen Instituten zu den ersten Kunstgewerbemuseen Europas. Sein Entstehen verdankt es dem gesellschaftlichen Bedürfnis, die Werte des Handwerks zu bewahren. In Ungarn prägte Lajos Kossuth den Begriff „Kunstgewerbe" in seinem Bericht über die Gewerbeausstellung von 1842. Nach ihm bemühten sich Arnold Ipolyi, Flóris Rómer und Ference Pulszka vehement um die Popularisierung dieses neuen Zweiges der bildenden Kunst. Die ungarische Nationalversammlung bewilligte 1872 50.000 Gulden für die Gründung einer entsprechenden Einrichtung und für die Ankäufe von Exponaten auf der Wiener Weltausstellung im Jahre 1873. Eine Kommission erwarb hier moderne Kunstgewerbeobjekte, zu denen dann die antike Gefäßesammlung der Fürsten Wittgenstein, die Textilsammlung Fischbach und zahlreiche Gegenstände der 1869–1870 von János Xantus durchgeführten Ostasienexpedition kamen. Neben den vom Staat geförderten Ankäufen vermehrten eine Reihe von privaten Schenkungen die Bestände des Museums. Durch den Ersten Weltkrieg und durch die Eingliederung in das Ungarische Nationalmuseum wurden sie aber stark geschmälert. Nachdem das Museum einige Jahre nach dem Zweiten Weltkrieg wieder selbständig wurde, begann man mit dem Ausbau der Sammlungen, bis man den heutigen sehenswerten Stand erreichen konnte.

Im Erdgeschoß des Gebäudes können wir gut erhaltene Gobelins aus dem 16. und 17. Jh. sowie wunderbare Gold- und Silberwaren bewundern, wobei vor allem die „Esterházy-Sammlung" und Erinnerungsstücke an König Matthias Corvinus hervorstechen. Der Bestand der Abteilung Möbel, der in den letzten Jahren stark erweitert werden konnte, setzt sich derzeit aus rund 4000 Objekten zusammen und umfaßt neben gotischen Möbelstücken wertvolle Möbel der italienischen Renaissance sowie französische und mitteleuropäische Barockmöbel. Der reichhaltige Bestand an ungarischen Möbeln reicht bis in das 17. Jh. zurück. Der erste Stock bietet Glas-, Porzellan- und Keramiksammlungen mit zusammen rund 26.000 Objekten. In der Fayencesammlung stehen die Habaner Keramiken aus Ungarn und die Erzeugnisse der Keramikmanufaktur von Holics aus dem 17. bzw. 18. Jh. an oberster Stelle. Ferner finden wir hier noch in der Textilabteilung u. a. zahlreiche orientalische Teppiche vom 16.–19. Jh., alte Bestände an ungarischen und sonstigen europäischen Stickereien sowie wertvolle Kollektionen an altungarischen Spitzen und Trachten samt Zubehör. Besondere Aufmerksamkeit erwecken der „Buchdeckel", eine Elfenbein-Reliefschnitzerei aus St. Gallen um 900, die „Heilige Familie", eine Skulpturengruppe aus Buchsbaum, der die deutsche Renaissance als Vorbild diente, der „Deckelpokal" (Szapolyai-Pokal) aus vergoldetem Silber und Chrysopras und der aus Italien und Deutschland stammende Anhänger „Triton und Amphitrite" aus Gold, Email, Edelsteinen und Perlen um 1600. Ein Prachtstück stellt die französische „Kommode" aus Rosenholzfurnier und Palisanderintarsien von Antoine Criaerd aus dem Jahr 1740 dar. Die neuesten Werke der Gegenwart kauft das Museum ständig an, um sie regelmäßig in Ausstellungen zu zeigen. Außerdem stellt das Museum für Kunstgewerbe ihre Exponate immer häufiger auf ausländischen Messen aus, und auch die Werke auländischer Kunstgewerbemuseen kann man in Ungarn sehen.

Für den Besuch des National- und Kunstgewerbemuseums sollte jeder einen Tag einplanen. Es liegt jedoch im Ermessen des einzelnen Budapest-Touristen, die übrigen Museen und Ausstellungen, die zum Teil Spezialgebiete zeigen, zu besuchen.

Universitätskirche

Wir gehen durch die Üllöi út und über Kálvin tér zum Egyetem tér, wo wir die von Andreas Mayerhoffer in den Jahren 1722–1742 erbaute Universitätskirche (Egyetemi templom) besichtigen. Das Altarbild und die Deckenfresken schuf Johann Baptist Bergl im Jahre 1766, während das prachtvoll geschnitzte Eichentor, die Betstühle und die schöne Kanzel von unbekannten Paulanermönchen stammen.

Anschließend machen wir einen Einkaufsbummel durch das Budapester Einkaufszentrum. Es liegt zwischen dem Großen Ring und dem Donauufer, in der Rákóczi út, am Felszabadulás tér und in der Váci utca sowie in den links und rechts davon verlaufenden Straßen. Hier in der Fußgängerzone befinden sich die Cafés und Restaurants, die gut ausgestatteten Souvenirgeschäfte und Kaufhäuser mit ihren reichhaltigen Warenangeboten. Beliebte Mitbringsel sind u. a. Stickereien auf Blusen und Decken, Holzschnitzereien, handgeknüpfte Gobelins,

Keramikartikel und Puppen in ungarischer Tracht. Begehrt sind auch Herender-Porzellan, Pelzwaren, Alkoholika und Wurstwaren sowie Textilien, Lederwaren und Erzeugnisse der ungarischen Gold- und Silberschmiede. Um den Zoll ungeschoren passieren zu können, empfiehlt es sich, diese „Souvenirs" gegen konvertierbare Währung zu erwerben und die Kaufquittung aufzuheben.

Da Budapest am Abend gut illuminiert ist, zieht es nicht nur die Einheimischen, sondern auch viele Besucher bei einem lauen Lüftchen an die Ufer der Donau, zum Gellértberg oder auf die Fischerbastei. Aus allen Gassen klingen stimmungsvolle Zigeunerweisen oder Tanzrhythmen, die uns das Auffinden eines gemütlichen Restaurants erleichtern. Auch ein Theaterbesuch steht auf unserem Besuchsprogramm, denn Budapest mit seinen zwei Opernhäusern mit großen internationalen Programmen, einer Operettenbühne, neun Schauspielhäusern und einigen volkstümlichen Bühnen sowie mit jährlich über 2000 Konzerten kann jedem Theater- oder Musikfreund etwas nach seinem Geschmack bieten. Es empfiehlt sich nur, die Karten für die gewünschten Aufführungen rechtzeitig beim Hotelservice zu bestellen.

Budaer Berge

Nachdem wir einige Tage erlesene und interessante Kultur im schönen Budapest genossen haben, könnte es nicht schaden, einen Ruhetag auf der Margareteninsel mit netten Spaziergängen und einem Bäderbesuch einzuschalten. Oder man unternimmt einen Ausflug in die Budaer Berge (Budaihegyek), von denen die Hauptstadt im Westen umschlossen wird. Besonders reizvoll wäre eine Fahrt auf den 497 m hohen Dreigrenzberg (Hármashatárhegy) mit dem Autobus der Linie 65 oder H von der Szépvölgyi út aus. Auf dieser Straße befindet sich auch der Eingang zur kleinen Tropfsteinhöhle im Paulstal (Pálvölgy). Eine andere sehr interessante Tour bringt uns mit der 11,2 km langen Pioniereisenbahn (úttörővasút) vom Hotel Budapest in das bezaubernde Kühle Tal (Hüvösvölgy) mit seiner erfrischenden Waldlandschaft. Die Bahn fährt uns am 458 m hohen Lindenberg (Hárshegy), am Johannesberg (János-hegy) mit seinen stolzen 529 m und einem in den Jahren 1908–1910 im neuromanischen Stil erbauten Aussichtsturm und am Freiheitsberg (Szabadság-hegy) vorbei bis zum Széchenyi-Berg (Széchenyi-hegy). Hier befindet sich das Zentrale Ungarische Physikalische Forschungsinstitut (KFKI) und das Hotel „Vörös Csillag". Von dort bringt uns die 1874 eröffnete Zahnradbahn wieder in die Stadt zurück – ein Ausflug, der sich wirklich lohnt!

Raizen, Barockschloß

Am nächsten Tag heißt es von Budapest Abschied zu nehmen – ein Abschied, der uns schwer fällt, weil wir uns in den wenigen Tagen, die wir hier verbringen konnten, sehr wohl gefühlt haben. Wir verlassen die Stadt über die Straße Nr. 5 und wechseln beim Industrievorort Soroksár auf die Straße Nr. 51. Wir kommen nach Kiskunlacháza, eine Stadt, die durch die Halaver Spitzen über die Landesgrenzen hinaus bekannt geworden ist. Von hier machen wir einen Abstecher zu der an einem Donauarm gelegenen Stadt Raizen (Ráckeve), berühmt durch das für den Prinzen Eugen von Savojen 1702 erbaute Barockschloß. Nach seinem Sieg über die Türken bei Zenta hat er sich vom Kaiser die Herrschaft Raizen ausbedungen. Das prächtige Jagdschloß ließ er sich von Lukas Hildebrandt ohne Befestigungsanlagen errichten, womit Prinz Eugen sein Vertrauen zu den Ungarn bekundete. Die schöne spätgotische griechisch-orthodoxe Kirche stammt von jenen Serben, die 1440 vor den Türken nach Ungarn flüchteten.

Donauneustadt

Wir setzen unsere Fahrt flußabwärts fort und kommen nach Donauneustadt (Donujváros). Ungarische Jungkommunisten, begeistert von den Lehren Lenins und Stalins, bauten die Stadt nach einem exakten Plan zu Ungarns größter Stahlstadt aus.

Der Staat investierte über 9 Milliarden Forint mit dem Ziel, hier Stahl und Bleche im Wert von bis zu 6,5 Milliarden Forint pro Jahr zu produzieren. Bewacht wird die Werksanlage von einem riesigen Standbild, das einen Metallarbeiter darstellt. Das große moderne Kulturhaus benannte man nach Béla Bartók. In diesem Musterkombinat finden nicht nur die Bewohner der Stadt, sondern auch der weiteren Umgebung Beschäftigung.

Kiskőrös

Bei dem am linken Donauufer gelegenen Ort Solt zweigen wir ab und kommen auf der Straße Nr. 53 in der Ungarischen Tiefebene nach Kiskőrös. Hier gilt unser Besuch dem zu einem Museum umgewandelten Geburtshaus des großen ungarischen Dichters Sándor Petőfi, eigentlich Sándor Petrovics, der 1823 in Kiskőrös geboren wurde und 1849 bei Schäßburg (Sighisoara) in Siebenbürgen als Hauptmann der Revolutionsarmee fiel. Er schrieb u. a. Märchen- und Heldenepen, wie z. B. „Der Held János" aus dem Jahre 1845, sowie Dorfgeschichten und zahlreiche Bühnenwerke. Besondere Bedeutung erlangte er als Lyriker, der die Revolution von 1848 maßgeblich beeinflußte und der er auch bedingungslos diente. Viele seiner Gedichte wurden in Ungarn zu bekannten Volksliedern.

Kecskemét, Rathaus, Spielzeugmuseum

Unsere Tour geht anschließend auf der Straße Nr. 54 weiter nach Kecskemét. Die über 100.000 Einwohner zählende Stadt ist weit über die Grenzen des Landes hinaus bekannt durch den aus den Marillen gebrannten Marillenschnaps (Barack Pálinka), der das wahre Aroma dieser Frucht bewahrt. Rund 1 Million Obstbäume, die in ihrem Umkreis auf 40.000 ha sandigem Boden gedeihen, bringen bis zu 300.000 Hektoliter des begehrten Getränkes pro Jahr. Im Herzen der Stadt finden wir aber auch eine Reihe von Meisterwerken der Baukunst aus der Jahrhundertwende, so z. B. das Rathaus auf dem Kossuth Lajos tér und den Cifra-Palast. Interesse erwecken besonders die im Zopfstil erbaute Alte Kirche und das berühmte Spielzeugmuseum, in dem Kinder folkloristische Spiele ausprobieren können. Im selben Museum kann man auch die größte Sammlung der ungarischen naiven Malerei sehen, die meistens von Bauernhand stammt. Nicht vergessen darf man, daß in einem Nebenraum des Bahnhofs der bekannte Komponist und Volksmusiker Zoltán Kodály geboren wurde. Er griff die Solmisations-Gesangslehre, die von Guido von Arézzo 1026 eingeführt wurde, wieder auf und perfektionierte sie. Der Vorteil dieser Methode beruht darauf, daß Arézzo die Noten durch Silben ersetzte und diesen Handzeichen zuordnete, so daß man sofort in allen Tonarten auswendig singen kann. Aufmerksamkeit erweckt noch das im Vorgarten des Rathauses aufgestellte, etwas ungewöhnliche Denkmal, ein gespaltener Stein, der die Aufschrift trägt: „Hier brach das Herz des größten Sohnes von Kecskemét" und an den bekannten Dramatiker József Katona

(1791–1830) erinnert, der hier an einem Herzanfall starb. Heute trägt das links vom Rathaus im Jahre 1896 erbaute Stadttheater seinen Namen.

Kalocsa, Erzbischöfliches Palais

Zur Donau zurückgekehrt, statten wir der Bischofsstadt Kalocsa, die bereits 1001 Bistum wurde, einen Besuch ab. Mitten in der Stadt erhebt sich der Dom, ein barockes Kunstwerk, das nach Plänen von Andreas Mayerhoffer zwischen 1735 und 1754 entstand. Im Inneren befinden sich eine nennenswerte Schatzkammer sowie die sehenswerte Sakristei des Domkapitels. Das Erzbischöfliche Palais, errichtet in den Jahren 1761–1763, besitzt eine umfangreiche Bibliothek mit 85.000 Bänden sowie 1000 Handschriften und Wiegendrucke. Weltruf besitzen die „Malerfrauen" in Kalocsa und Umgebung, die Möbel und Wände mit farbenprächtigen Motiven bemalen und damit eine alte Volkskunst bewahren. Diese Art des Malens nennt man in dieser Gegend „pingálás". Im Museum und im Haus der Volkskunst (Népmüvészeti ház), einem mit Schilf gedeckten Bauernhaus, finden wir neben den prachtvollen Wandmalereien erlesene Stickarbeiten dieser Gegend. Miklós Schöffer (Nikolaus Schöffer), ein Sohn der Stadt, baute kybernetische Metallkonstruktionen mit Licht- und Lauteffekten, die zahlreiche Städte aufstellen. Auch in Kalocsa finden wir ein größeres Werk frei ausgestellt, während die kleineren Arbeiten das Museum zeigt. Aber auch ein landwirtschaftliches Produkt, der edelsüße ungarische Paprika, machte die Region um Kalocsa weltweit bekannt.

Das 40 km südlicher gelegene Baja zählt bereits seit über 100 Jahren zu den reichsten Handelsstädten Ungarns und spielt heute auch im Industriebereich eine wichtige Rolle. Den Hauptplatz (Béke tér) begrenzen an drei Seiten Häuserreihen, während die vierte Seite zur Kamarás-Duna, einem Donauarm, offen blieb. Zu den wichtigsten Bauwerken der Stadt zählen das klassizistische Rathaus und das Stadtmuseum. Ein herrlicher Blick auf das Donautal bietet sich vom Aussichtsturm István Türr an der Mündung der Sugovica. Für den letzten König Ungarns und Ex-Kaiser von Österreich Karl I. war nach der Niederlage der österreichischen Truppen durch die Ungarn bei Budaörs am 24. 10. 1921 in Baja Endstation. Karl I. und seine Gattin Zita wurden nach der Gefangennahme an Bord eines britischen Kanonenbootes aus Ungarn gebracht.

Baja, Rathaus, Stadtmuseum

Von Baja aus überqueren wir die Donau in Richtung Bátaszék, nehmen dann die Straße Nr. 56 bis Mohács, von wo wir auf der Straße Nr. 57 nach Fünfkirchen (Pécs) gelangen. Diese an der südlichen Landesgrenze, direkt am Südhang des Mecsek-Gebirges gelegene Stadt besitzt eine 2000 Jahre alte Geschichte, denn zur Zeit der Römer war sie die Hauptstadt des südöstlichen Teiles der Provinz Pannonien. Sie trug den Namen Sopianae. Während der türkischen Besetzung bezeichnete Suleiman II., Sultan des Osmanischen Reiches, Pécs als ein „Paradies auf Erden". Auch im Mittelalter galt es noch als eine der schönsten Städte Ungarns. Heute zählt zumindest die Innenstadt mit ihren herrlichen Barock- und Jugendstil-Bauten zu den Kostbarkeiten ungarischer Architektur.

Fünfkirchen (Pécs)

Zu den interessantesten Sehenswürdigkeiten gehören die Kirchen.

Im frühen Mittelalter gaben die damals fünf altchristlichen Kirchen der Stadt auch den Namen „Quinque Ecclesiae", zu deutsch „Fünfkirchen". Mitten in der Innenstadt auf dem Széchenyi tér, dem Hauptplatz, steht die Kassim-Gazi-Pascha-Moschee. Dieses größte türkische Bauwerk Ungarns entstand um 1580 und dient heute als katholische Marienpfarrkirche. Der viertürmige Dom am Dom tér, dessen Sanktuarium aus dem 11. Jh. stammt, stellt den Mittelpunkt der Stadt dar. Im 16. und 17. Jh. benutzten die Türken seinen vorderen Teil als Moschee und die Krypta als Waffenlager. Nach mehreren Um- und Zubauten wurde 1882 der schadhafte Dom abgerissen und im neoromanischen Stil für das Bistum neu gebaut. Im Inneren der Pfeilerbasilika verdienen vor allem die Fresken von Károly Lotz und Bertalam Székely besondere Beachtung. Auf der Ostseite des Dom tér finden wir das Lapidarium mit einer der wichtigsten Sammlungen romanischer Bildhauerkunst und die frühchristliche, mit schönen Fresken geschmückte Grabkapelle

Kassim-Gazi-Pascha-Moschee, Dom, Lapidarium

(Cella trichora). Eine Sehenswürdigkeit der Stadt sind die vorbildlich restaurierten, kunstgeschichtlich wertvollen Fresken in der frühchristlichen Grabkammer, zu der südöstlich der Kirche Stufen hinabführen. Zur Moschee des Paschas Hassan Jakovali am Kórház tér gehört auch ein zwölfeckiges Minarett, das wir bis zum Umgang des Muezzins, der einst fünfmal am Tag die Gläubigen zum Gebet rief, besteigen können. Von hier bietet sich ein herrlicher Blick über die Altstadt, die einst von einer wuchtigen Befestigung geschützt war, deren Bollwerk die nach dem Einfall der Tataren errichtete Barbakane wurde.

Zsolnay-Museum

Das Zsolnay-Museum in der Káptalan utca 2 besitzt eine umfangreiche Sammlung von Produkten der Pécser Porzellanfabrik. Haus Nr. 3, das als Museum eingerichtete Geburtshaus des Malers und Graphikers Viktor Vasarely (Győző Vásárhelyi), bietet eine repräsentative Sammlung seiner zahlreichen Werke, die er der Stadt zum Geschenk machte.

Pécs, mit rund 180.000 Einwohnern fünftgrößte Stadt Ungarns, besitzt nicht nur interessante Kulturbauten, sondern auch potente Betriebe der Zement-, Textil-, Tabak-, Leder- und Metallindustrie. Bekannt sind die ausgezeichneten keramischen Produkte, die, wie bereits erwähnt, im Zsolnay-Museum besichtigt werden können (Zsolnaysche Prozellanfayencen). Von Bedeutung sind auch der Abbau von Steinkohle und Marmor sowie der seit 1954 in der Umgebung betriebene Uranerzbergbau. Die Stadt errichtete 1367 Ungarns erste Universität, die bis 1526 geführt und 1923 wiedereröffnet wurde. Die ehemalige Zsolnay-Villa beherbergt derzeit einen Zweigsitz der Akademie der Wissenschaften. In der Stadt und ihrer Umgebung leben bis heute zahlreiche deutsche Minderheiten, von denen sie noch immer „Fünfkirchen" genannt wird.

Mohács

Wir kehren nach Mohács, einem der größten Donauhäfen des Landes zurück. Hier wurde, wie bereits eingangs erwähnt, das Schicksal der Ungarn durch die Türken im Jahre 1526 besiegelt. Unterhalb des Ortes, in der Nähe der Grenze, markiert ein Gedenkpark mit geschnitzten Grabhölzern und Statuen die Stelle, wo der Schätzung nach 20.000 Gefallene, Söhne verschiedenster Nationen Europas, ihr Massengrab fanden.

Über die Straße Nr. 56 erreichen wir nach 11 km die Grenze zum südlichen Nachbarland, wo unsere so überaus interessante Reise durch Ungarn zu Ende geht.

ABSTRAKT
Unanschaulich, nicht wirklich, nur gedacht.

ABSTRAKTE KUNST
Ungegenständliche Kunst, die auf die Wiedergabe eines Naturvorbildes völlig verzichtet.

AKANTHUS
Schmuckelement, das aus dem distelähnlichen Blatt einer im Mittelmeergebiet heimischen Pflanze entwickelt wurde.

ALBRECHT II.
Sohn Rudolfs von Habsburg, Herzog von Österreich und Steiermark.

ALTAR
Opfertisch bei Griechen und Römern, Tisch des Herrn im christlichen Glauben.

ALTARAUFSATZ
Schreinartiger Aufbau über dem Altartisch.

ALTARGERÄT
Gefäße und Requisiten für die gottesdienstlichen Handlungen am Altar.

ALTOMONTE, Bartolomeo
Freskenmaler, geb. 1701 in Warschau, gest. 1783 in St. Florian. In den Stiften in NÖ. und OÖ. hauptsächlich tätig.

ALTOMONTE, Martin
Maler 1657–1745, barocker Vertreter des italienisierten Stils.

ANNA SELBDRITT
Darstellung der hl. Anna mit ihrer Tochter Maria und dem Jesuskind.

ANTIK
Dem griech.-röm. Altertum, der Antike zugehörig.

APSIS
Halbrunder, rechteckiger oder vieleckiger Abschluß des Chors. Meistens Standort des Altars.

AQUARELL
Technik in der Malerei. Lasierende, dünn aufgetragene, transparente Malerei mit Wasserfarben.

AQUÄDUKT
Wasserleitung, oft als über eine Bogenbrücke geführter Kanal.

ARABESKE
Ein stilisiertes Blattwerk, das als Schmuckmotiv verwendet wird.

ARCHÄOLOGIE
Altertumskunde.

ARCHITRAV
Steinerner Hauptbalken über den Säulen.

ARCHIV
Räume, in denen Schriftstücke aufbewahrt werden.

ARKADE
Auf Pfeilern oder Säulen ruhende Bogenstellung. Mehrere Arkaden werden zu Bogengängen zusammengefaßt.

ARKADENHOF
Hof, der von Arkaden umschlossen wird.

ASAM, Cosmas Damian
1686–1739, bedeutender süddeutscher Deckenmaler und Baumeister.

ASAM, Egid Quirin
1692–1750, Bruder des C. D. Asam, Bildhauer.

ASTL, Lienhart
Bildhauer und Maler der Spätgotik. 1515–1520 in Hallstatt und Gröbming tätig.

ATRIUM
Ein meist von Säulen umgebener Vorhof, auch Paradies genannt.

ATTIKA
Brüstungsartige Wand über einem Gesims, meist reich verziert.

AUGUSTINER-CHORHERREN
Seit dem 11. Jh. klösterliche Gemeinschaft, die nach den Regeln des hl. Augustinus lebt.

AULA
Halle, Fest- oder Versammlungssaal.

AWAREN
Den Hunnen ein verwandtes Nomadenvolk. Ihr 570 n. Chr. in Ungarn gegründetes Reich wurde von Karl dem Großen 796 zerstört.

BABENBERGER
Fränkisches Grafengeschlecht, das von 976 bis 1246 in Österreich herrschte.

BACKSTEIN
Ziegel, der im Brand gehärtet worden ist.

BALDACHIN
Prunkhimmel über einem Thron sowie Schutzdach über Altären, Grabmalen, Statuen und Portalen.

BALUSTER
Kleine Säulen mit ausgebauchtem Körper.

BALUSTRADE
Aus Balustern gebildetes Geländer.

BAROCK
Stil der europäischen Kunst ab etwa 1600–1775. Als besondere Merkmale gelten kraftvoll bewegte Formen und schwellende Bewegungen.

BASILIKA
Mehrschiffige Kirche, deren Mittelschiff die Seitenschiffe überragt und im Obergaden, dem oberen, die Seitenschiffe überragenden Raum, Fenster besitzt.

BASIS
Fuß einer Säule oder eines Pfeilers.

BEDUZZI (BEDUCCI), Antonio
Architekt, Theateringenieur und Freskant aus Bologna (1675–1735), seit 1708 in Wien und NÖ. tätig.

BEER, Franz
1660–1726, Hauptvertreter des sogenannten Vorarlberger Münsterschemas.

BELA IV.
König von Ungarn (1235–1270).

BELLUCCI, Antonio
1654–1726, Freskenmaler, um 1700 in Österreich tätig.

BERGFRIED
Hauptturm der dt. Burg, der bei einer Belagerung als letzte Zuflucht diente.

BERGL, Johann Wenzl
1718–1789, Maler, der Landschaftsveduten, Wand- und Deckenfresken malte, ab 1765 auch Altarbilder.

BERING
Mantelmauer einer Burg.

BERNINI, Giovanni Lorenzo
Baumeister und Bildhauer (1598–1680), Vertreter des italienischen Hochbarocks.

BIEDERMEIER
Kunst- und Kulturepoche von etwa 1815–1850.

BREU, Jörg d. Ä.
1480–1537, Zeichner, der den Donaustil vorbereitete.

BRONZEZEIT
Es werden fünf Perioden nach der Entwicklung des Ornaments unterschieden: I (1600–1400) Einfuhrwaren, II (1400–1200) geometrische Spielornamente, III (1200–1000) Wellenornament, IV (1000–900) entwickelteres Wellenornament, V (900–750) freie Endigung und Tierornamente.

BRUCKNER, Anton
Komponist (1824–1896), wirkte als Organist in St. Florian, Linz, Bad Ischl und Wien.

CARLONE
Ital.-schweizerische Künstlerfamilie, deren Mitglieder als Baumeister, Stukkateure und Maler in Österreich tätig waren. – Carlone Carlo (1686–1775), Carlone Carlo Antonio (1677–1708), Carlone Pietro Francesco (gest. 1680).

CARNEVALE
Künstlerfamilie aus Como, deren Mitglieder im 17. Jh. als Architekten und Maurermeister in Österreich wirkten. – Carnevale Antonio, Carnevale Isidor.

CHOR
Der meist um einige Stufen erhöhte Abschluß des Kirchenraumes. Er umfaßt in der Regel Apsis, Chorquadrat und Vierung und dient zur Aufnahme des Altars.

CHORGESTÜHL
Sitzreihen für die Geistlichkeit zu beiden Seiten des Chors.

CHORUMGANG
Durch die Fortführung der Seitenschiffe entstandener Gang, der um den Chor herumführt.

DACHREITER
Schlankes Glocken- und Uhrtürmchen über dem Dachgestühl.

DARIO, Giovanni Antonio
Barocker Hofbaumeister und Bildhauer in Salzburg (gest. 1702).

DIENST
In der gotischen Baukunst ein langes dünnes Säulchen, das entweder als Bestandteil eines Bündelpfeilers oder auch eines Wandpfeilers als Stütze der Gurten und Rippen eines Kreuzrippengewölbes dient.

DIPTYCHON
In der mittelalterlichen Kunst ein zweiflügeliges, zusammenklappbares Altarbild.

DOMINIKANER
Predigerorden, der 1216 in Frankreich vom hl. Dominikus als Mönchsorden gestiftet worden ist.

DONNER, Georg Raphael

1693–1741, barocker Bildhauer, der in Salzburg, Wien und Preßburg als Hauptmeister der österreichischen barocken Bildhauerei mit klassizistischer Tendenz tätig war.

DOPPELKAPELLE

Eine zweigeschossige Kapelle.

DORISCHE SÄULEN

Säulen, die ohne Basis direkt auf den Boden aufgesetzt sind und flache, wulstförmige Kapitelle tragen.

DORMITORIUM

Der Schlafsaal in Klöstern.

DRUSUS

Röm. Feldherr (38–9 v. Chr.).

DÜRER, Albrecht

Deutscher Maler und Graphiker aus Nürnberg (1471–1528). Nach dem Studium der italienischen Festungstechnik war er u. a. in den Jahren 1536 bis 1537 als Projektant für den Ausbau der Biebersburg zuständig.

EISENZEIT

Ab 1000 v. Chr. vom Mittelmeer ausgehend. In Mitteleuropa erstreckten sich die Hallstattkultur, so genannt nach den reichen Funden am Hallstättersee, und die keltische La-Tène-Kultur ab 500 v. Chr. Sie ging von Süddeutschland nach Frankreich und drang in den Donauraum ein.

EMPIRE

1800–1830, Bezeichnung des Klassizismus zur Zeit Napoleons in der Innenarchitektur, dem Kunstgewerbe und der Mode.

EMPORE

Zwischengeschoß; tribünen- oder galerieartig hineingestellter Aufbau (Freiempore).

ENGLISCHER GARTEN

Aufgelockerte Gartenanlage mit Landschaftscharakter.

EPITAPH

Gedenktafel oder Gedenkstein an der Innen- oder Außenwand der Kirche als Gedächtnis an einen Verstorbenen.

EREMITAGE (Franz. Einsiedelei)

Ländliche Hütte oder Pavillon in einsam gelegenen Teilen von Parkanlagen als Symbol der Einsamkeit. Im 18. Jh. aber auch Wohnbau in der Abgeschiedenheit.

ERKER

In sich geschlossener vorspringender Anbau an die Außenwand eines Gebäudes.

ESELSTREPPE
Stufenloser Aufgang eines Turms; meist zur Beförderung des Baumaterials durch Esel benutzt.

EUGEN, PRINZ VON SAVOYEN
1663–1736, Feldherr, der als Oberbefehlshaber gegen die Türken kämpfte und 1717 Belgrad einnahm.

FACHWERK
Balken, die als tragende Teile benutzt werden, aufgefüllt mit Lehm oder Ziegeln.

FASSADE
Haupt- oder Schauseite eines Hauptwerkes.

FAYENCE
Töpferwaren mit Glasüberzug, benannt nach der italienischen Stadt Faënza.

FEICHTMAYR, FEUCHTMAYR
Bildhauer- und Stukkatorenfamilie des 17. und 18. Jhs.

FIALE
Ziertürmchen in der Gotik.

FILIGRANWERK
Ornamentartige Goldschmiedearbeit. Auch auf durchbrochene Schnitzwerke und Stukkaturen übertragen.

FISCHBLASE
Eine im spätgotischen Maßwerk vorkommende flammenförmige Ornamentform.

FISCHER VON ERLACH, Johann Bernhard
1656–1723, österreichischer Baumeister und ab 1686 kaiserlicher Hofarchitekt.

FLÜGELALTAR
Altaraufsatz mit ausklappbaren, meist reich geschnitzten oder bemalten Flügeln.

FRANZ I.
Österreichischer Kaiser von 1804–1835.

FRANZ JOSEF I.
1830–1916, Kaiser von Österreich von 1848–1916.

FRESKO
Wandmalerei auf nassem Kalkputz, mit dem sich die Farbpigmente unlöslich verbinden. (Ital. fresco = frisch).

FRIEDRICH III.
1415–1493, als erster österreichischer Herzog 1453 zum Kaiser gewählt. Er setzte den Grundstein zur Habsburgergroßmacht.

FRIES
Waagrecht laufender Schmuckstreifen als Abschluß eines Aufbaues oder als Untergliederung einer Wand.

FRIESS, Simeon
1655–1725, Bildschnitzer, Schüler Thomas Schwanthalers.

FRUEAUF, DER ÄLTERE, Rueland
1445–1507, Maler, der in Passau und Salzburg tätig war.

FRUEAUF, DER JÜNGERE, Rueland
1470–1545, Maler, der in der Werkstatt seines Vaters arbeitete und vor allem in St. Florian und Klosterneuburg tätig war.

GADEN
Bezeichnung für Obergeschoß.

GALERIE
Ein langgestreckter Raum.

GAUBE
Als Giebelhäuschen ausgebildetes Dachfenster.

GEBÄLK
Balkensystem eines Holzbauwerks. Im Steinbau der Renaissance und des Barock werden Fries und Gesims als Gebälk bezeichnet.

GESIMS
Ein vorspringender Wandabschluß.

GESPRENGE
Turmartiger, oft sehr hoher Aufbau des Altarschreins in der Spätgotik, der zum Teil auch mit Figuren besetzt war.

GEWÖLBE
Bogen- oder haubenförmiger Abschluß eines Raums.

GOBELIN
Bildteppich, seit 1200 bekannt.

GOTIK
Stil der euopäischen Kunst von der Mitte des 12. Jhs. bis ins 16. Jh. Die Hauptmerkmale sind: das Kreuzrippengewölbe, das gotische Joch, der Spitzbogen und der Strebebogen.

GRAN, Daniel
1694–1757, Maler, dessen Tätigkeit in Wien mit den Fresken im Palais Schwarzenberg begann.

GUGGENBICHLER, Johann Meinrad
1649–1723, Bildhauer, der mit dem „Faßmaler" M. Wichenhamer in Neumarkt (Salzburg) arbeitete und danach eine selbständige große Bildschnitzerwerkstätte in Mondsee gründete.

HABSBURGER
Ehemalig österreichisch-deutsches Herrschergeschlecht, das von 1273 (Rudolf I.) bis 1918 (Karl I.) deutsche Könige und Kaiser stellte.

HALLENKIRCHE
Langhauskirche, bei der Hauptraum und Seitenschiffe gleich hoch sind. Es gibt kein Querschiff, und die Choranlage wird in das Langhaus einbezogen.

HALSGRABEN
Künstlich geschaffener Graben vor Burgen. Zugang über Zugbrücke.

HANS VON JUDENBURG
Maler und Bildschnitzer, der zwischen 1411 und 1424 in Judenburg (Stmk.) tätig war.

HAYBERGER, Gotthard Johann
1699–1764, Barockbaumeister. Seine Hauptwerke: die Stiftsbibliothek Admont und St. Florian.

HELM
Der Abschluß eines Turmes.

HERBARIUM
Sammlung getrockneter Pflanzen.

HETZENDORF VON HOHENBERG, Johann Ferdinand
1732–1816, Maler, Architekt und Bühnenbildner eines spätbarocken Klassizismus in Wien. Von ihm stammen die Hochaltäre u. a. von Heiligenkreuz, Gutenbrunn und Liechtenthal.

HILDEBRANDT, Johann Lukas von
1668–1745, Baumeister, seit 1696 in Wien. 1700 wurde er kaiserlicher Hofarchitekt.

HOCHALTAR
Zentraler Hauptaltar einer Kirche.

HOLZSCHNITT
Auf eine geglättete Holzplatte wird ein Bild gezeichnet, das beim Schnitt mit dem Messer oder Schnitzeisen erhaben stehen bleibt und mit Druckfarbe eingewalzt wird. Der Holzschnitt (Xylographie) ist neben dem Kupferstich die älteste Technik der vervielfältigenden Graphik. Das Bild des Abzuges wird auf der Handpresse hergestellt.

HUBER, Wolf
1480/85–1553, Maler und Zeichner, der in Passau tätig war und zu den bedeutendsten Vertretern der Donauschule zählt.

IKONOSTASIS
Bilderwand zwischen Allerheiligstem und Gemeinderaum in der Ostkirche.

ILLYRER
Indogermanische Völkergruppe des Altertums im Nordwesten der Balkanhalbinsel.

IMMACULATA, IMMAKULATA
Unbefleckte Empfängnis; Ehrenname Marias.

INDOGERMANEN
Völkergruppe, deren Urheimat zwischen Aralsee und Hindukusch angenommen wird und die als Träger der erschlossenen, urindogermanischen Sprache angesehen wird.

INTARSIA, INTARSIE
Ornamentale Einlegearbeit in Holz, Stuck, Stein usw.

IONISCHE SÄULEN
Sie stehen auf einer mehrgliedrigen Basis, deren Kapitell durch zwei Schneckenbogen charakterisiert ist.

JOCH (Franz. Travée)
In Schiffen einer mittelalterlichen Kirche oder der Halle eines Profanbaus. Quadratisches oder rechteckiges, in Chorumgängen trapezförmiges oder dreiseitiges Raumkompartiment, durch Pfeiler, Säulen oder Gurtbogen gegliedert.

JOSEF II.
1741–1790, österreichischer Kaiser, der ein Hauptvertreter des aufgeklärten Absolutismus war.

JUGENDSTIL
Stilrichtung in den Jahren 1895–1905, benannt nach der Münchner Zeitschrift „Jugend". Er schafft neue, der Natur entnommene Ausdrucksformen.

KALOTTE
Gewölbte Kuppel in Form eines Kugelabschnitts.

KALVARIENBERG
Katholische Wallfahrtsstätte mit den vierzehn Stationen des Kreuzweges.

KANON
Regelmäßiges, immer wiederkehrendes Maß.

KANZEL
Erhöhter Platz in der Kirche, von dem aus die Predigt gehalten wird; meist von einem Baldachin oder Schalldeckel überdeckt.

KAPITELL, KAPITÄL
Abschließender, kopfartiger Teil eines Pfeilers, einer Säule oder eines Pilasters. Auf ihm liegt der Balken oder der Bogenansatz (Architrav).

KAPITELSAAL
Versammlungsort der Stifts- oder Klostergeistlichen.

KAPUZINER
1525 gegründeter katholischer Männerorden; ein Zweig der Franziskaner.

KARL DER GROSSE
742–814, König des Frankenreichs, römischer Kaiser von 768–814. Als Schutzherr der Kirche wurde er 800 vom Papst gekrönt.

KARL, ERZHERZOG VON ÖSTERREICH
Sohn Kaiser Leopolds II. Er erwarb sich militärischen Ruhm durch den Sieg über Napoleon in Aspern.

KARMELITER
1155 als Einsiedlerorden auf dem Berg Karmel (Israel) gegründeter Bettelorden.

KARNER
Friedhofskapelle, deren unterer Teil allgemein als Beinhaus diente. Im oberen runden oder polygonalen Teil findet sich ein Andachtsraum mit Apsis und einem Altar für die Totenmessen.

KARTÄUSER
Katholischer Einsiedlerorden, im 12. Jh. von Bruno von Köln gegründet.

KARYATIDE
Gebälktragende Figur.

KASSETTENDECKE
Decke aus quadratischen Vertiefungen mit Ornamenten, Bemalung oder anderem Schmuck versehen.

KATAKOMBE
Unterirdischer Begräbnisort der Christen, bestehend aus langen Gängen, die aus dem Fels gehauene Nischen begleiten.

KELTEN
Indogermanische Volksgruppe, die im 3. Jh. nach der Balkanhalbinsel zog und in der La-Tène-Zeit künstlerisch hervortrat.

KIRCHENVÄTER
Alt-, frühchristliche Kirchenschriftsteller.

KLASSISCH
Höhepunkt der vor allem griechischen Kunst des 5. Jhs. v. Chr. Ihre Kennzeichen sind maßvolle, ausgewogene, von Spannungen freie Formen und inhaltlicher Ausdruck.

KLASSIZISMUS
Kunstrichtung von etwa 1770–1830, die auf die Antike zurückgreift. Gegenbewegung zu Barock und Rokoko.

KONSOLE
Wandvorsprung, Balkenstütze.

KOPFRELIQUIAR
Reliquiar in Kopf- oder Büstenform.

KORBBOGEN
Flachgedrückter Rundbogen.

KORINTHISCHE SÄULE
Ähnliche Basis wie die ionische Säule, aber mit reich verziertem Kapitell.

KORNHÄUSL, Josef
1782–1860, Baumeister, der die Baukunst des Biedermeiers repräsentiert, z. B. das Rathaus von Baden bei Wien.

KREMSER-SCHMIDT
S. Schmidt, Martin Johann.

KREUZGANG
Ein um den Klosterhof geführter Gang, der meist gewölbt ist und sich gegen den Hof in Bogenform (Arkaden) öffnet.

KREUZGEWÖLBE
Ein Gewölbe, bei dem sich zwei Tonnengewölbe rechtwinklig kreuzen. Beim KREUZRIPPENGEWÖLBE sind die Schnittkanten durch Rippen verstärkt.

KRYPTA
Unterkirche, die in der frühchristlichen Zeit als Grabkammer und in der Romanik als Raum unter dem Ostchor zur Verehrung der Heiligen oder Reliquien diente.

KUENRINGER
Österreichisches Rittergeschlecht im 13 Jh.; als Raubritter und Herren der Burgen Aggstein und Dürnstein waren sie der Schrecken der an der Donau entlangziehenden Kaufleute.

KUPELWIESER, Leopold
1796–1862, Maler aus NÖ., der in Wien tätig war und große Gemälde religiösen Inhalts schuf.

KUPFERSTICH (Chalkographie)
Tiefdruck, bei dem der Kupferstecher mit einer Grabstichel die Zeichnung in eine Kupferplatte eingräbt. Die Druckerschwärze sitzt in den Vertiefungen, die Oberfläche der Platte wird abgewischt. Durch einen starken Preßdruck wird die Druckfarbe in den Vertiefungen auf das Kupferdruckpapier gebracht.

LANGHAUS
Hauptteil der Kirche, der für die Gemeinde bestimmt ist.

LATERNE
Kleiner Turm zum Abschluß einer Kuppel, meist reich verziert.

LAUBE
Bogengang, der dem Erdgeschoß eines Hauses vorgelagert ist oder einen Teil desselben bildet.

LEIBUNG
Fläche des Mauereinschnitts bei Fenstern und Türen.

LEOPOLD III., DER HEILIGE
1095–1136, Babenberger – Markgraf von Österreich und Gründer der Stifte Klosterneuburg und Heiligenkreuz.

LETTNER
Wand oder Brüstung zwischen Chor und Mittelschiff einer Kirche.

LIMES
Unter Kaiser Domitian 84. n. Chr. begonnener künstlicher Grenzschutz zwischen Römer und Germanen, der sich vom Rhein entlang der Donau bis in die Theißebene und in die Dobrudscha erstreckte. Der Erdwall ist noch heute größtenteils im Gelände sichtbar.

LOGGIA
Nach außen gewölbter Bogengang oder Bogenhalle eines Bauwerkes, häufig im Obergeschoß, aber auch dem Erdgeschoß eines Hauses vorgelagert.

LÜFTLMALEREI
Malerei an Hauswänden.

LÜNETTE
Meist mit Malerei oder Plastik versehenes halbkreisförmiges Feld über Türen und Fenstern.

MADER, Christoph
1697–1761, Bildhauer des Barocks.

MAKART, Hans
1840–1884, österreichischer Maler, dessen Riesengemälde meist historischen und allegorischen Inhalt haben.

MANIERISMUS
Kunststil zwischen 1530 und 1630 – zwischen Renaissance und Barock. Die Formen zeigen gewollte Künstlichkeit.

MANSARDE
Ein abgeknicktes Dach, wobei der untere Teil steiler als der obere ist.

MARIA THERESIA
1717–1780, deutsche Kaiserin von 1740 bis 1780. Sie folgte ihrem Vater Karl VI. auf den Thron und vermählte sich 1736 mit Herzog Franz Stephan von Lothringen.

MASSWERK
Geometrische Zierformen in der Gotik; ursprünglich mit der Aufgabe, den Bogenzwickel eines Fensters zu gestalten.

MASSWERKFENSTER
Ein mit Maßwerk, Stabwerk und Pfosten gebildetes Fenster.

MATIELLI, Lorenzo
1685–1748, italienischer Bildhauer des Barocks, der seit 1712 in Wien tätig war.

MATTHIAS I. CORVINUS
Von 1458–1490 König von Ungarn. Er kämpfte gegen Friedrich III. und eroberte einen Teil Österreichs und Wien.

MAULBERTSCH (MAULPERTSCH), Franz Anton
1724–1796, größter österreichischer Freskenmaler. Seine Altar- und Tafelbilder demonstrieren eine zu dynamischer Spannung getriebene Helldunkelmalerei.

MAUSOLEUM
Ein prächtiges Grabmal, meist in der Form eines Hauses oder Tempels.

MENSA
Die Deckplatte des Altars.

MINIATUR
Kleinformatiges Bild.

MITTELSCHIFF
Mittleres Schiff einer mehrschiffigen Hallenkirche oder einer Basilika.

MÖLK, Joseph Adam von
1714–1794, österreichischer Maler, der in Bayern und Württemberg und seit 1764 in der Steiermark, Wien und NÖ. tätig war. Er malte Altarbilder und war besonders vom Kremser-Schmidt beeinflußt.

MÖNCHSCHOR
Jener Teil des Chores, der den Mönchen vorbehalten ist.

MONSTRANZ
Schmuckgerät, in dem die geweihte Hostie gezeigt wird.

MOSAIK
Bildwerk oder dekorative Fläche, aus kleinen bunten Steinen oder anderen Materialien zusammengesetzt.

MUNGGENAST, Josef
1680–1741, Baumeister, von Jakob Prandtauer ausgebildet.

MÜNSTER
(Lat. monasterium). Eine vor allem in Süddeutschland übliche Bezeichnung für eine Bischofskirche; große Klosterkirche; Dom.

MUSCHELWERK
Zierornamente, die in der späteren Renaissance und im Barock dem Muschelmotiv nachgestaltet wurden.

MUSEN
In der griechischen Sage Töchter des Zeus und der Mnemosyne. Die neun Musen sind: Klio (Geschichte), Kalliope (heroische Dichtung), Melpomene (Lustspiel), Urania (Sternkunde), Terpsichore und Erato (Lyrik leichterer Art), Euterpe (Instrumentalmusik), Polyhymnia (Tanz) und Thalia (Schauspiel).

NAIADEN (NYMPHEN)
Töchter des Zeus; Göttinnen der freien Natur, die in Quellen wohnen.

NAPOLEON BONAPARTE
1769–1821, Kaiser der Franzosen von 1804–1815/16.

NEOLITHIKUM, JUNGSTEINZEIT
3000–1800 v. Chr. Die dritte Hauptperiode der menschlichen Kulturentwicklung.

NEPTUN
Römischer Gott des Meeres, dem griechischen Poseidon entsprechend.

NETZGEWÖLBE
Gewölbe, bei dem sich die Rippen mehrfach kreuzen, so daß die Jocheinteilung verschwindet.

NEUBAROCK
Eine in den letzten Jahrzehnten des 19. Jhs. auftretende Form des künstlerischen Historismus als Reaktion auf den kühlen Klassizismus. Hauptmerkmale sind übertriebener plastischer Schmuck und auffällige Farben.

NEUGOTIK (NEOGOTIK)
Richtung der Baukunst im 19. Jh., die den gotischen Stil wieder zur Geltung brachte.

NEUKLASSIZISMUS (NEOKLASSIZISMUS)
Europäische Kunstrichtung in der Zeit von etwa 1770–1830, der sich gegen den Historismus und Jugendstil wandte und zu klareren (klassischen) Formen strebte.

NEUROMANIK
Richtung der Baukunst am Ende des 19. Jhs., die den romanischen Stil wieder zur Geltung brachte.

NONNENCHOR
Empore, auf der Nonnen dem Gottesdienst beiwohnen.

NORICUM
Im Altertum das Gebiet zwischen Rätien im Westen und Pannonien im Osten, das von den illyrischen Norikern bewohnt war.

OBELISK
Freistehender Pfeiler mit quadratischem Grundriß und pyramidenartiger Spitze.

OBERGADEN (LICHTGADEN)
Fensterregion im Obergeschoß des Mittelschiffs einer Basilika.

OKTOGON
Ein Gebäude mit achteckigem Grundriß.

ORANGERIE
Gebäude für die Überwinterung von Orangenbäumen und anderen südlichen Gewächsen, das Teil barocker Schloß- und Parkanlagen war.

ORATORIUM
Eine kleine, meist dem Chorraum angeschlossene Kapelle.

ORGELPROSPEKT
Schauseite einer Orgel.

ORNAMENT
Regelmäßig sich wiederholende Zierform, Schmuck und Verzierung. Das Ornament tritt flächen- oder bandförmig auf und kann aus abstrakten, geometrischen, pflanzenartigen, tierischen und menschlichen Formen bestehen.

OTTOKAR II. PŘZEMYSL
1230–1278, König von Böhmen von 1253–1278. Er wollte nach dem Aussterben der Hohenstaufen und Babenberger ein Großreich von Böhmen bis zur Adria errichten, mußte sich aber dem zum deutschen König gewählten Rudolf von Habsburg beugen und fiel in der Schlacht auf dem Marchfeld.

OTTONISCHE KUNST
Kunst zu der Zeit der Sachsenkaiser (Ottonen) von 936–1002. Träger dieser Kunst waren die Domschulen und Klöster.

PACASSI, Nikolaus
1716–1796, barocker Architekt, der auch für Maria Theresia arbeitete (Umgestaltung Schloß Schönbrunn).

PACHER, Michael
1435–1498, bedeutender Maler und Bildhauer der Spätgotik. Sein Hauptwerk ist der Hochaltar (Flügelaltar) der Kirche von St. Wolfgang. Seine Bildnerei zeigt die vollkommenste Leistung dieser Zeit.

PALÄOLITHIKUM
Altsteinzeit, gegliedert in ältere und jüngere Steinzeit, die um 10.000 v. Chr. abschließt.

PALAS
Wohnbau einer Burg, bestehend aus dem großen Saal im Obergeschoß und kleineren Wohngemächern.

PALLIUM
Mantelähnlicher Umhang für Könige, Kaiser und Erzbischöfe.

PANNONIEN
Römische Provinz zwischen den Ostalpen, der Donau und Save.

PANORAMA
Rundgemälde, vor allem zur Darstellung von Schlachten und Städteansichten.

PANTHEON
Den Göttern geweihter Tempel. Rundbau nach dem Vorbild des Pantheons in Rom.

PAPYRUS
Schriftträger aus Papyrus in Form einer Rolle, eines Buches oder Blattes.

PARAMENTE
Bekleidung der Altäre und Kanzeln sowie Behänge für den kirchlichen Gebrauch.

PAVILLON
Meist runder oder mehreckiger kleinerer Bau in Parkanlagen.

PERGOLA
Offener Laubengang aus einer Holzkonstruktion.

PERMOSER, Balthasar
1651–1732, Bildhauer, der in Salzburg, Wien und Rom lernte und anschließend Hofbildhauer in Dresden war. Sein Hauptwerk ist die Apotheose des Prinzen Eugen im Unteren Belvedere.

PFEILER
Stützglieder wie Säulen, doch mit recht- oder mehreckigem Grundriß.

PFEILERBASILIKA
Die Obermauer des Mittelschiffes ruht auf Bogenstellungen, die Pfeiler haben.

PIARISTEN
Eine im 17. Jh. gestiftete Klostergemeinschaft für Schulunterricht.

PIETÀ
Darstellung der schmerzergriffenen Maria mit dem toten Christus auf dem Schoß.

PILASTER
Pfeiler, der aus der Wand hervortritt.

PILGRAM, Anton
1450/60–1515, Bildhauer und Baumeister, der 1511 als Meister der Spätgotik in der Wiener Bauhütte St. Stephan eintrat.

PINAKOTHEK (Griech.)
Bildersammlung.

PLASTIK
Bildhauerkunst; die körperbildende, ein Bildwerk schaffende Kunst.

POLYGON
Vieleck.

POLYPTYCHON
Ein Flügelaltar mit mehr als zwei Flügeln.

PORTA HUNGARICA
Ungarische Pforte – Stromenge zwischen Leithagebirge und den Kleinen Karpaten.

PORTAL
Haupteingang, meistens bildnerisch und architektonisch ausgestattet.

PORTIKUS
Von Pfeilern gestützte Vorhalle.

POSTAMENT
Sockel eines Standbildes.

POZZO, Andrea
1642–1709, Jesuitenlaienbruder, der in Wien als Baumeister, Bildhauer und Maler im Spätbarock dominierte.

PRÄLAT
Hoher kirchlicher Würdenträger mit Amtsbefugnissen.

PRÄMONSTRATENSER
Vom hl. Norbert 1120 gegründeter katholischer Orden mit Augustinerregel; die Ordenstracht ist weiß.

PRANDTAUER, Jakob
1660–1726, Tiroler Baumeister und Bildhauer, der zu den größten österreichischen Architekten zählt. Sein Hauptwerk ist der Neubau des Stiftes Melk.

PRANGER
Schandpfahl, an den im Mittelalter Verbrecher strafweise gebunden wurden.

PRÄRAFFAELITEN
Eine um 1850 von London ausgehende Kunstrichtung, die als Vorstufe des Jugendstils gilt.

PREDELLA
Unterbau des Altars.

PRESBYTERIUM
Apsis bzw. Chor einer Kirche; in der altchristlichen Kirche „Raum der Priester".

PROBUS, Marcus Aurelius
232–282, seit 276 römischer Kaiser, der Gallien und die Rheingrenze gegen die Germanen sicherte.

PROFAN
Kunst, die nicht mit dem religiösen Bereich in Verbindung steht. Zu den Profanbauten zählen z. B. Rathäuser, Burgen, Schlösser, Bürgerhäuser usw.

PROPST
In der katholischen Kirche der Leiter der äußeren Angelegenheiten eines Kapitels.

PROPYLÄEN
Eingangshalle monumentaler Bauten.

PRUNNER, Johann Michael
1669–1739, Baumeister, der in seinen Bauten deutlich unter dem Einfluß der drei großen Barockarchitekten Fischer von Erlach, Hildebrandt und Prandtauer steht.

PUCHSBAUM (PUCHSPAUM), Hans
Österreichischer Baumeister, 1390 bis nach 1455. Baute als Dombaumeister am Wiener Stephansdom und war auch in Preßburg vielseitig tätig.

PUSIKA, Peter
Baumeister der Gotik, der von 1439–1475 in Wiener Neustadt tätig war.

PUTTO, PUTTI, PUTTEN
Nackte engelhafte Kinderfiguren in der Renaissance, im Barock und im Rokoko.

QUADEN
Westgermanischer Stamm, der 21 n. Chr., vom Main kommend, mit den Markomannen gegen die Römer kämpfte und sich bis Oberungarn, Italien und Spanien ausdehnte.

QUADER
Behauener Block aus massivem Stein.

QUERHAUS, QUERSCHIFF
Raum in der Kirche, quer zum Langhaus.

RADIERUNG
Ist wie der Kupferstich ein Tiefdruckverfahren. Die polierte Kupferplatte wird mit einem säurefesten Grund überzogen, in den die Zeichnung eingeritzt wird.

RAFFAEL (RAFFAELLO SANTI)
1483–1520, Maler und Baumeister in Rom, der das Wesen der Renaissance am vollkommensten ausgedrückt hat.

RÄTER
Bevölkerung der römischen Provinz Rätien; verwandt mit den Kelten und Illyrern.

RAUCHMILLER (RAUCHMÜLLER), Matthias
1645–1686, Bildhauer, Elfenbeinschnitzer und Maler des Barocks; seit 1676 in Wien.

REFEKTORIUM
Speiseraum in Klöstern.

RELIEF
Form der Bildhauerkunst, bei der die Figuren aus einer Fläche, an die sie gebunden sind, halbplastisch hervortreten.

RELIQUIAR
Behälter zur Aufbewahrung der Überreste eines Heiligen.

REMBRANDT, Harmensz van Rijn
1606–1669, holländischer Maler und Graphiker; der genialste Künstler des 17. Jhs.

RENAISSANCE
Stilbezeichnung für die bildende Kunst ab etwa 1500 bis etwa 1600. Das Ende des mittelalterlichen Weltbildes brachte eine neue, an der Antike orientierte Lebenshaltung (ital. rinascimento = Wiedergeburt). Der Mensch wird das Maß aller Dinge.

RISALIT
Aus der Fluchtlinie vortretender Gebäudeteil.

ROKOKO

Spätstil des Barocks von etwa 1720 bis 1780 mit leichten, eleganten, schwingenden, oft verspielten Formen. Das Wort ist vom französischen „rocaille" = Muschelwerk abgeleitet.

ROMANIK

Kunststil von etwa 1000 bis ins 13. Jh. Die Bauwerke sind gekennzeichnet von Rundbögen und ruhigen Ornamenten.

ROMANTIK

Kunstrichtung zu Beginn des 19. Jhs. Abkehr von den rationalen Normen des Klassizismus.

ROSETTE

Kreisförmige Schmuckform; vom Mittelpunkt strahlen Blattformen radial aus.

ROTTMAYR, Johann Michael von ROSENBRUNN

1654–1730, Salzburger Fresko- und Altarbildmaler am Beginn der österreichischen Barockmalerei. Seine größten Werke sind in Salzburg, in Wien (Peterskirche und Karlskirche), im Stift Melk und im Dom zu Passau zu finden.

RUBENS, Peter Paul

1577–1640, flämischer Maler, Schöpfer des Hochbarocks.

RUDOLF I. VON HABSBURG

1218–1291, deutscher König von 1273–1291. Mit der Krönung in Aachen wurde die kaiserlose, schreckliche Zeit beendet.

SAALKIRCHE

Stützenfreier Kircheninnenraum, also ohne Seitenschiff.

SAKRAL

Kirchlich, geistlich; Gegensatz zu profan.

SAKRAMENTSHÄUSCHEN

Behälter für das Gefäß mit der geweihten Hostie. Vom 12. bis zum Beginn des 17. Jhs. teilweise prachtvoller Aufbau, bestehend aus Sockel, Stütze, Schrein und Bekrönung auf der Evangelienseite. Danach durch das Tabernakel auf der Mensa ersetzt.

SÄKULARISATION

Umwandlung geistlicher Besitztümer in weltliche, vor allem unter Napoleon und Josef II.

SANDRART, Joachim von

1606–1688, ein auch in Österreich tätiger deutscher Maler, Kupferstecher und Kunstschriftsteller.

SARKOPHAG

(griech. = Fleischfresser); ein meist reich verzierter steinerner Sarg.

SATTELDACH
Zwei schräge, im First zusammenlaufende Dachflächen, an den beiden Enden die Giebelfelder.

SATTLER, Jakob
1731–1783, barocker Bildhauer, der im Stift St. Florian am Brunnen und am Tabernakel arbeitete.

SATTLER, Leonhard
Bildhauer aus dem Allgäu, Vater von Jakob S. Er war ebenfalls im Stift St. Florian und in OÖ. tätig.

SÄULE
Stütze von kreisförmigem Querschnitt, die sich meist nach oben verjüngt.

SÄULENBASILIKA
Basilika, die von Säulen gestützt wird.

SCHALLDECKEL
Überdachung der Kanzel.

SCHLETTERER, Jakob Christoph
1699–1774, Bildhauer des Barocks, der mit Donner 1725 in Salzburg (Schloß Mirabell), anschließend in Wien, NÖ. und im Burgenland arbeitete.

SCHMIDT, Friedrich von
1825–1891, deutscher Baumeister, der seit 1859 in Wien als Professor an der Akademie wirkte. Dombaumeister von St. Stephan.

SCHMIDT, Johann
Barocker Bildhauer des 18. Jhs., Vater von Kremser-Schmidt.

SCHMIDT, Martin Johann
1718–1801, genannt Kremser-Schmidt, nach dem Ort seines Schaffens. Bedeutender Maler und Radierer, der die späteste Form des Altarbildes schuf. Seine große Anzahl von Altarbildern ist in österreichischen Kirchen und Klöstern zu finden.

SCHMUTZER, Johannes Matthias
1733–1811, Kupferstecher, Zeichner und Radierer, war Direktor der Akademie und gründete eine Kunstschule für Kupferstecher in Wien („Wiener Reproduktionsgraphik").

SCHOY, Johann Jakob
1686–1733, steirischer Barockbildhauer; Lehrer von Joseph Anton Thaddäus Stammel.

SCHWANTHALER
Barock- und Rokokobildhauerfamilie vom 17. bis zum 19. Jh. in OÖ. Die Hauptwerkstätte stand bis 1838 in Ried im Innkreis. Im 18. Jh. wurde in Gmunden ebenfalls eine Werkstätte geführt.

SCHWANTHALER, Thomas
1634–1707, Bildhauer in OÖ., der in jungen Jahren die Werkstätte seines Vaters übernahm und u. a. den Hochaltar in Ried und als sein größtes und reifstes Werk den Doppelaltar der Pfarrkirche in St. Wolfgang, OÖ., schuf.

SEITENSCHIFF
Seitlich gelegenes Schiff, durch Säulen oder Pfeiler vom Hauptraum der Kirche getrennt.

SEMPER, Gottfried
1803–1879, deutscher Architekt und Kunsthistoriker, der 1871 nach Wien kam und die Bemalung der antiken Plastik entdeckte.

SEPULTUR
Für Begräbnisstätten reservierter Kirchenraum.

SGRAFFITO
Seit dem 13. Jh. in Deutschland bekannte wetterbeständige Kratzputztechnik.

SKULPTUR
Plastik, Werk der Bildhauer.

SOCKEL
Vorspringender unterer Teil einer Wand, eines Pfeilers oder einer Säule.

SOLARI, Santino
1576–1646, italienischer Baumeister und Bildhauer, der seit 1612 in Salzburg tätig war und den Salzburger Dom schuf.

SPIEGELGEWÖLBE
Ein langgestrecktes Klostergewölbe, das im Scheitel mit einer waagrechten Fläche schließt.

SPRENGER, Paul
1798–1854, Architekt, der für seine Bauten Rohziegel und Terrakottadekor verwendete.

SPRENGGIEBEL
Aufgebrochenes, bewegtes Gesims mit der Grundform eines Dreiecks oder Segmentbogens.

STABWERK
Senkrechte Stäbe zur Gliederung gotischer Fenster und Fassaden.

STAFFELGIEBEL
Giebel mit treppenartiger Stufung, auch Treppen- oder Stufengiebel.

STAFFELHALLE
Kirche, die in der Höhe der Schiffe deutlich gestaffelt ist; das Mittelschiff ist deutlich höher, hat aber keine Fenster.

STAMMEL, Joseph Anton Thaddäus
1695–1765, steirischer Bildhauer, überwiegend im Stift Admont tätig.

STEINL, Matthias Josef
1644–1727, Architekt und Bildhauer, der in Wien nachweisbar als kaiserlicher Ingenieur tätig war. In Dürnstein erinnern die Türfassaden und Türme an ihn.

STERNGEWÖLBE, STERNRIPPENGEWÖLBE
Die Rippen sind sternförmig angeordnet; die Selbständigkeit des einzelnen Joches bleibt erhalten.

STICHKAPPENGEWÖLBE
Ein von dreieckigen Kugelflächen eingeschnittenes Tonnengewölbe.

STOSZ, Veit
1445–1533, als deutscher Bildhauer war er der Hauptmeister der deutschen Spätgotik.

STREBEPFEILER
Abstützung der großen Fensteröffnungen in der Gotik durch Pfeiler und Halbbögen.

STRUDEL, Peter VON STRUDENDORFF
1660–1714, Welscher Maler, der in Venedig studierte und später Hofmaler in Wien war.

STUCK
Ein leicht formbarer Werkstoff aus Gips und Kalk, dessen schnelles Abbinden (Hartwerden) durch Hinzufügen von Leimwasser hinausgezogen wird.

STUCKDECKEN
Mit Stuck plastisch verzierte Plafonds.

STUKKATEURE
Künstler, die mit Stuck arbeiten.

STUKKATUREN
Arbeiten aus Stuck.

STÚR, Lúdovít
Slowakischer Schriftsteller (1815–1856). Er war Professor in Preßburg und 1848 Führer des slowakischen Aufstandes. Er erhob das Mittelslowakische zur Literatursprache.

SYNAGOGE
Jüdisches Gotteshaus.

TABERNAKEL
Altargehäuse für die Hostie.

TAPISSERIE
Wandteppiche; teppichartige Stickerei.

TAURISKER
Keltisches Volk in den Ostalpen; von den Römern unter Augustus unterworfen.

TENCAL(L)A, Carpoforo
1623–1685, Freskenmaler, der die Freskenmalerei in Österreich erneuerte und am Wiener Hof arbeitete.

TENCAL(L)A, Giovanni Pietro
Kaiserlicher Baumeister und Bildhauer im Barock, der nachweislich von 1658–1692 in Wien tätig war.

TERRACOTTA
Unglasierte, gebrannte Tonerde in Rot, Braun, Gelblich und Weiß.

TERTIÄR
Der älteste Abschnitt der jüngsten Gruppe der geologischen Formation. Kennzeichen sind Vulkanismus und Gebirgsbildung.

THERMEN
Römische Warmbadeanstalten.

THOMAS VON VILLACH
Bedeutendster Kärntner Fresken- und Tafelmaler des 15. Jhs.

THUMB
Barocke Baumeisterfamilie aus Bezau von der Mitte des 17. Jhs. bis ins 19. Jh. Sie stellte die Hauptvertreter der Vorarlberger Schule.

TIBERIUS, Claudius Nero
Unterwarf als römischer Kaiser (14–37 n. Chr.) das Alpengebiet.

TILGNER, Viktor
Österreichischer Bildhauer (1844–1896). Er schuf zahlreiche Denkmäler und Plastiken für die Wiener Ringstraße und in Preßburg.

TONNENGEWÖLBE
Gewölbe, das einer Tonne gleicht, die in Längsrichtung durchgeschnitten wird.

TRAPPISTEN
Eine 1664 gegründete asketische Reformbewegung innerhalb der Zisterzienser. Ordensregeln sind stets Stillschweigen und vegetarische Nahrung sowie Feldarbeit.

TRIPTYCHON
Dreiteiliges Tafelbild.

TRITON
Meeresgott, halb Mensch, halb Fisch, der von Herkules im Kampf überwunden wurde.

TRIUMPHBOGEN
Geschmückter Torbogen.

TROGER, Paul
1698–1762, Tiroler Maler, der 1728 nach Wien kam und vorwiegend in Stiften und Klöstern an Deckengemälden und Altarbildern arbeitete.

TUDORSTIL
Baustil von etwa 1530 bis um 1600, der Elemente der Gotik und der Renaissance verbindet.

TUMBA
Sarkophagartiges Hochgrab, das die Figur des Toten trägt.

TUMULUS
Das Hügelgrab.

UNTERKIRCHE
Siehe Krypta.

VERBLENDUNG
Verkleidung von Bauteilen, die nicht sichtbar sein sollen.

VERDUN, Nikolaus von
Bildender Künstler aus dem Maasgebiet um 1200. Sein Hauptwerk in Österreich, der „Verduner Altar" in Klosterneuburg (1181), war ursprünglich die Verkleidung einer Kanzelbrüstung, die, nach einem Brand beschädigt, zu einem dreiteiligen Flügelaltar umgebaut wurde.

VESPERBILD
Siehe Pietà.

VIERUNG
Die Stelle, an der sich Mittel- und Querschiff durchdringen.

VOLLPLASTIK
Allseits plastisch gearbeitetes Bildwerk (dagegen: Relief).

VOLUTE
Spiralenförmiges Ornament.

WAGNER, Otto
1841–1918, Baumeister, österreichischer Architekt, der zu den Bahnbrechern der modernen Architektur gehört.

WALMDACH
Ein Satteldach, dem man die Giebelflächen nimmt, die Firstlinie verkürzt sowie zwei dreieckige, schräg gestellte Dachflächen anbringt.

WANGE
Seitlicher Abschluß des Chorgestühls.

WEICHER STIL
Malerei und Plastik der Spätgotik mit fließenden Gewandfalten und zartem Gesichtsausdruck.

WEISZENKIRCHNER, Hans Adam
1646–1695, Maler aus Salzburg, dessen Arbeiten bodenständige Barockkunst zeigen.

WELSCHE HAUBE
Geschwungenes Haubendach für Türme; Vorläufer der Zwiebelhaube.

WESTWERK
Monumentaler Westabschluß bei Kirchen aus karolingischer, ottonischer und romanischer Zeit.

WEYR, Rudolf von
1847–1914, Bildhauer, dessen Figuren an den Ringstraßenbauten und Denkmäler dem Historismus angehören.

WIEGENDRUCK
Inkunabeln; die zwischen 1450 und 1500 gedruckten Bücher werden so bezeichnet, ebenso frühere Holzschnitte.

WÖRNDLE, August von
1829–1902, Maler des Historismus von Fresken und Tafelbildern.

WÜRFELKAPITELL
In der romanischen Stilepoche aus der Durchdringung von Würfel- und Kugelform entwickeltes Kapitell.

ZACH, Andreas
1737–1797, im Sinne des Frühklassizismus tätiger Baumeister in NÖ. und Wien.

ZANUSSI, Jakob
Trientinischer Maler des Spätbarocks, der in Salzburg als Hofmaler sowie in Kärnten und OÖ. arbeitete; gestorben 1775.

ZAUNER, Franz Anton von
1746–1822, als Bildhauer wichtiger Repräsentant des Klassizismus in Österreich. Er gilt als Erneuerer des Erzgusses.

ZEILLER, Johann Jakob
1708–1783, Maler, der zusammen mit Troger (Stift Altenburg) arbeitete und auch in ganz Österreich tätig war.

ZIBORIUM (CIBORIUM)
Ein Gefäß in Kelchform mit Deckel für die geweihten Hostien; früher: steinener Überbau des Altars, auch Wandtabernakel.

ZISTERZIENSER
1098 von Robert von Molesme in Cîteaux (Frankreich) gegründeter Mönchsorden, der nach der Benediktinerregel lebt; Tracht: weiß.

ZOLLER, Franz
1726–1778, Maler und Freskomaler; Schüler von P. Troger.

ZOPFSTIL
Stilrichtung aus der Zeit zwischen Rokoko und Klassizismus, um 1760 bis 1780. Geprägt von strenger Ausdrucksweise.

ZÜRN, Martin und Michael d. Ä.
Bildhauer aus Schwaben, die um 1660 nach OÖ. eingewandert sind. Ihre Früharbeiten zeigen sich manieristisch, die späteren in reifem Hochbarock.

ZÜRN, Michael d. J.
1626–1691, seine bildhauerischen Werke zeigen deutlich den Einfluß des Italieners Bernini.

ZWERCHHAUS
Dachhäuschen mit einem Giebel, der quer zum Hauptdach steht.

ZWERGGALERIE
Gang in der Außenmauer unter dem Dachgesims; nach außen geöffnet und meist reich verziert.

ZWIEBELHAUBE
Dach in der Gestalt einer Zwiebel.

ZWILLINGSSÄULE
Zwei Säulen, gekoppelt durch das Architrav.

ZWINGER

Das Gelände zwischen den inneren und äußeren Mauern der mittelalterlichen Stadtbefestigungen. Hier wurden oft Tiere gehalten. Im Barock errichtete man an dieser Stelle auch Vergnügungsstätten.

LITERATUR

ADAC
Kurzführer Ungarn – OE 63.

ADAC
Stadtführer Budapest – OE 66.

ADAC
Reisekarte Ungarn mit Beschreibung der wichtigsten Sehenswürdigkeiten – RR 25 1990/91.

BAEDEKERS Allianz-Reiseführer Österreich
Karl Baedeker Verlag, Ostfildern.

Borovský Štefan
Die Biebersburg
Verlag Slavín, Preßburg, 1969.

Budapester Museen
Druckerei Kossuth, Budapest, 1984.

Die Donau von Regensburg bis zur Ungarischen Pforte
Verlag Anton Schroll & Co, Wien und München, 1967.

Diverses Prospektmaterial der Fremdenverkehrsvereine.

Egger Hanna und Pflanzer Hella
Impressionen aus der Wachau
Pinguin-Verlag, Innsbruck, 1988.

Jahn Johannes
Wörterbuch der Kunst, 11. Auflage
Alfred Kröner Verlag, Stuttgart, 1989.

Knaurs Kulturführer in Farbe – Deutschland
Droemersche Verlagsanstalt, München, 1976.

Knaurs Kulturführer in Farbe – Die Donau
Droemersche Verlagsanstalt, München, 1993.

Knaurs Kulturführer in Farbe – Österreich
Droemersche Verlagsanstalt, München, 1977.

Lajta Hans
Land an der Donau zwischen Passau und Preßburg
Österreichischer Bundesverlag, Wien, 1986.

MERIAN – 10/XXI
Budapest
Hoffmann und Campe Verlag, Hamburg, 1968.

MERIAN – 6/XVI
Der Bayerische Wald
Hoffmann und Campe Verlag, Hamburg, 1963.

ÖAMTC Handbuch
Der „Gute Reise"-Reiseführer, Österreich
Verlag Orac und Verlag des ÖAMTC, Wien, 1974.

ÖAMTC Handbuch Österreich
Verlag des ÖAMTC, Wien, 1968.

Orlik Anton
Bratislava (Preßburg)
Verlag Slavín, Preßburg, 1970.

Peer Fred und Siegert Heinz
Die Donau – Strom und Schicksal Europas
Reich Verlag AG, Luzern, 1981.

POLYGLOTT – Reiseführer
Bayerischer Wald, Donauebene
Polyglott-Verlag München, 1977.

POLYGLOTT – Reiseführer
Tschechoslowakei, 19. Auflage
Polyglott-Verlag München, 1990/91.

POLYGLOTT – Reiseführer
Stuttgart, Schwäbische Alb
Polyglott-Verlag München, 1977/78.

POLYGLOTT – Reiseführer
Ungarn, 20. Auflage 1989/90
Polyglott-Verlag München, 1990.

Schmied Günther
SCHILLING – OFR, 3. Ausgabe, Jg. 1990
Dr. Peter Müller Verlag, Wien, 1991.

Stenzel Gerhard
Von Burg zu Burg in Österreich
Verlag Kremayr & Scheriau, Wien, 1973.

Stenzel Gerhard
Von Stift zu Stift in Österreich
Verlag Kremayr & Scheriau, Wien, 1977.

Szelényi Károly
Ungarn
Druckerei Kossuth, Budapest, 1986.

Sziklai István
Ungarn
Forma-Art, Budapest, 1988.

Trost Ernst
Die Donau
Amalthea Verlag, Wien-München, 1984.

Zauberhaftes Niederösterreich
Verlag Löbl-Schreyer, Bad Tölz, BRD.